郵便はがき

料金受取人払

麹町局承認

6248

差出有効期間
平成15年1月
31日まで

1028790

東京都千代田区富士見
二―六―九

雄山閣出版
愛読者カード係行

＊購読申込書＊

このはがきを小社刊行図書のご注文にご利用下さい。
より早く、確実にご入手できることと存じます。

書名　　　　　　　　　　　　　　　　　　（　　）部

書名　　　　　　　　　　　　　　　　　　（　　）部

ご氏名　　　　　　　　　　　　☎

〒
ご住所

ご指定書店名（書店名を必ずご記入ください）	取次	（この欄は小社で記入します）

ご購読ありがとうございました。今後の出版のご案内をさせていただきますので本カードはぜひご投函ください。

書名

⊙本書のご感想および小社の刊行物についてご意見をお寄せください。

お名前《ふりがな》

ご住所（〒　　）　☎（　　）　－

E-mail：

ご職業・勤務先（学生の方は学校名・学年）　所属研究団体名　年齢

本書の出版を何でお知りになりましたか
書店で　新聞・雑誌（　　）の広告で　人にすすめられて　書評・紹介記事をみて　図書目録（内容見本）をみて　その他（　　）

お買上げ書店名（学校・職場の場合は出入りの書店名）　購読新聞　購読雑誌

本書をすすめたい友人・知己の住所・氏名

図書目録
請求します　いりません

金日成主席と韓国近代史

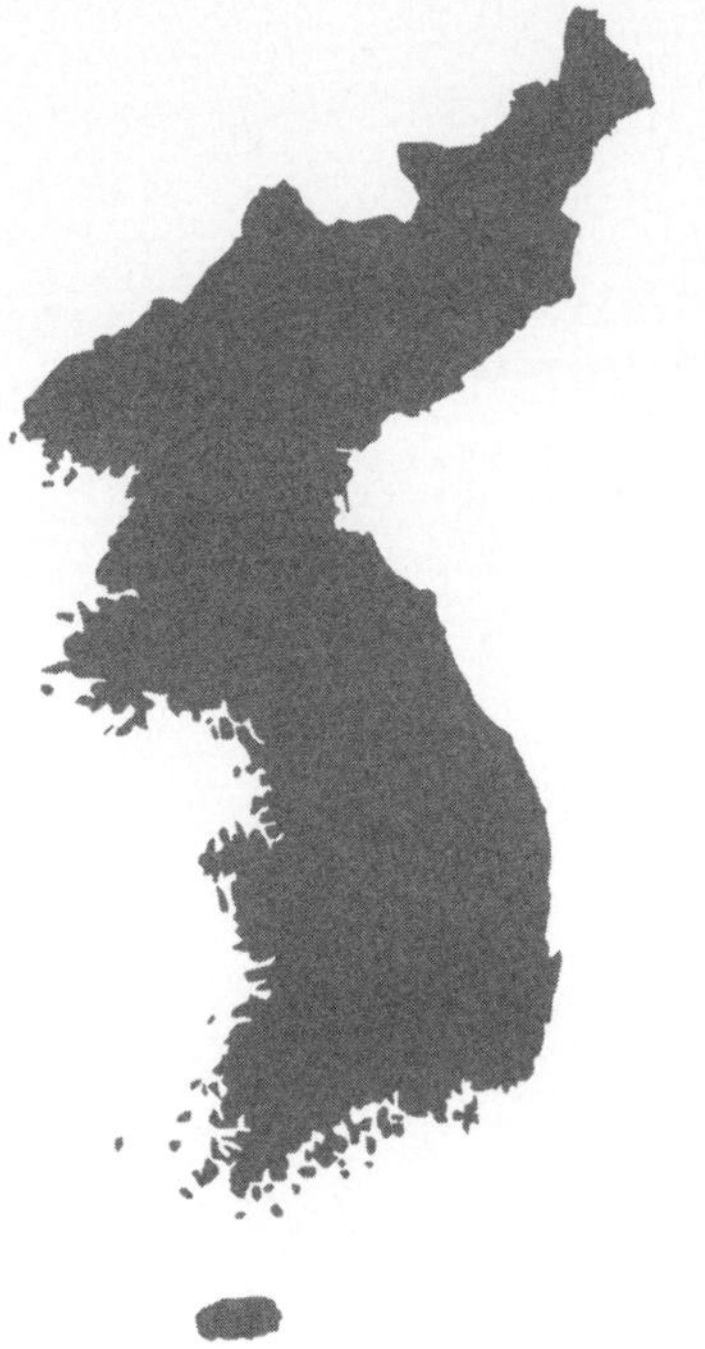

朴 鳳 瑄

雄山閣

はじめに

金日成主席の回顧録『世紀とともに』（全八巻、朝鮮労働党出版社刊）は、祖国の自由と独立のため、人類の前途を切り拓くために捧げられた偉人の英雄叙事詩的な生涯が集大成されている不滅の百科全書である。

先に筆者は、回顧録『世紀とともに』の中で展開された韓国民族解放運動の思想と理論、その歴史を正しく認識するとともに、金日成主席の歴史的業績を科学的に認識できるようにすることを主な目的として光明社から韓国語で『金日成主席と韓国近代史』を上梓した。本書はその日本語版である。

回顧録『世紀とともに』には、金日成主席の民族に対する果てしない愛、民族大団結の偉大な経綸、「以民為天」の民衆観、解放闘争の戦略戦術、解放闘争の各路程とその特徴が豊かに描かれている。それゆえに、祖国の自由と独立をめざす闘争で一貫している韓国近代史の研究にとって、この上ない貴重な教科書となろう。

回顧録『世紀とともに』は、今は未開の分野、奇形化された分野として残っている韓国近代史の研究を科学的な土台の上にのせ、正確な史料にもとづいて我が国近代史の真の姿を再現し、この過程で提起される理論的、方法論的な諸問題を正確かつ主体的な視角から解決していける指導的な指針、基本的な資料となり、歴史を叙述する上においてもすぐれた模範となる。

金日成主席が回顧録『世紀とともに』を世に出したことにより、韓国近代史を根本から再定立させ、科学化、体系化、全一化することができる堅固な礎が築かれた。

金日成主席の回顧録に織り込まれている韓国近代史の流れを正確に認識する時、金日成主席こそ民族の太陽であり解放の恩人であるという透徹した哲理を、胸に深く刻むことができる。

本書を若い在日同胞や朝鮮問題、とくに朝鮮近現代史に関心をもつ日本人に読んでいただければ、大変幸せに思う。

なお、回顧録『世紀とともに』の日本語訳は朝鮮・平壌の外国文出版社から一九九二年に刊行されたものと、日本・東京の雄山閣出版株式会社から一九九二年に刊行されたものとの二種類がある。

本書に引用された回顧録の頁数は平壌の外国文出版社刊行本に拠った。ただし、訳文は同書を参考にしつつも、筆者が独自に翻訳したものであることをお断りしておく。

二〇〇三年　一月

朴鳳瑄

目次

第二章　金日成主席と一九二〇年代の韓国近代史

第三章　金日成主席と一九三〇年代の韓国近代史

第四章　金日成主席と一九四〇年代前半期の韓国近代史

序　章　金日成主席の主体的な近代史観

（一）　近代の本質に対する主体的な理解の定立

二〇世紀と共に歩んできた金日成主席の一生は、そのまま我が祖国と民族が歩んできた歴史の縮図であった。波乱万丈の道を歩んできた韓国の近代史は、主席の革命活動の歴史と不可分の関係にあり、韓国近代史を有終の美で飾った祖国解放も、主席の革命業績の結実であった。

金日成主席は、回顧録『世紀とともに』の書き出しで次のように述べている。（以下、引用個所はすべて一九九二年に平壌の外国文出版社から刊行された日本語訳の頁数を示す）

「私の生涯は、朝鮮の近代史において暗澹たる民族受難の悲劇が折り重なった一九一〇年代に始まった」（回顧録『世紀とともに』第一部　抗日革命一巻　三頁）

波乱万丈の道を歩んできた韓国の近代史は、主席の革命活動の歴史と不可分の関係にあった。暗澹たる民族受難の悲劇が、折り重なったその時から、祖国解放に至るまでの時期になし遂げた主席の歴史的な大業は、民族の陣頭に立って受難の祖国の歴史を切り拓いていった道程であり、韓国の近代史に永世不滅の金字塔を積み上げた革命の路程であった。

韓国近代史のこの栄えある道を成功裏に切り拓いた過程は、主席が我が祖国の現実に対する非凡な科学的分析と鋭い洞察、そして創造的な探求により、民族の進路を照らす透徹した歴史認識を定立した時から始まった。

主席が定立した歴史認識がそのまま民族の進路となり、韓国変革運動の指導的な指針へと引きつがれていったのは、その歴史認識、とくに主体的な近代史観が有する真理性と生命力の賜物であったと言えるだろう。

主席が主体的な近代史観を定立したのと時を同じくして、主体思想が創始された。

回顧録には主体思想が創始された時点について、詳しい説明が加えられている。

回顧録によると、主体思想は主席の初期革命活動の日々に芽生え、一九二九〜一九三〇年の獄中生活で育まれた朝鮮革命に対する主体的な経綸を、卡倫（カリュン）会議[1]に提起する報告書として作成した「朝鮮革命の進路」という論文で発表したのが、主体思想が世に宣布された始まりとされている。回顧録は「結局それが朝鮮革命の路線となり指導思想になった」と前置きし、つづけて「私がこの論文の中で展開した内容は、全てが主体思想を核にしていたと言える」（回顧録『世紀とともに』第一部抗日革命二巻　五五頁）と、その論文と主体思想創始の相互関係を強調している。

一九三〇年六月に卡倫で行われた共青および反帝青年同盟指導幹部会議に提出された主席の報告には、主体思想にもとづく近代史観を新たに定立した重要な命題が提示されている。

提示された命題は、韓国の近代史を通じて形成された韓国社会の性格を独創的に規定したものであるが、これは近代の本質に関するまったく新しい解釈であった。

会議の報告で、若き金成柱（金日成主席の本名）は韓国社会の性格を次のように規定した。「今日の朝鮮は、日帝の占領によって正常な資本主義発展への道が抑制され、封建的な諸関係が支配している植民地半封建社会です」（『金日成著作集』一巻　七頁）

朝鮮の近代の本質について以前までは誰もが、資本主義社会化をその本質と認識し、植民地半封建社会化がその本質をなすとは考えもしなかった。

我が国で行われた近代への移行が資本主義社会化をもたらさず、植民地半封建社会に落ち込むのは、移植された資本主義がもたらす必然的な帰結である。

外からの強要によって後進国に植えつけられた資本主義は、文明開化をもたらすものではなく、文明開化の名のもとに民族の自我喪失を助長させたのである。これは、利潤追求のために他民族を支配、抑圧、侵奪する資本主義の属性がもたらした産物であった。

金日成主席は、植民地化された祖国の現実を身をもって体験し、文明開化の一面だけを取り上げて資本主義の生理を正しく見抜けなければ、近代を見間違える誤謬を犯すことになると切実に感じ、回顧録の中で次のように述べている。

「機械文明の発展に目を奪われて、資本主義の病弊から目を背けるのは過ちである」(回顧録『世紀とともに』第一部抗日革命一巻　一六二頁)

機械文明の象徴的な存在といえる、鉄道敷設問題一つを例にとっても事態は明白である。民族資本によって設立された大韓鉄道会社は、すでに一八九六年に京義線敷設工事に着工したが、日本側の妨害によって工事は中断された。日露戦争が起きるや、日帝は「韓日議定書」を強要して軍用鉄道の名目でその敷設権を強奪し、朝鮮人を犠牲にして世界でも類例のない安値で鉄道を敷設し、その運営で途方もない利益を得るようになった。一九一〇年現在、日本が韓国の主要幹線鉄道で得た純利益は、年間四〇〇万円という巨額に達した。そしてこれを、韓国を商品市場化、原料基地化、資本投下地化、兵站基地化するための動脈として利用することになった。

他国を従属させる過程としての文明開化は、真の意味での文明開化にはなりえない。それゆえ文明開化に対する幻想は、文明開化に対する物神崇拝になるのである。

資本主義、帝国主義は、立ち遅れた地域を侵略し植民地にする過程で、一方では資本主義的関係を伝播、拡散させながらそれを歪曲すると同時に、その地域の自主的発展を抑制して封建的な諸関係を維持、存続させる。このため韓国をふくめ植民地に転落した国々では正常な資本主義が育たず、植民地半封建社会に転落するのがふつうの現象となった。すなわち資本主義、帝国主義の侵略が始まった後は、その侵略によって我が国や他の後進地域における歴史的変化の過程が規定されたために、近代化や資本主義化は屈折し歪曲した過程にならざるをえなかったのである。

金日成主席が韓国社会の性格を植民地半封建社会と定式化したことによって、近代一般を近代化過程、資本主義化過程と礼賛しながら、近代に起きた出来事の中から、それが近代化や資本主義化と直接または間接的に繋がるような要素を見つけさえすれば、無条件に賛美する歪曲した近代史観が、決定的な打撃を受けることになった。一歩進んでこれは、マルクスが『経済学批判』序文で言った社会構成体発展の五段階（原始共同体社会、奴隷制社会、封建制社会、資本主義社会、社会主義社会）を経た国は西ヨーロッパの一部の国に限られ、世界人口の大多数を占める植民地世界では、封建社会から植民地半封建社会へと移行するのが世界史的に普遍のコースになることが明らかになった。言い換えるならば、植民地の国々では植民地半封建社会構成体を普遍的に経る、ということが立証されたのである。

近代の本質的な特徴の一つが、植民地半封建社会への転落にあるということが明らかにされることにより、植民地諸国において変革運動の方向を定めることができず、理論的混迷の中でもがいていた状況から抜け出せる道が開かれたのである。

当時、韓国の運動家の間ではこの問題をめぐっていくつかの偏向が表れていたが、主な偏向は民族主義者の間に表れた近代化至上主義的な偏向と、初期の共産主義者の間に表れた教条主義的な偏向であった。

民族主義者の少なからぬ層と民族改良主義者らは、文明開化の過程や近代的な改革と関連するもの、あるいはそのようなものと脈絡をともにするものであれば、それが改良主義的なものであれ帝国主義支配者との妥協を前提とするものであれ、すべてを肯定した。それは近代化至上主義の端的な表現であった。近代化至上主義に陥った人々は、実力養成とか自治実現のようなものを近代化実現の理想的な代案とみなしたのであるが、これは植民地の真の近代化過程を望まぬ帝国主義者の支配策動を利するものであった。当時、非妥協的な民族主義者と言われた民族主義者が、近代に関するそのような理解に反対し、近代化至上主義を排撃したのはまさにそのためであった。

マルクス主義を信奉する一部の人々は、マルクスの社会構成体発展の五段階説を世界史的な普遍性と妥当性を有するものと絶対化し、ヨーロッパと韓国との間に存在する差異を認めず、韓国も資本主義社会へ進入したので、したがって階級闘争の条件もヨーロッパと大差がないだろうと強弁する教条主義を犯していた。

また他の一部の人々は、マルクスの「アジア的生産様式論」を、アジア社会の停滞性を指摘したものとして受け入れ、その「アジア的停滞性」ゆえに韓国では封建社会もまともに成立せず、資本主義社会への進入も停滞せざるをえなかったという、教条主義的かつ民族虚無主義的な主張をしていた。

近代の本質的な問題から発したこのような左傾的および右傾的な偏向は、韓国近代史の正しい理解を阻害するばかりでなく、韓国の現実から出発した変革運動の進路を提示することができない理論実践的な限界を有するものであった。

主席が定立した植民地半封建社会論は、当時（一九三〇年代）において変革運動の新たな方向を示す指針になったのみならず、今日においても韓国近代史を科学的な土台にのせて発展させる指針になるのである。

周知のように、韓国では一九八〇年代に繰り広げられた韓国社会の性格論争に先立ち、一九六〇年代の末頃から史学界、経済学界を中心に日帝下での韓国社会の性格問題をめぐって論争が起こり、さまざまな見解が出された。

四つの見解に要約することができる。第一の見解は、植民地半封建社会と認識する見解であり、第二は産業資本による工業化が進捗したのを根拠に、資本主義社会だと主張する見解であり、第三の見解は植民地経済の工業化のみならず社会の近代化過程が促進されたとみなして、近代社会としての性格を備えることになったと主張する見解であり、第四の見解は主に日本の商業資本が侵入して流通部門に投資していた未熟な段階に留まっていたことを根拠に、植民地商業資本主義社会、あるいは封建制から資本主義社会へと移行する過渡的社会と見る見解であった。

第一の見解を除く三つの見解に共通しているのは、韓国近代化過程の他律性、すなわち帝国主義の侵略が韓国社会の性格を根源的に歪めた決定的な変数であった、という事実を過小評価していることにある。

論争ではこの三つの見解に対する批判にもとづいて、植民地半封建社会論の論理が貫徹されたが、植民地半封建社会論の場合にも半封建社会という概念における、「半」に対する意味を解釈することでは統一した見解を定立させることができなかった。我々は今も昔も、近代に関する本質の把握と社会性格の正しい規定が、学問的な研究の対象になる以前に、変革運動の実践と直結する問題であるということを忘れてはならないであろう。

韓国の近代が植民地半封建社会に帰着するという一つの事実をもって、韓国近代の本質がすべて説明されるものと見てはならない。かりに植民地半封建社会に帰結するという、一つの事実だけが近代の本質として定立されるならば、韓国の近代史は帝国主義侵略の歴史としてのみ語られることになる。韓国の近代史はそのような敗北主義の歴史ではない。それは帝国主義の侵略に反対して民族の自主権を守り、植民地社会に陥った以降は、植民地半封建的な社会関係を総体的に清算するために行った、民族主体の闘争の歴史であり、勝利の歴史であった。ここに韓国近代の本質を特徴づける、より核心的な問題設定が存在するのである。

金日成主席は回顧録の中で、植民地半封建社会にはそれに適応する独特な変革運動が伴うことになるが、それが取りも直さず反帝反封建民主主義革命という概念の革命であり、この革命はヨーロッパで遂行されたブルジョア革命とか、ロシアで遂行されたブルジョア民主主義革命から直行する社会主義革命とは、その性格が異なる新たな形態の革命であると指摘した。

金日成主席は、回顧録の中で次のように指摘している。

「あの頃の青年は、近代史を更新した革命としては、ブルジョア革命と社会主義革命以外にないと見ていた。ところが社会主義革命でもブルジョア革命でもない、反帝反封建民主主義革命という新たな概念が提示されたものだから、疑問に思うのもあながち無理ではなかった。

私が朝鮮革命の性格を反帝反封建民主主義革命と規定したのは、我が国の階級関係と朝鮮革命の課題から引き出した結論であった」（回顧録『世紀とともに』第一部　抗日革命二巻　五〇頁）

当時、我が民族が遂行すべきもっとも切迫した変革課題は、日本帝国主義を倒し、民衆を縛りつけていた封建的な関係を清算することによって、民主主義社会を実現することにあったので、新たな形態の革命は韓国の歴史発展における必然的な要求を反映したものであった。

主席が提示した新たな類型の革命は、反帝民族解放革命と反封建民主主義革命が並列的に位置づけられる革命ではなかった。帝国主義の支配を清算せずには、反封建の民主主義的な課題も解決することができなかった。このような函数関係におかれていたので、反帝民族解放革命が規定性を有する革命であり、したがってそれは反帝民族解放革命であり民族解放闘争であった。

反帝反封建民主主義革命が本質において民族解放闘争であったのみならず、一九世紀の後半いらい力強く綿々とつづけられてきた反侵略闘争と反封建闘争も、民族解放闘争として分類される運動であった。

したがって韓国近代史の全過程を貫く民族主体の闘争は、民族解放運動の歴史だったと言える。

民族解放運動は植民地における自主性をめざす闘争の近代的な形態となり、したがって韓国の近代史も民族の自主性をめざす闘争の歴史となる。

民族の自主性をめざす闘争は、我が国の近代史を貫く歴史の基本潮流であり、韓国近代史の本質的な側面を表現するものである。

植民地半封建社会への帰結が、韓国近代の客観的過程を示す本質的な側面であるとするならば、民族解放闘争を通じて行われた自主性をめざす闘争は、韓国近代の主観的過程を示す本質的な側面となる。後者の立場から韓国の近代史が綴られたがゆえに、その歴史は犠牲の丘をいくつも越えなければならなかったが、尊くも栄光に満ちた闘争の歴史となりえたのである。

民族の自主性を実現する闘争が近代史に貫かれるようになるのは、帝国主義の侵略から民族の自主性を守ることが、民族存立の根本条件になるからである。民族存立の根本条件は、民族が自主性を生命とする社会的集団であるというところから導き出される。

自主性は、民族を民族として成立させる根本的な性質であり、民族の存在と繁栄を支える民族の生命である。民族が独自的な主体として、自己の尊厳と自主権を守りながら生存し発展していけるようにする性質が、すなわち自主性なのである。

独自性、主体性、自立性として表現される自主性こそ、民族の存在と発展の基本要因である。自主性の喪失は結局民族の自己喪失を意味する。

民族の生命である自主性は、民族が自主的に生きようとする要求として表現され、民族の自主権が蹂躙された時には、民族解放闘争として表現される。亡国の民の身の上は喪家の犬にも劣る。民族解放闘争が起こるのは、何をもってしても防ぐことができない不可抗力である。

金日成主席は、回顧録の中で次のように述べている。

「国が滅べば山河も人々も決して安らかでありえない。亡国の屋根の下では、国を売り渡した代価として贅沢三昧な生活を送る売国奴も安らかに眠れないものだ。人々は命を繋いでいるとは言っても犬畜生にも劣り、山河は境界が残っていると言っても本来の姿を保つのが難しいのである。

このような道理を先に悟った人を先覚者と言い、臥薪嘗胆して国を覆った悲運を取り除こうと努める人を愛国者と言い、一身を燃やして真理を明らかにし、万民を奮い起こして不正義の世の中を覆す人を革命家と言う」(回顧録『世紀とともに』第一部　抗日革命一巻　一五～一六頁)

民族の自主権が否定される時、民衆の中から先覚者と愛国者が現れ革命家が続出するのは自然な成り行きであり、彼らによって民衆が導かれ、民族解放運動は闘争の大河となる。

民族解放闘争は、民族の運命を民族主体の力で開拓していく闘争である。民族解放闘争として表現される、自主性をめざす闘争の高揚過程が民族史の基本潮流になることによって、韓国の近代は他律性と主体性の熾烈な対決の中で歴史が主体的に形成されていくようになった。このような過程が広範な植民地諸国にひろがることによって、世界は自主性の時代を迎えるようになったのである。

帝国主義の侵略と植民地支配に反対する民族解放闘争の過程が、結局韓国の近代の本質を複合的にしたのである。民族の自主性をめざす闘争と、金日成主席の生涯は不可分に結びついている。金日成主席は、回顧録の中で次のように記している。

「私は一生涯、民族の尊厳のために闘ってきた。　私の一生は、民族の尊厳と自主権を守る闘争の歴史であったと言える」(回顧録『世紀とともに』第一部　抗日革命四巻　一一三頁)

（二）　近代への移行問題に関する主体的観点の定立

近代への移行問題は、近代史観でいま一つの重要な問題である。

近代への移行方式に関しては、上からの改良の道と下からの革命の道があるというのが、内外の史学界の定説となっている。

上からの改良の道というのは、封建社会の支配階級である地主層が、被支配階級である農民、商品生産者、手工業者、商人などの社会階級の社会変革要求を部分的に受け入れながらもこれを歪曲し、自分らが近代社会の支配階級としての資本家階級に転化する道である。下からの革命の道というのは、封建社会の被支配階級である資本家階級が、ほかの階級、階層に属する農民、商人、手工業者などを率いて、封建的な社会体制を一挙に倒して近代的な社会関係を創出することにより、ブルジョア階級として新たな支配階級になる上昇転化の道を意味する。

近代へ移行するこの二つの道に関する思想を初めて整理し、明らかにしたのはレーニンであった。彼は、近代へ移行する二つの道は、資本主義発展の先発国である西ヨーロッパの近代史において実証され、また後発資本主義国家として封建的な関係を多く内蔵していた、ロシアの近代史を通じても実証されたと確認した。しかし彼は、資本主義的関係が発達していないか、または萌芽的状態を脱することができないでいた植民地諸国には、そのような二つの移行方式が存在しうる社会歴史的な条件がなかったとみなしていた。

しかし韓国の歴史的現実は、たとえ資本主義的関係の発達が微々たるものであろうとも、近代へ移行する二つの可能性が存在することを示しており、実際に一八八四年の甲申政変と一八九四年の甲午農民戦争（東学革命）がそれをはっきりと実証したのである。

金日成主席は甲申政変と甲午農民戦争という韓国近代史の二つの大きな歴史的事変を分析し、韓国のような社会歴史的条件の下でも、近代へ進む二つの道が存在していたという結論をくだした。

金日成主席は回顧録の中で、もし金玉均の改革運動が失敗していなかったなら、韓国の近代史が変わりうる可能性もあったという結論をくだした。韓国の近代史が変わりうる可能性もあったというのは、近代の韓国が植民地社会に転落することなく、近代的な民族国家を自主的に建てることができたということである。したがってこの指摘は、韓国においても上からのブルジョア変革を起こす道があったということと、また実際にそのような変革運動が存在したということを示している。（回顧録『世紀とともに』第一部　抗日革命一巻　二六頁）

主席はまた一八九四年の甲午農民戦争史を分析しながら、もし農民軍が勝っていたなら「歴史は多少なりとも変わっていたかもしれない」（回顧録『世紀とともに』第一部　抗日革命五巻　三四九頁）と結論をくだした。これもやはり下からの変革の可能性に関して述べたことであり、甲午農民戦争という下からの大変革運動が失敗したことを指摘した言葉である。

金日成主席が、韓国の近代史には上からの変革の道と下からの変革の道がともに存在した、とみなした分析の視角は、当時我が国にヨーロッパのようなブルジョア階級が形成されていたからというわけではなかった。それは近代的な変革課題の本質に対する主体的な理解にもとづいたものであった。

近代的な変革運動もまた、所与の歴史的段階における自主性を実現する闘争であった。社会発展の歴史は、人類が自主性を実現する闘争を通じて、より高い社会構成体を創出していった歴史である。それゆえ封建社会の解体期を迎え、封建社会よりも自主性が相対的に高い段階で実現される近代社会を創出しようとする指向は、止めることのできない歴史の流れ、時代の指向となるのである。

この歴史の指向をいち早く自覚した勢力が、近代的な変革運動を主導する勢力となるのである。ここにおいてブルジョア階級の形成いかんが、根本的な意義を有することになるとは限らない。甲申政変では開化官僚勢力が、甲午農民戦争の時には没落両班（残班）勢力が、変革運動を主導する役割を受けもったのである。

主席はこのように、近代への移行過程に起きた変革運動をヨーロッパ的な基準ではなく、我が国の歴史的な現実から出発して考察すべきであると教えている。

近代への移行で提起される問題を考察するうえで、問題解決の鍵となる分析が具体的になされた結果、近代史研究における困難で複雑なこの問題を正確に解決する道が開かれることになった。これまで韓国近代史学会では、この問題がもっとも大きな争点になっており、それなりのさまざまな見解が発表されてきた。

いろいろな見解を大別して要約すると、次のように整理することができる。

まず初めに指摘すべき見解は、韓国では近代への移行において、ただ上からの変革運動のみがあったという主張である。このような立場では、ブルジョア勢力の主導下に行われた変革運動だけが評価の対象となり、それ以外のものはブルジョア変革運動の補助的なものとして把握される。それゆえ上からの変革運動こそ国を植民地化の危機から救い、近代国家を創出する唯一の方途であったと主張する。このような主張は、韓国近代史学会の主流をなしていると言える。

しかしこのような見解は、自説の妥当性を押し出しはするが、下からの革命の道を否認する論拠については同一歩調をとらない。

ある人は、農民的な変革運動（農民戦争）は、農民的な民主主義や農民的な社会主義を実現しようとする、素朴な民衆闘争史観の範囲を脱することができないでいたので、すなわちブルジョア的な運動以前の段階に止まっていたので、近代変革運動の主流をなす闘争にはなりえないと言う。

またある人は、「アジア的停滞性」の韓国版である「韓国社会の特殊性」を押し立てて、社会発展が立ち遅れた韓国のような国では、開明官僚地主の開化運動路線以外に、他の近代的な運動は存在することができなかったと主張する。そしてまたある人は、開化運動に進歩性を付与するのは国民主権の達成を目的としたからである、しかし、甲申政変から始まった上からの変革運動は、君主権を認める限界に止まり、国民主権という目標に到達できなかったので失敗した運動だ、と規定する。

下からの革命の道だけを強調する流派も存在する。彼らは、我が国が帝国主義の侵略を受けた以降は、歴史発展が帝国主義の侵奪によって規定されたため、近代的で民族的な課題はブルジョア的変革の流れではなく、民族解放闘争の流れに求めなければならないという論理から、下からの解放闘争が近代的課題を解決する唯一の道になるとみなしている。

しかし我が国において、下からの革命の道だけを認めるのは誤りである。なぜならば、民族解放運動は帝国主義の侵略がもたらした植民地矛盾構造の総体的な解決を課題とするがゆえに、そして民族的な矛盾の解決には民族社会内部の各界の勢力が参与する、連続的で複合的な闘争が求められるので、そこには下からの変革運動のみならず、上からの変革運動がともに存在することが理に適うからである。

第三の流派も存在する。この流派に属する人は、社会の基本矛盾である封建的な土地所有関係から生じる問題を解決するうえで、どのような選択をするのかによって、上からの改革の道もあり下からの革命の道もありうると主張する。

この主張の支持者は、我が国における近代的な変革の動きが、開港以後に新たに出現したものではなく、それ以前に封建社会の矛盾を根源にして始まったものと見る。そして近代への道は、我が国の中世紀的な国家体制を近代的な国家体制にかえる道であるが、ここでの核心的な問題は、封建社会の基本生産手段である土地所有関係の変革にあると言う。ここにおいて農民的な立場からの変革勢力が現れると下からの革命の道が開かれ、地主的な立場からの変革勢力が現れると上からの改良の道が開かれると言う。

だが、当時の我が国の変革運動を規定したのは、土地問題ではなく帝国主義の侵略にあった。したがってこのような見解は不可避的に民族解放の課題を疎かにする誤謬を犯すようになる。ここに、そのような主張の最大の弱点があった。

我が国の歴史的現実において、土地問題の解決がどれほどに重要なものだとしても、それを民族解放の課題に優先させるとか、それから分離させて考察してはならないのである。

以上で省察したいくつかの見解は、どれ一つとして問題の本質に見合う完全な回答を出していないことが分かる。このような状況を克服する唯一の代案は、このような見解のすべてを、主体的な分析枠で濾過することである。

歴史的事実が示しているように韓国の近代史には、上からの変革運動と下からの変革運動がともに存在した。しかしこの二つの道はともに、外国の介入と干渉を主とする複合的な諸要因によって、失敗の運命を免れることができなかった。この挫折によって我が国は近代的な自主国家に転じることができず、日本の植民地と化する悲運に見舞われるのである。

我が国は植民地から、より正確に言えば、植民地体制の中に温存された封建的な関係とともに、侵奪手段として外から移植された跛行的な資本主義を抱えたまま、新たな国家独立のための闘争段階に入ることになった。このような条件の下で、近代への移行問題はどのように設定されなければならないのか、という問題が提起された。この問題はアジアやヨーロッパの歴史が、未だかつて見聞したことのない問題であった。

この時点で、近代への移行問題を考慮するうえでいくつかの重要な変数が生まれた。

独立闘争では新たな階級的勢力関係がつくり出された。土着ブルジョアジーの経済はその発達がひどく抑制された反面、外来資本主義の経済は圧倒的に支配的な地位を占めることになった。労働運動が急速に発展するようになった。

また資本主義が抱える大きな病弊はヨーロッパで刻明にあらわれ、植民地韓国では、惨憺たる植民地的な現実を通じてそれを皮膚で痛切に感じるようになった。資本主義の弊害を克服するための社会主義が世界的な普遍性を帯びて浮上し、それは新たな思潮として韓国にも急速に波及することになった。

このような状況の下で、資本主義的な近代の創出を意味するいわゆる近代化を、独立闘争の理念として、独立韓国のビジョンとして受け入れるのが正しいのか否か、資本主義的な近代を超克するために、新しい世界的思潮にそって新たな選択をするのが正しいのかという、運命的な問題が提起されるようになった。これは韓国だけに提起された問題ではなく、第三世界全般に共通する問題であった。

金日成主席は非凡な英智と洞察力でこの問題を省察し、我が国が資本主義的な近代の実現をめざすのではなく、資本主義的な近代を超克した現代的な完全独立国家にならなければならないという結論に到達したのである。

主席は回顧録の中で、青年期の一時期を送った華成義塾でそのような見解を抱くようになったと披瀝しながら、次のように指摘している。

「我々は朝鮮を独立させた後、祖国の大地に搾取と抑圧のない社会、労働者、農民をはじめ勤労大衆が幸せに暮らせる社会を築かなければならない」（回顧録『世紀とともに』第一部　抗日革命一巻　一六二頁）

この命題は、当時の歴史的情勢の下では、我が国が資本主義的な近代化へと後退することなく、社会主義的な近・現代へと前進しなければならない、ということを宣布した歴史的な宣言であった。これは民族解放という一次的な課題をまず先に解決し、つづいて階級的な解放の課題も合わせて解決することによって、人類の自主性を完全に実現する、社会発展の高い段階に上る道を意味した。

ここに、帝国主義の完全な支配下にある国において、社会主義的な近・現代へ前進させることができる、新たな道が現実的に可能なのかどうかという問題が生じる。国内的な見地から見るとき、ブルジョア勢力は労働者階級とヘゲモニーを争う力をもっていないという点を勘案するとしても、強大な日本帝国主義に打ち勝つ力がどこにあるのかという問題が、解決し難い問題として残ることになる。

この問題を解決することは、独立運動の方式や方法を新たに開拓することを意味するものであるが、この問題は世界的にも未開拓の問題とされていた。回顧録はこれに関して、「世界的に見ても、当時は植民地民族解放闘争に関する問題が、大して成熟していない時であった。それらの国での独立運動の方式や方法は、まだ開拓されていなかった」（回顧録『世紀とともに』第一部　抗日革命一巻　二七頁）と指摘している。

金日成主席は、独立運動の方式や方法を新たに開拓する問題を解決する鍵は、民族の勢力を総集結させる民族的な団結にあると見た。

回顧録の中で、主席は次のように指摘している。

「二千万が総動員して織りなす民族挙げての抗戦なくしては、植民地奴隷のくびきを断ち切ることはできない。純然たる階級革命ならば、労働者、農民大衆だけが革命の原動力となるであろうが、朝鮮革命はその性格からして、封建と帝国主義に反対する革命になる。それで私は、労働者、農民はもとより学生、知識人、愛国的な聖職者、民族資本家までも革命の原動力になりうると主張した。我々の原則は、民族解放に利益を有する全ての反日愛国勢力を結集し、動員しようというものであった」（回顧録『世紀とともに』第一部　抗日革命二巻　四七頁）

帝国主義支配下での反帝闘争では、民族的な団結をなし遂げることができるという命題は、金日成主席が初めて提示した大経綸だと言える。

もちろん植民地化の過程や帝国主義支配下で、侵略勢力と各階級、各階層の関係は、その内容と形式において一定の差が生じ、したがって各界各層が民族解放運動に対する利害関係においても、積極性と消極性、革命性と動揺性の面で多少の違いを見せるのは事実である。しかしそれは重要な事柄でもなく、本質的な問題でもない。

本質的に重要な事柄は、各階級、各階層が帝国主義の政治的抑圧と経済的収奪を被っているという、境遇の共通性にあるのである。

帝国主義支配下での資本―賃労働関係の形成と、地主―小作関係の再編による日常的で苛酷な経済的収奪メカニズムは、何よりも労働者、農民を帝国主義侵奪の主な犠牲者にし、その他の各界各層もそのような犠牲の対象外にはなりえないのである。

加えて世界で類例のない日帝の未曾有の政治的抑圧と、民族性を根源的に抹殺せんとする強圧的な民族同化政策は、すべての民族構成員をして日帝と利害関係を根本的に対立させることになる。

これは同一の民族性と利害関係の共通性にもとづいて、各階級、各階層を包括する民族の総団結、総動員を実現させる現実的な礎となる。

金日成主席が闡明した民族団結の理念は、階級革命としてではなく、民族解放革命としての韓国の変革運動を、自主的に発展させる力の源と民族の進路を新たに明示した経綸であり、祖国解放と民族独立をめざす変革運動の形式と方法を、新たにより高い次元へ引き上げることができる思想の礎になったのである。

この愛国愛族的な思想へとたゆみなく接近して実現させていき、やがてはその思想の勝利による民族的独立をなし遂げる過程が、取りも直さず韓国近代史の最も基本的な内容を構成することになるのである。

註

（1）卡倫会議＝金日成主席が一九三〇年六月三〇日～七月二日まで中国・満州の長春県卡倫で共青および反帝青年同盟指導者会議を召集して朝鮮革命に関する主体的な革命路線と方針を提示した歴史的な会議。この会議で主席は〈朝鮮革命の進路〉という報告を行った。その中で現段階の朝鮮革命の性格は反帝反封建民主主義革命であり、日帝を打倒し民族的解放と独立を実現するのが当面の課題であると規定した。

第一章　金日成主席と一九世紀後半期から二〇世紀初期の韓国近代史

（一）民族主義の形成

韓国近代史の初期である一九世紀後半期〜二〇世紀初期の歴史は、金日成主席生誕以前の時期を包括する。

金日成主席は回顧録の中で、この時期の歴史に対する自身の造詣は、革命的な家庭で成長しながら得たものと、韓国近代史の歴史的な経験にもとづいて、革命を指導するうえで提起される諸問題を研究しなければならない必要性から得たものを通じて深まったと述べている。

この時期の歴史は、金日成主席が直接経験する以前の時期に属する歴史であるにもかかわらず、回顧録で触れたこの時期の歴史的事変に関する記述と評価は、生き生きとした筆致で描かれており、韓国近代史学会が指針としなければならない貴重な科学的結論として輝いている。

一九世紀後半〜二〇世紀初期の韓国近代史は、ブルジョア民族運動が繰り広げられていた時期の歴史とされてきた。回顧録でもこの時期を、ブルジョア民族運動の時期として規定している。

ブルジョア民族運動とは、民族主義的なイデオロギーの影響の下に繰り広げられた民族運動を言う。それゆえブルジョア民族運動期の歴史を正しく理解するためには、民族主義成立に関する正しい歴史認識がなくてはならないのだが、回顧録は我が国における民族主義イデオロギーが、どのような特徴をもって形成され、その時期がいつであるのかという問題について、斬新な問題意識にもとづいた回答を出している。

金日成主席は、民族主義に関する自身の見解は「我々の流儀による独自的な解釈」にもとづいていると前提し、我が国の民族主義思想の基本的な性格と特徴について次のように述べている。

「今でもそうであるがその当時も、私は民族主義を民族解放闘争の舞台に真っ先に登場した一つの愛国的な思潮とみなしていた。

もともと民族主義は民族の利益を擁護する進歩的な思想として発生した。

没落の下り坂を転がり落ちていた王朝政治の深淵の中で、内憂外患が続き、外部勢力の強要による開国の陣痛のため国運が旦夕に迫っていた時、開化の灯火をかかげて『自主独立』、『輔国安民』、『斥洋斥倭』を唱え、歴史の舞台に登場したのがほかならぬ民族主義であったといえる。民族の自主権が外部勢力によって無残にも踏みにじられ、国土が利権争奪に血眼な列強の角逐の場と化していた時、民族を擁護する思潮が生まれて大衆の指導思想となったのは、歴史の発展法則に合致する必然的な現象である」（回顧録『世紀とともに』第一部　抗日革命一巻　三三一頁）

主席のこの言葉には、民族主義の性格上の特徴に関するいくつかの重要な思想が含蓄されている。

第一に、民族主義は民族の危機が迫っていた時点で、開化の灯火を掲げて生まれた近代的な思潮であるということ。

第二に、王朝が開国の陣痛に見舞われていた時、「自主独立」、「輔国安民」、「斥洋斥倭」を唱えて発生した思潮であるということ。

第三に、民族解放闘争の舞台に真っ先に登場した、大衆の指導思想であったということ。

第四に、民族の利益を擁護する進歩的な思想として発生したということである。

しからばこのような特徴をもつ民族主義は、いつ発生したと見るべきなのか。

我が国において民族主義という政治用語を初めて使ったのは、一九世紀末の申采浩に始まるが、主席はその思想的な内容からして民族主義が、それよりはるか以前に発生したものとみなしている。すなわち主席の華成義塾時代（一九二六年）から計算して、半世紀前に形成されたものとみなしている。（回顧録『世紀とともに』第一部　抗日革命一巻　一三九頁）　つまり一八七六年の開港を前後した一八七〇年代半ばに、我が国の民族主義が発生したものとみなしている。

一九世紀の七〇年代半ばは、封建体制が解体する過程で体制の危機が急激に深まり、外部勢力の強要による不平等な開港を始まりに、国の植民地化過程が制度化されていった内憂外患の時期であった。顕在化した民族の危機に直面した転換的な時期に、国と民族の運命を守るいくつかの愛国的、近代的な思潮が成熟していた。

第一の思潮は衛正斥邪思想であった。この思想はもともと正学（儒教をさす）を守り邪学（西洋学問）を退け、反侵略、反西洋の立場から、崩れ行く封建制度と君主権を守ろうとする思想として発生し、反侵略における国家的な動員イデオロギーとして用いられた思想であった。

しかしこの時期に至るや、その思想も変わり行く時代の影響を受け、自らの思想的立地に大きな変化をきたし、後期の衛正斥邪主義として再定立されることになる。それは韓元震以後に李恒老、奇正鎮と引き継がれてきた、保守的な攘夷主義としての前期の衛正斥邪主義とは区別されるものである。つまり崔益鉉をはじめとする幾人かの代表的な儒生は、西洋の科学技術文明を邪学として排斥せず、国の発展のために積極的に受容すべきであると主張するようになる。言わば一九世紀末に至り展開される東道西器思想、つまり思想は我々のものが良いが科学技術は西洋のものを取り入れるという思想の初期形態が、この時期に形成されたのである。このような変化を示しながらも、反侵略思想は変わりなく堅持され、衛正斥邪のスローガンは斥洋斥倭のスローガンとして具体化されることになる。

第二の思潮は東学思想である。東学は一八六〇年四月に水雲崔済愚によって創始され[1]、七〇年代半ばに至っては三南地方全域に急速に拡大した宗教教理であった。「崔済愚が天道教を東学と呼んだのは、『西学』である天主教に対峙させ、東洋に住む朝鮮人の信仰哲学であることを強調するためであった」（回顧録『世紀とともに』第一部　抗日革命五巻　三六七頁）

反侵略的、反西洋的、反封建的な性格が透徹していた、東学が打ち出した重要な政治的スローガンの一つは輔国安民であった。外に向かっては外来侵略に対処して国を守るというのが輔国であり、内に向かっては悪政にあえぐ民を安らかにするというのが安民であった。反侵略、反封建の民衆的、時代的な要求が集約的に含蓄されていることが一目で分かるスローガンである。東学の出現と拡散は、封建統治階級にとっては多大な脅威となり、時を移さず非合法化された状況の中で伝播されていったが、東学の教理は我が国民族主義の重要な精神的因子の一つとして定着することになった。

第三の思潮は開化思想であった。開化思想は民族的な危機を克服するため、独創的に対応する思想体系として出現し、民族主義の近代的性格を明確にした思想で、その理念的な基盤は一九世紀の六〇～七〇年代に形成された。

韓国の多くの研究者は、我が国の開化思想の淵源を主体的な見地から探ろうとせず、福沢諭吉門下に出入りしていた尹致昊や朴泳孝がそれをそのまま持ち帰ったものと見る傾向があるが、そのような見方は開化思想の淵源問題を主体的に省察することをできなくする。

開化思想の淵源は、実学思想の継承から始まる。朴趾源と朴珪壽、金正喜と姜瑋、丁若鏞と尹廷琦の関係などから、実学思想と開化思想の関連性は明白である。

世界情勢に接する位置にいた中人(2)出身の呉慶錫、劉大致、姜瑋なども新しい開化思想の代表者として登場する。

朱子学的な価値観、すなわち華夷論的な立場から封建的秩序を維持するために反侵略闘争を主張した衛正斥邪論とは異なり、支配層の立場から出発してはいるが、資本主義的な商品生産と開国通商論の立場に立ち、自主独立を保全、強化するための改革＝変革を掲げた思想が開化思想であった。この開化思想は金玉均、洪英植、朴泳孝、兪吉濬、金允植などの名門両班（李朝時代の階級制度で家門と身分の高い上流階級の人：筆者註）出身の進歩的な知識人によって改革運動へと引き継がれ、甲申政変をもたらすことになる。

開化思想はその初期の定立段階から、自主独立の精神で内政を改革することにより、封建的な我が国を急速に開化させて、近代的な資本主義国家体制に改編しようとした反封建、反侵略思想であり、これによって開化思想は初期の民族主義思潮の構成部分となったのである。

このように韓国の民族主義思想が三つの主要思潮に分かれて展開されたのは、全体的には思想の未熟性、運動の未発達を反映するものであるが、またこの時期以後に展開される反侵略、反封建闘争が、民族主義の理念によって指導されるブルジョア民族運動の性格を有するに至るということをも物語っている。

このことから、韓国で民族主義が形成された時点が即、韓国近代史の始まる時点だとは言えない。回顧録は反侵略、反封建闘争が開港以前の一九世紀六〇年代後半から展開された事実について言及し、その中でも「シャーマン号」事件[3]について詳しく叙述している。回顧録の中での「シャーマン号」事件に対する叙述は、当時の公式文書である日省録や平壌監営の啓録にも記録されていない生々しい事実が資料として示されているが、これは主席が育った革命家門の闘争経験をそのまま織り込んでいるので、大変貴重なものである。（回顧録『世紀とともに』第一部　抗日革命一巻　一〇頁）

一八六六年九月初めに平壌で起きた、「シャーマン号」の大同江侵入を撃滅した闘争と、その直後に江華島で起きた朝仏戦争[4]は、我が国近代史における反侵略闘争の始まりを告げる歴史的な事変であり、我が国近代史の始原を開いた意義あるできごとであった。

民族主義の定立が即、近代史の始まりになるという等式を設定してはならない。近代史のスタート地点は当然のことながら、反侵略闘争の起点に求めなければならない。したがって民族主義の定立においては、それに先立つ民族的な反侵略闘争の時期があって然るべきである。

民族主義を単に、外からの侵略の脅威や外的な衝撃が反射的につくり出したイデオロギーだと理解してはならない。反侵略的な民族主義は、あくまでも外部からの脅威や圧力が、民族的な次元における主体性の危機、自主性の危機としてはっきりと意識される時、民族の抵抗能力が存在する基盤においてのみ定立されるのである。

我が民族は檀君を始祖とする単一性と悠久性を有する民族であり、世界でももっとも古い民族国家形成の歴史をもっているがゆえに、民族性や民族的な価値観および生活規範が、あまりにも同胞の意識の中に内在化され習慣化されていた。それゆえに我が国では、外的な衝撃による民族の自主性が危機に直面するや、それに対する民族的な抵抗が即時に起こり、それに引きつづいて民族的抵抗にイデオロギー的な裏づけを付与する、民族主義の定立を見るようになったのである。近代史の始まりと民族主義定立との間に、ある程度の時間的なズレが生じるのは、このことに起因する。

金日成主席は、我が国における民族主義の定立とその展開過程に関する深い洞察にもとづいて、民族主義はその発生の始原から歴史的進歩性をもっていたとの結論をくだし、民族主義一般とブルジョア民族主義の間に横たわる差異を厳格に区別しなければならないと述べている。

金日成主席は、回顧録の中で次のように指摘している。

「したがって民族の利益を擁護する真の民族主義と、資本家階級の利益を代弁する思想的道具としてのブルジョア民族主義は、つねに区別して見なければならない。これを同一視するなら革命を実践するうえで重大な過ちを犯すようになる」（回顧録『世紀とともに』第一部　抗日革命一巻　三三一～三三二頁）

歴史的に見て、新興ブルジョアジーが民族主義のスローガンを掲げて民族運動の先頭に立ったからといって、民族主義が最初から資本家階級の思想であったと見るのは公正な見解だとは言えない。封建主義に反対するブルジョア民族運動期には、民衆の利益と新興ブルジョアジーの利益が基本的に一致していた。したがって民族主義は民族共同の利益を反映する性格を有していた。

その後、資本主義が発達してブルジョアジーが反動的な支配階級に転化してからは、民族主義は資本家階級の利益を擁護するイデオロギー的な道具と化した。

それゆえ主席は、ブルジョア民族主義には反対し警戒するが、真の民族主義に対しては支持し歓迎するという所信を明らかにした。つづいてこのような所信は、真の民族主義の基礎をなす思想感情の底には愛国があり、愛国心は共産主義者と民族主義者がともに共有する思想感情であり、共産主義者と民族主義者が民族の利益のために一つの軌道上で互いに和合し団結して協力できる最大公約数であり、両者を結びつける大動脈になるという確信にもとづくものであるということを披瀝した。

また主席は、単一民族国家である我が国において、真の民族主義は取りも直さず愛国主義であるのが一つの不動の原理だと述べ、こうした原理から出発して愛国的な真の民族主義者との団結と協力を常に重視し、それを革命勝利の確固たる担保になるとみなしていたと強調した。

主席は回顧録の中で、我が国民族主義の愛国的な性格をこのように整理し、「これは青年学生運動の頃から今日に至るまで、私が一生涯変わることなく堅持してきた見解であり立場である」（回顧録『世紀とともに』第一部　抗日革命一巻三三二頁）と力説している。

金日成主席は、真の民族主義は愛国愛族の理念に基づいているがゆえに、発生した当初から愛国愛族の旗の下に国を近代化し、外敵に侵奪された国土を取り返すためのブルジョア民族運動を導くうえで推進力になったと指摘した。

（二）　東学に対する評価

我が国の近代史は、宗教とりわけキリスト教、天道教(5)と不可分に繋がっていたと言える。

金日成主席は回顧録の中で、万景台で過ごした幼年時代はキリスト教に取り囲まれて過ごし、華成義塾時代には天道教に取り囲まれていたと回顧するほど、この二つの宗教は我々の歴史と生活に密着していた。したがって宗教問題を抜きにして韓国近代史を正しく理解するのは無理がある。

金日成主席は宗教信者ではなかった。しかし宗教問題については驚くほど造詣が深い。主席は、我が国の歴史的な現実から出発して物事を評価し判断する主体思想にもとづいた世界観を身につけていたので、宗教をはなから排斥する教条主義とは縁がなかった。

主席は、キリスト教が共産主義と対立する社会的意識だとはみなさなかった。「全世界の人が、平和で仲睦まじく暮らすことを願うキリスト教の精神と、人類の自主的な生活を主張する私の思想は矛盾しないと思う」（回顧録『世紀とともに』第一部　抗日革命一巻　一一〇頁）と回顧録に記している。

四海平等、万民博愛、平和尊重というキリスト教の教理が、民衆の自主的で創造的な生活を主張する主体思想の要求と矛盾する筈がなかった。キリスト教の志向が人間的かつ愛族的なので、決して排斥の対象とはなりえず、民族和解の対象にならなければならないのである。

主席は天道教についても肯定的な評価をくだした。それは「天道教はその基本思想と理念において、愛国的かつ進歩的な宗教である」（回顧録『世紀とともに』第一部　抗日革命五巻　三三九頁）と定義していることからも分かる。

金日成主席は、天道教とその前身である東学を非常に重要視した。それは東学が、甲午農民戦争(6)という韓国ブルジョア民族運動史上の巨峰と直結しており、三・一運動を誘発させるうえでも積極的に寄与し、総体的に我が国の民族解放運動と深く関わっており、とくに抗日武装闘争期には、武装闘争地域とそれに隣接した北部朝鮮一帯の天道教勢力が非常に大きな勢力をもっていたからである。また民族宗教としての教理が愛国愛民にあり、布教力が非常に強かったからである。

これについて金日成主席は、「天道教はキリスト教ともども、私がもっとも重視してきた宗教の一つである。天道教が我々の注視の対象になり、天道教徒の活動が関心事になったのは、それが我が国の民族宗教として、理念や実践活動において終始一貫して愛国愛民を志向し、布教の範囲がきわめて広く浸透力が強かったからである」（回顧録『世紀とともに』第一部　抗日革命五巻　三七一～三七二頁）と回顧録の中で記している。

東学が民族宗教だというのは、我が民族の歴史的な現実と民族的な志向を教理化した宗教であるということを意味する。

東学が創始された当時、我が民族の歴史的な現実はどうであったのだろうか。

我が国の一九世紀は、朝鮮王朝とともに中世社会が解体する時期であり、封建社会の解体期に表れる社会的な危機、混乱、陣痛が極度に達した時期であった。封建的な虐政に反対する農民暴動が相次いで起きている中、飢饉と洪水までが重なり、社会政治的な混乱は極度に達していた。権勢政治と派閥争いによってその弊害は末世の観を呈し、国力は極度に衰弱していた。両班と平民の間の身分的、階級的な対立も極限に達していた。数百年を経ながら朝鮮王朝の存立を制度的に支えてきた封建的な身分関係は、社会の発展を抑制する足かせとなっていた。貪官汚吏（貪欲で品行の悪い官吏：訳者註）の虐政と逼迫によって民生は塗炭の苦しみに喘いでいた。この時期に発生したこのような事態は、中世の社会を規制していた封建的な体制が新たな秩序にかわる一大転換期に伴う陣痛であった。

このような重大な歴史変動は、外部勢力が重要な変数として登場することによって、民族史本来の展開過程が帝国主義の侵略とぶつかり波動を受ける状況、すなわち、本来の封建的な社会矛盾が帝国主義的な民族矛盾と密接に絡み合う変化を伴うことになる。

我が民族のこのような特殊な歴史的現実を反映し、その現実を打開せんとする志向によって生まれたがゆえに、東学は民族宗教としての性格を帯びるようになり、民族宗教としての東学は愛国愛民の教理を定立せざるをえなかったのである。

金日成主席は、東学＝天道教が愛国愛民的な性格を有していたがゆえに、東学に大きな関心を払った。主席は、韓国変革運動の目的を成就するためには、過去の理念や運動それ自体を虚無主義的に見てはいけないという立場にたち、東学に対してもこのような立場から見つめていたのである。

主席は、「私が東学を実践と結びつけて、深く掘り下げて研究しはじめたのは吉林時代からであった。朝鮮革命の新しい進路を模索する過程は、すでに歴史によって否定された主義主張や解釈をほとんど退けてきた過程であったが、だからと言って私は過去の理念や運動それ自体を虚無主義的に見るようなことはしなかった」（回顧録『世紀とともに』第一部　抗日革命五巻　三六九頁）と回顧録の中で叙述している。

主席はこのような立場から出発して東学の教理を研究し、それにたいする主体的な見解をもつようになった。主席は東学の基本経典とも言える難解な『東経大全』(7)を読破する労苦も惜しまなかった。主席はその頃を回想し、「『資本論』と同様『東経大全』を深く掘り下げて読む面白さはあったが、最後まで読み通すのが難しい難解な書物であった。森羅万象を神秘的かつ深奥に著述した崔済愚の文章には、分かるようで分からない、見えるようで見えない、朦朧としたところがあった」（回顧録『世紀とともに』第一部　抗日革命五巻　三七〇頁）と述懐している。主席はこのような苦労の末、東学の時代的な限界性と歴史的な進歩性について明晰に分析し、その基本思想を回顧録の中で整理したのであるが、これは韓国近代史を全体的に、科学的に完成させるうえで大きく貢献した。

主席はまず、東学の基本思想である「人乃天」の思想が唯物論にもとづかず、唯神論にもとづく思想であったと、その思想的な限界を指摘した。

主席は、次のように指摘している。

「『神人一体』、『人乃天』すなわち人間は『ハンウルニム』（神：筆者註）であるというのが東学の基本思想である」（回顧録『世紀とともに』第一部　抗日革命五巻　三七五頁）

東学が唱える「人乃天」の思想は、人を天になぞらえて尊重したという側面では比較的進歩的であったとみなせるが、宗教的観念からほとんど脱け出せず、人間自体を神的な存在と見ることから、論理的な不合理をまぬがれることができなかった。東学の教理を理論的に定立させて哲学的に解釈した主要人物である李敦化は、『人乃天要義』、『神人哲学』などの著書で、「人乃天」の思想について解説したのだが、彼は東学によって過去のあらゆる宗教のさまざまな教理、たとえば仏教の「寂滅説」、道教の「玄妙説」、キリスト教の「天国説」、儒教の「天命説」や、その他のさまざまな迷信や偶像的な仮面がすべて否定され、人間は即、仏であり神であり天である、したがって人間以外には何もないという「神人一体」、「人乃天」を説き明かした。

東学では人間のこのような地位が、「至気説」によって説明されている。東学では「ハンウル」つまり宇宙全体が、「至気」という特殊な気運によって成り立っていると見る。それは物質でも精神でもないが、物質的なものであると同時に精神的なものでもあって、自然も人も神も全て「至気」からつくられたという。「至気」が世界の始原であり万物の根本であると主張する東学の「至気説」は、あらゆる物体に霊魂があると見る霊魂説の一種で、汎神論に属するものと見るべきであろう。この「至気説」にもとづいて東学では、人間もその生死に関係なく「ハンウル」のように霊魂を宿していると見る。つまり人間は万物の霊長として、霊魂をもった特殊体だと言うのである。

霊魂説によると、人間は自己の意識と意思に従って自主的に生きていくのではなく、霊魂の支配の下に、何らかの宿命的な生の軌道に沿って生きていかざるをえない。霊魂説は不可避的に宿命論に陥る。宿命論からは、人間があらゆる事物の主人であり、あらゆる事物を決定するという哲理が引き出されず、自己の運命の主人は自分自身であり、自己の運命を開拓する力も自分自身にあるという真理も導き出すことができない。

東学が示した未来社会の展望も、社会の発展法則にマッチした科学的な目標にはなっていない。東学では非暴力的な闘争によって全世界に徳を施していけば、全人類が神仙のようになる時が来るであろうし、その時になれば待ちに待った地上の天国が実現すると説いている。人間の神仙化は、各人が日常的に呪文を唱え、反省と自覚を重ね、良心化を図ることによって達成されるとみなした。

実践的な視角から見るとき、東学が提唱する東学万能論も多くの限界を有する。東学の後継者は、甲午農民戦争をはじめ我が国の反侵略反封建闘争で、東学＝天道教が果たした役割をほとんど絶対視し、民族の運命開拓における大小のあらゆることが、天道教を通じてのみ解決できるかのごとく思い込んでいた。もちろん封建に反対し侵略に反対する闘争、我が国の近代化を実現して社会的な進歩をなし遂げるための闘争において、天道教の功績を無視してはならず、東学の民族性と愛国愛民性も認めなければならない。しかし東学によってのみ万事がすべて解決されるという主張は、東学自らの思想理論的な限界をさらすものにほかならない。

東学＝天道教は、それが有する階級的な限界性と理論実践的な未熟性によって、反日民族解放闘争で主導的な役割を担うことができなかったのであるが、そのこと自体が東学万能説の不当性を表しているのである。

金日成主席は、東学が有するこのような限界は批判的に見ながらも、東学が有する肯定的な側面をより重視し、この肯定的な側面によって天道教が理念上でも実践上でも、祖国解放偉業において統一戦線の対象になるという重要な結論をくだすに至ったのである。

東学思想の肯定的な側面は、地上天国の建設に関する経綸に表れる。東学は地上天国建設を最高の理想とみなす。過去の宗教が、この世は苦しく耐えがたいものと見てきたとするならば、東学はこの世を開闢して天国をつくることができると見る。まさにこのような原理から発して東学は、「後天開闢」を自らの重要な使命の一つとみなし、「精神開闢」、「民族開闢」、「社会開闢」と呼ばれる三大開闢の実践運動を展開することになる。

東学＝天道教は、純粋な信仰から来世の幸福、死後天国を目的とするキリスト教や、倫理的修養と知識の摂取を教化の基本とし、現世の実践道徳を重視して政教一致を主張する儒教とも差異があるばかりでなく、人間は皆、仏になれるとしながら慈悲を基本宗旨にすえる仏教とも区別される。静的な仏教に比べるとキリスト教はより動的であるのだが、天道教はキリスト教よりもはるかに動的な宗教であり、仏教が理性的な傾向が強くキリスト教が感性的な側面が多いとするなら、天道教はこの二つの側面をすべて備えていると自負した。

東学＝天道教がその教理において、天を盲目的に崇拝することに反対し、人間自体を信じなければならないと主張している点、他の宗教のように天や神の超自然性、超人間性をもとに、封建社会制度や封建的な身分制度を天が定めた秩序であるとは説教していない点などを見るとき、天道教は人間の尊重と平等を主張する肯定的な側面をもつ進歩的な宗教だと評価することができるのである。

東学のこのような肯定的な側面と、そこに貫かれている主義主張の愛国愛民性、強い抵抗精神によって、広範な賤民大衆と没落両班の支持を得た。貴賤の差別の一切撤廃を主張した東学思想の伝播拡散は、貴賤の差別を絶対化した封建儒教思想の支配的な地位に対する大いなる威嚇、封建特権層に対する重大な挑戦となった。このため東学の創始者である一世教祖の崔済愚は、一八六四年三月、左道乱政（道に背き政治を乱す）の罪によって大邱で処刑され、また李朝封建政府の厳しい弾圧と追跡の中でも秘密裏に東学の普及と拡大に全力を尽くし、甲午農民戦争の指導者の一人としても活躍した二世教祖の崔時亨もソウルで刑死した。東学を創始者の本意にそって天道教と命名した三世教祖の孫秉熙も、日帝から過酷な弾圧と迫害を受けた。歴代教祖の生涯が物語っているように、天道教はその発端はもとより発展過程においても、徹底して愛国的であり愛民的であった。

金日成主席は、東学の肯定、否定の両面を総合的に分析し、次のような結論をくだしている。

「もちろん私は、朝鮮革命の主体的な路線を打ち出すにあたって、それまでのいろいろな理論や運動に関心を払う中、民族宗教としての天道教の位置と役割についてもある程度肯定した。しかし私は、あくまでも我が国の歴史発展の特殊性と朝鮮革命の環境、従前の運動に対する歴史的な分析にもとづき、そして我が国の民族的伝統と階級的力量関係を十分に打算した科学的基礎に立って主体の学説を打ち出し、朝鮮革命の進路を探求してそれに適した戦略戦術を立てたのである」（回顧録『世紀とともに』第一部　抗日革命五巻　三七七頁）

（三）　甲申政変の歴史的な地位

前文でも触れたように、我が国のブルジョア民族運動の基本特徴は、近代への移行過程が社会的な矛盾と民族的な矛盾が結合した特殊な条件の下で進まざるをえなかったことと、このような条件のためその過程は、反封建と反侵略の両課題をともに解決しなければならない困難を伴ったところにあった。このことから運動は、下からの民衆的な変革運動とともに、上からのブルジョア改革運動がともに韓国的な特徴を帯びた流れとして登場する。このような特性からして我が国における近代への移行努力は、ヨーロッパや他の地域のそれより倍加の努力を要したのである。ブルジョア改革運動としての一八八四年の甲申政変[8]も、例外ではなかった。

甲申政変の評価において歴史的に形成された基本争点は、その自律性の問題をめぐって起きた。

過去の植民地史観では、甲申政変の基本性格が自律性にもとづく変革運動ではなく、他律的な（日本の影響と指導による）影響の産物として評価されていた。これは疑う余地もなく、帝国主義的な歴史の歪曲であると言わざるをえない。

八・一五解放後、このような植民地史観的な見方は克服されたが、我が国近代史学会では、改革運動の自律性と、開化派が日本人と保持した関係を二律背反的に対峙させることによって、我が歴史学者も甲申政変に対する誤った評価をくだしていた。

早くから甲申政変の歴史的な地位の重要性を見抜いていた金日成主席は、民族主体的な視角からこの問題を科学的に解決する方法論を明確に提示した。

金日成主席は、回顧録の中で次のように記している。

「解放後我が国の学会でも、長いあいだ金玉均に親日派のレッテルを貼った。彼が政変を準備するさい、日本人の援助を受けたことが親日の証拠とされた。だが私はそれを公正な評価とは認めなかった。

それで私は、もちろん金玉均が改革運動を起こすうえで人民大衆との連係に関心を払わなかったのは過ちである、しかし日本の力を拠り所にしたことをもって親日と評価すれば虚無主義に陥る、彼が日本の力を利用したのは別に親日的な改革の断行を目的とした訳ではなく、当時の力関係を綿密に検討したうえで、それを開化党に有利に転換させるための、当時としてはやむをえない戦術であった、と歴史学者を諭した」（回顧録『世紀とともに』第一部　抗日革命一巻　二六頁）

主席は、開化派が保持した日本人との連係問題を、当時の政治的な力関係を開化派に有利に転換させようとする、やむをえぬ戦術的問題であったと明言している。すなわち改革の道を遮断せんとする封建政府内の守旧派と、その背後に控えている清国勢力を牽制して、開化派の政変計画を成功させるうえで力関係を有利に調整しようとしたところに、その連係の目的があったのである。

歴史的な事実は、金玉均をはじめとする開化派が、我が国を日本の衛星国にするためではなく、自主独立的かつ近代的な国家体系を創出するために政変を断行した、ということを充分に明示している。

上からのブルジョア変革運動の始まりとしての甲申政変は、我が社会の内在的発展の流れに沿った歴史の所産であり、世界史の普遍性が我が国のブルジョア民族運動史にもそのまま貫かれていることを証明する事変であった。

甲申政変が、金玉均など革新官僚出身の開化派を中心に開化自強を掲げて推し進められた、上からの近代ブルジョア変革としての性格を有するということで学会の意見がまとまったのは、この分野で我が学会がなし遂げた成果だと言うべきである。

政変の時に公表された開化派の一四ケ条からなる改革綱領は、自主独立、身分平等、経済改革（地租法の改革、還穀制の廃止、国家財政の一元的な管理、褓負商制度の廃止）、政治改革（内閣会議による政令の議決）、文化改革（奎章閣など特権文化機関の廃止）に対する志向性を示した。政綱は革新的な封建官僚の立場から作成された改革政綱だという限界を有してはいるが、封建的な国家制度から近代資本主義国家や社会制度へと移行することができる可能性を見越したものであった。

甲申政変に対する評価では、その変革のブルジョア的な性格とともに、変革の自主独立的な性格が強調されなければならない。それは一九世紀八〇年代の開化思想の性格とその実現方法において、自主独立を一貫して強調し優先させている歴史的事実それ自体が求めているのである。

しかし少なからぬ研究者が、甲申政変の性格を論議するうえで、日本の文明開化論や清の洋務開化論と変法変革論の影響について強調しているのを耳にするが、そのような見解は、研究が未だに皮相な見方から抜け出せないところに由来するものである。

日本の文明開化論は、すでに侵略者の立場に立った日本の立地を反映したものであり、清国の洋務開化論と変法変革論は、民族的な危機が我が国より深刻でなかった段階で提起されたものである。それゆえ日本の文明開化論は近代化を盾にした侵略の論理であり、清国の洋務開化論と変法変革論は、反侵略、自主独立問題より近代化が優先視される立地から出発したものであった。だが我が国の開化勢力は、自主独立を底辺にして反侵略、反封建をともに結合させた立場から出発したものであり、まさしくここに開化派政変の自主独立性が色濃く浮かび上がる根拠がある。

甲申政変の準備と実践の段階で、改革の方法問題を巡っては、開化勢力全員が金玉均の立場に同調した訳ではなかった。そのため開化派勢力は、いわゆる穏健改革派と急進改革派に分かれるのだが、両派がともに民族自主的、自主独立的な志向性をもっていたという点では差異がなかった。それゆえ後日、主に穏健派が主導した甲午更張もまた、民族自主的な性格を有するようになるのである。

主席が指摘したごとく、甲申政変が民衆から遊離していたのは、それがもつ基本限界点であった。そのため近代ブルジョア変革は、ブルジョア革命としてではなくブルジョア改革として表れたのである。ブルジョア改革運動は、ブルジョア革命とは基本的に区別される概念である。それはブルジョアジーの権力獲得ではなく、封建支配層内部の開明的、革新的官僚が権力獲得をめざすものであり、国家を媒介にして推進された上からの資本主義化の途上（下からの革命の道とは区別される）で起きた改革であるからだ。

このような性格を有した変革が起こるようになったのは、後発国での資本主義の自生的な発達を抑える、資本主義的世界体系の形成という世界史的な条件の下で、また当時の社会経済的な条件から、ブルジョア的な権力獲得の条件が成熟せず微弱であったため、ブルジョアジーと民衆が連合勢力の主体になれず、ブルジョア勢力を代弁する勢力としての開化派が主体となって変革が行われたことに起因する。

民衆とかけ離れた封建政府内の開明官僚勢力が主体になっていたため、甲申政変では封建的な土地所有関係の根本的な撤廃に顔をそむけ、地主制を温存する基礎の上で資本主義化を志向していたのは当然の論理であった。ここに開化思想と甲申政変の階級的な基本限界があらわれる。

しかしこの限界を拡大解釈して、政変が有するブルジョア的な性格や自律的な性格を縮小させるとか、否定する方向へ傾いてはいけない。なぜならば、世界史的に見ても、資本主義の発達をめざす自主的なコースは、近代へ移行する過程において一つの類型をなしていたからである。

甲申政変の主体勢力が民衆を遠ざけていたのは、また、政変を三日天下に終わらせた主な内的原因となり、これによって我が国におけるブルジョア改革運動としての甲申政変は、失敗した運動として歴史に記録されることになった。

しかしブルジョア改革運動は、我が国歴史発展の必然的な流れに沿って起きたものであった。それは日清戦争を契機に守旧派政権が崩壊した環境の下で、甲午更張として再現されることになる。

金日成主席は、「甲午（一八九四年）更張後、乙巳（一九〇五年）条約が締結されるまでの一〇年あまりを、我が国が内政改革の波」（回顧録『世紀とともに』第一部　抗日革命一巻　二〇頁）に乗った時期として特徴づけている。(9)

主席のこの言葉には二つの意味が含まれている。一つは、一八九〇年代半ばから一九〇〇年代半ばにいたる内政改革は、甲午更張が始発点になっていたということであり、もう一つは、韓国近代史学会が非常に重視する光武改革に対する言及がまったくないという事実である。この二つの問題意識にもとづいて、我が国における上からのブルジョア改革運動の後続過程を検討してみなければならない。

甲午（一八九四年）更張に対する評価では、甲申政変よりもさらに複雑な側面がある。今日、韓国歴史学会では、甲午更張が他律的ではない自律的な改革だというのが研究者の一般的な見解とされているが、このような見解に至るまでには、この問題に対する北朝鮮学会の主体的な再評価が南と日本の研究者に与えた影響が非常に大きい。北朝鮮学会のこの主体的な再評価もまた、近代ブルジョア改革運動の自律性に関する、金日成主席の主体的な評価にもとづいてなされたものであった。

甲午更張を主導した主体勢力は、軍国機務処を要（かなめ）とした開化勢力の革新政権であったのだが、その政権は近代的な改革をめざす進歩的な政権であり、開化活動の歴史的な蓄積によって樹立された政権である。しかしこの政権の本質的な弱点は、自生的な資本主義の発達が停滞したために、資本家階級の強力な政治経済的支持に依拠することができなかったという点、日本が侵入してきた条件の下で改革事業を推進するしかなかったという点、農民軍と同盟せずに、むしろ彼らを「乱民」扱いにして弾圧したという点、社会改革政策のいくつかのうち、教育と法に限って規定的な意義を付与することにより、改革の成果を固守することができなかったという点などにあった。

改革をめざした措置は、社会発展の流れに即した要求と、反帝反封建闘争に立ち上がった農民の志向を反映した近代的かつブルジョア的改革であった。それが有する近代的な性格は、封建官僚機構が近代的な類型の国家機構に改編されたという点、専制君主制に代替する政治体制はドイツ、日本の立憲君主制に比べてより進んだものであったという点、各種の封建的な差別制度を清算して社会生活の近代化をめざす新しい道を切り拓いたという点、経済分野では資本主義的な関係の発展を促進させたという点などに見出すことができる。

しかしこの改革は、農民軍の弊政改革に関する要求を少なからず反映しはしたが、根本問題である土地問題の革命的な解決を盛り込むことができず、農民の支持を受けられない階級的な限界性をもっていた。つまり地主制を中心にした旧来の封建制度に内蔵されている矛盾を解決せずに、近代的な農業体制へ転換させようとした限界を有し、封建制度を根本から否定することができなかったので、近代的改革としては未熟なうえに徹底性に欠けていた限界を有する。これに便乗した日本の露骨な介入によって軍国機務処は解散され、親日内閣が出現することによって改革の自主的な性格はこの時から霧散してしまった。

改革措置の性格を正しく理解するうえで重要なのは、その進歩性に対する縮小解釈と限界性に対する拡大解釈を警戒することにある。たとえば改革が日本の占領下で行われたという点だけを過大評価して、日清戦争によって引き起こされた民族の危機という最悪の状況を、自主的な社会変革のための一つの奇貨にしようとした開化派の積極的な意志を見ようとしない傾向、租税の金納化措置が米穀の商品化を促進させ穀物の対外流出を強化したとみなすとか、新貨幣制度の導入過程で外国貨幣の通用を認めたことが日本の金融支配を招いたとか、その他にも借款導入の試みなどを通じて朝鮮経済の対日従属を深化させたという結果論的な拡大解釈などである。そのような解釈は金納化と貨幣制度の改革、度量衡の統一のようなものが、後期朝鮮いらい我が社会の内在的な発展のなかで追求してきた歴史発展の結果であり、改革の構造と内容において近代国民国家を建設して土着ブルジョアジーを育成するための、一貫性ある近代的性格の努力であったという点を完全に無視することになる。金弘集など革新官僚らの限界性はあくまでも徹底して批判されなければならないが、それが改革の進歩性の歪曲にまでおよんではいけないのである。

金日成主席が内政改革問題に言及しながら、甲午更張とは異なり光武改革について評価をくださないでいるのは、深い意味がこめられていると見るべきであろう。

一八九七年の大韓帝国成立から始まる光武改革は、国の独立を標榜して皇帝権を確立したが、この外見上の変化だけをとって、光武改革が独立国家の国体を実質的に備えた内政改革になるとみなすことはできないのである。

皇帝権は民権を要求する民衆の志向を弾圧して専制主義的、絶対主義的な体系を強化し、農民軍が提起した要求を黙殺して、いわゆる旧本新参の名のもとに地主制を強化していった。

光武改革の時期からすると、三国干渉以後、朝鮮半島をめぐる侵略列強の勢力が拮抗した状況にあったので、自主独立国家の枠組みをととのえ、植民地化の危険から祖国を救う絶好の機会にしなければならなかったのである。しかし統治者らは、侵略の機会を窺う列強をそれぞれバックにして親日派、親露派、親米派などになって、国と民族の利益を売り渡すのに余念がなかった。

開港以降、外国商品が氾濫して破綻の一路を歩んでいた我が国の経済を立て直すために、無制限な門戸開放政策を止揚して保護貿易主義を厳格に実施し、民族資本を育成する条件をととのえなければならなかった。破綻した経済を収拾して経済の資本主義化を志向すると言いながら殖産興業政策が実施されたのだが、官僚資本、商業資本の一部集中を招き、技術導入にもとづいた工場が一部建てられただけで、経済全般は外来資本主義侵略の圧力によって発展の可能性を失ってしまった。ここにおいても君主権は、外部勢力との関係において妥協、依存、投降に終始し、国の資源と各種の利権を外国人に売り渡し、外国投資が横行した結果、民族資本が育つ道は塞がれてしまった。

そして日帝が日露戦争を挑発して占領欲を露骨にさらけ出した時には、それに効果的に対応できる何らの力ももつことができなかったのである。

我が国のこのような従属化過程が、決して近代化の過程になるものではない。近代化至上主義に陥った人だけがそのように言えるのである。

光武改革を指して、それが甲申政変から始まった近代変革運動の論理的な帰結であり、我が国における近代化の時代を開いた歴史的過程だったと過大評価する傾向は、当然改めなければならない。

金日成主席が光武改革を肯定的に評価もせず言及もしないのは、この改革が自律性を欠いた本質的な限界を有していることに起因していると言える。

(四) 一九世紀後半の反侵略反封建闘争で最高峰をなす甲午農民戦争

金日成主席は回顧録の中で、甲午農民戦争については幼い頃に聞いた緑豆将軍（全琫準の愛称：筆者註）に関する話を通じて、彼が農民戦争の主人公であり、最後の瞬間まで節操を曲げなかった、勇敢無比で立派な人だったという印象をもったと書いている。そして彰徳学校時代には緑豆将軍の悲劇的な最後を通じて、朝鮮の国政を泥沼に追い込んだ封建朝廷の事大主義と無能力、日清両国の野心と内政干渉に対してこみ上げる憤怒を覚えたと述べながら、つぎのようにつづけている。

「私は東学党の乱（甲午農民戦争を指す：筆者註）こそ近代朝鮮の反侵略、反封建闘争史を立派に飾った大きな出来事であり、この戦争が輩出した勇士こそ近代朝鮮民族の政治生活と精神生活に甚大な影響をおよぼしたヒーローであると思った。甲午風雲の寵児、全琫準は私の胸に永遠に消えることのない一点の火花として宿るようになった」（回顧録『世紀とともに』第一部　抗日革命五巻　三六六頁）

金日成主席はその後、主体思想を創始して主体的な近代史観を定立し、甲午農民戦争が我が国の近代史に占める歴史的な地位を科学的に明示し、農民戦争史の研究に表れたいくつかの争点について深奥な解明を与えた。

主席は我が国の近代史において、甲申政変のような上からの変革の試みを虚無主義的に見てもいけないが、下からの革命的な変革運動が有する意義を正しく理解することが非常に重要だと指摘し、下からの革命的な変革運動の代表的な事例となるのが甲午農民戦争であるとした。

上からの改革運動が、世界史的な普遍性を有するブルジョア的な性格を帯びるからと言って、決してこの運動がブルジョア民族運動の主流をなすことを意味するものではない。我が国の近代変革運動で主流となったのは、下からの変革運動、農民的な変革運動である。上からの改革運動のみにブルジョア変革的な意味を付与し、開明官僚らの改革運動のみをブルジョア民族運動の代表的な流れと見る傾向は、批判し克服されて然るべきである。下からの革命的な変革運動が有する意義を正しく理解しなければならないというのは、まさにこのような視角から問題を考察することを意味するのである。

金日成主席はまず、甲午農民戦争が一九世紀後半の我が国の歴史に占める地位について指摘しながら、「天道教の世界で東学第一革命と呼ばれている甲午農民戦争は、一九世紀後半期の我が人民の反侵略、反封建闘争において、その規模においても、激烈さをとっても最高峰をなす農民戦争であった」（回顧録『世紀とともに』第一部　抗日革命五巻　三七八頁）と指摘した。

甲午（一八九四年）年の農民闘争を農民戦争と見るのは、もっとも正確な性格規定となる。それはこの闘争が、それ以前に起きた民乱の規模を超えた階級戦争の様相を呈していたばかりでなく、封建末期の歴史の必然的な流れに沿って発生した、農民の大規模な革命的進出だからである。農民戦争という性格の規定は、中世末期に普遍的に起こる世界史的な流れにも符合するものである。甲午農民戦争はこのような流れを反映した戦いであったのみならず、封建末期の社会的矛盾と新たに生じた民族的な矛盾が深刻にあらわれた我が国の特殊性を反映した、反侵略、反封建闘争としての農民戦争である。甲午農民戦争はその規模と激烈さにおいて、一九世紀後半の我が国の反侵略、反封建闘争で最高峰をなす歴史的な出来事であった。

主席は、甲午農民戦争が一九世紀後半の我が国のブルジョア民族運動で最高峰を飾った闘争であったのみならず、国際的にも大きな意義をもつと指摘し、「甲午農民戦争は一九世紀のアジアで、反帝民族解放闘争の夜明けを知らせる一つの歴史的な事変であって、中国の太平天国農民戦争、インドのセポイの反乱とともに、アジアの三大抗戦として特記されるべきものであった」（回顧録『世紀とともに』第一部　抗日革命五巻　三七九頁）と評価した。

主席は次に、甲午農民戦争の発生と拡大過程を次のように要約している。

「甲午農民戦争は天道教上層の計画や指令によって勃発したものではなく、あくまでも腐敗した無能な封建特権層の専横と野獣のごとき収奪に対する、憤怒した農民の暴動であり反政府農民戦争であった。この戦争は『制暴救民』、『斥洋斥倭』、『輔国安民』の旗の下に、東学上層部とはかかわりなく、全琫準をはじめとする農民暴動の指導者によって火蓋が切られた。暴動の指導者らは自分が属する東学組織を利用して、各地方の東学布組織と連係をとり、古阜農民暴動（古阜民乱）を全面的な農民戦争に拡大発展させていった」（回顧録『世紀とともに』第一部　抗日革命五巻　三七八〜三七九頁）

農民戦争の経緯が本質的に要約されているこの叙述の中に、農民戦争の研究で昔から争点となってきた問題を科学的に解明するカギを見出すことができる。

第一、農民戦争が一九世紀半ばの内外情勢、主客観的な条件によって勃発した事変ではなく、一九世紀後半以来つづいた農民暴動（民乱）の延長線上で勃発した事変とみなさなければならないということが明白になった。

甲午農民戦争の基底には、我が国の農村社会における、地主層と農民層の深刻な矛盾関係があった。そのような矛盾関係は、後期朝鮮以来の地主制度の拡大発展と、農業の発達によって農村社会が地主、富農、小農、貧農、小作農という多様な階層に再編成される過程に生じたのである。また封建的な収集制度は郡・県を単位にして税金を徴収する総額制の原理を採択していたために、その負担は直接生産者である農民に集中された。とくに貧農の没落は一層加速化された。このような両極分解の中で、いろいろな階層が地代、租税、賃金などをめぐって対立するようになった。

開港とともに構築された不平等な貿易構造は、農村をいっそう破壊した。少数の地主は対日米輸出を通じて多大な利益を得て土地を拡張したが、多数の農民は資本制の流通経済に組み入れられて窮迫販売をせざるをえず、窮乏と没落の道を歩む以外になかった。

このような社会状況を背景に、一八六二年には三南地方を中心とした農民暴動が起こり、いわゆる「民乱の時代」が幕を開けることになった。この農民暴動は、封建制の危機が深まる中で搾取（三政搾取）(10)が強化され、社会の矛盾が全面的に拡散する過程で、全国的な規模に拡大した農民闘争であった。地主制度が強化されるに従って所有権をめぐる地主と小作人の階級対立が尖鋭化し、商品貨幣経済の農村への浸透によって大多数の農民が貧農に没落していた状況で、一八六二年の闘争では貧農層が郷任、富農層の統制から抜け出して反封建抗争を繰り広げることになる。このような下層農民層の変革主体への成長は、我が国の反封建農民運動史において一段階高い発展を意味するものであった。

このように成長した農民暴動は、開港以後にも「民乱の時代」を力強く引き継いでいったのみならず、封建支配層と日本侵略者に対する抵抗意識を高めた反封建、反侵略闘争へと発展し、遂に農民戦争へと吸収され発展していくことになるのである。

第二、長い間争点となっていた農民戦争と東学との相互関係が明確になった。

甲午農民戦争と東学とは不可分の関係にある。主席が回顧録の中で甲午農民戦争を当時の表現で「東学党の乱」と呼んだほど、東学教徒が大挙して闘争に参加した事変であった。かといって甲午農民戦争が東学上層部によって計画されたとか、その指令によって勃発したという訳ではない。

東学の上層部は、暴動とか戦争のような暴力一般には賛成しなかった。彼らが組織したもっとも高い運動形態は、一八九三年に教祖伸寃のために開いた忠清道報恩集会であったが、これは東学の合法性を認めるよう請願する平和的、非暴力的、大衆動員の性格を有する集会であった。報恩集会で表出した東学教徒、農民の反封建、反政府的な志向を農民暴動へと導いたのが、全琫準を中心とした暴動支持勢力であった。彼らは報恩集会を「輔国安民」、「斥倭斥洋」のスローガンを掲げる方向へと導き、東学上層部とは無関係に「制暴救民」、「斥倭斥洋」、「輔国安民」の旗の下に農民、東学教徒を暴動へと組織動員したのである。

全琫準をはじめとする農民暴動指導者らは、自分らが属している東学組織との連係の下に、南接（東学教区の名称：筆者註）傘下の農民、東学教徒を闘争へと組織動員することによって、古阜農民暴動を全面的な農民戦争へ拡大発展させることができたのである。このように南接軍とも呼ばれた農民軍は、北接組織を掌握していた東学上層部の意図とは関係なく出現したのである。

東学組織を利用し農民軍を難なく編成することができたのは、農民の志向と東学教理の理念的志向が同一だったので、両者をともに「制暴救民」、「斥倭斥洋」、「輔国安民」の旗の下に一体化することができたからであった。

このことから甲午農民戦争が宗教を装って行われたという説は、正確な表現とは言えないのである。日帝支配下の時から一部の歴史学者の中では、エンゲルスの『ドイツ農民戦争』に出てくる、宗教を装った農民戦争であったという指摘を教条的に受け入れ、それを東学農民戦争にそのまま適用する傾向があった。しかし一六世紀のドイツ農民戦争は、宗教改革運動の真っ只中で起こったものであり、人々の生活の隅々にまで宗教が深く根付いていた条件の下で、農民の要求が宗教的な装いを通して表れたのである。しかし甲午農民戦争では、東学教理の理念的な志向も宗教的な装いを通してではなく直接表れており、農民の場合も同様であった。

第三、農民戦争の動力問題に関する科学的な回答が与えられた。甲午農民戦争が封建的な専横と収奪に反対し、日本の侵略に反対した反封建、反侵略闘争としての農民暴動であり農民戦争であったというのは、農民戦争が農民一般の闘争になりうることを意味するものである。

韓国の近代史学会では、商品貨幣経済の拡大による農民層の分化を重視するあまり、農民戦争の主導層が富農の利益を代弁する勢力だとみなす一部の見解が見られるが、それは農民戦争の主体勢力を理解するうえで犯した偏向だと言わざるをえない。

農民戦争には主に農民をはじめ賤民、商人、手工業者、下級官吏などの基層民衆が参加し、戦争が反侵略的な性格を強く帯びるにつれて軍人、官吏、儒生など、支配階級に属する一部も合流したが、総体的には農民一般が闘争の主体になったとみなすべきである。

この時期には階級的矛盾と民族的矛盾が一つに絡み合っていたので、それに対応できる変革の主体は、農民以外にはなりえなかったのである。

金日成主席は、回顧録の中で農民戦争が失敗した原因を分析し、現実的にも大きな意味を有する失敗の要因を指摘している。

主席は農民戦争が、民族が危機に直面している時に起きて展開されたにもかかわらず、愛国勢力の団結をとげることができなかったのは大変胸が痛むことだとしながら、そこに失敗の重要な原因を見出している。何にもまして、農民軍自体の団結と一致した行動を実現することができなかったことを挙げている。

主席は、次のように述べている。

「団結して戦ってこそ勝利し、団結せずに四分五裂してしまえば、祖国の解放もなし遂げられず百戦百敗するということは、歴史の教える苦い教訓である。もし甲午農民戦争の最全盛期に湖西地方（忠清道地方）の北接軍を総指揮していた崔時亨が、湖南の南接軍を指揮していた全琫準の連合提起を速やかに受け入れて、ソウルへの進撃を妨害しなかったなら、歴史はいくらか変わっていたかも知れない。東学党の乱が失敗に終わった主な原因の一つは、各地、各階層の愛国勢力が一致団結せずてんでばらばらに戦ったところにある」（回顧録『世紀とともに』第一部　抗日革命五巻　三四八〜三四九頁）

農民戦争の最盛期に南接軍、北接軍に属した農民軍の勢力は、総体的に数十万を超えた。彼らが一致団結してソウルへ進撃していたならば、勝利は疑う余地なく農民軍側にあったであろう。しかし勢力を合わせてソウルに進撃することを提議した全琫準に対し、東学上層部の崔時亨は即刻呼応せず遅滞させたために時が流れ、これによって日本軍は清国軍との戦闘で戦局を好転させ、農民戦争に武力介入する時間的な余裕を得ることができたのである。

その結果農民軍は、「挙兵入京、尽滅権貴」の目的も早期に達成することができなかったのみならず、準備を完全に整えて待機していた日本軍の銃口に晒されてしまったのである。主席はこの事実を「かつて数万名を数えた全琫準の東学軍は、牛金峠で一千名の日本軍を撃破できず支離滅裂にされてしまった。当時、日本軍は新式銃で武装していた。東学軍百人が敵一人を倒すだけでも、公州を落としてソウルまで一挙に攻め込める有利な形勢にありながらも、貧弱な武装と軍勢をもってしては、惨敗の憂き目を見るほかなかったのである」（回顧録『世紀とともに』第一部　抗日革命一巻　一五九頁）と述べている。

また民族的な危機を打開するための戦争では、全ての民族構成員が外部勢力との闘いに立ち上がらなければならないにもかかわらず、政府内の開明官僚集団は、保守両班勢力および外部勢力とともに、農民軍を敵対視するに至った。こうして国のために、たとえ思想は異なるにしても、ともに手を組んで闘おうと官軍に訴えた全琫準の呼びかけは、水泡に帰してしまった。

祖国の山野を血で染めた甲午農民戦争が示すもっとも大事な教訓は、民族の団結なくして国難を打開することはできない、ということである。甲午農民戦争が失敗したのは、客観的には日清両国の介入による、外部勢力の干渉が流血的な武力弾圧へとつながったことにあったが、主観的な要因の最たるものは、抗日勢力の大同団結がなし遂げられなかったところにあった。

（五）義兵闘争の教訓

甲午農民戦争は失敗したが、民衆の反侵略、反封建闘争は新たな闘争へとつながっていく。金日成主席は回顧録の中で、「甲午農民戦争は日清両軍の介入によって失敗に終わりはしたが、各地に離散した農民軍はその後、反日義兵運動の主力となって救国抗戦をつづけた」（回顧録『世紀とともに』第一部　抗日革命一巻　三七九頁）と記した。

農民戦争が失敗した後、下からの民衆の抵抗は活貧党、営学党、西学党、南学党運動へと発展し、義兵闘争の主流をなすようになる。

義兵闘争は国権回復運動の一翼として武力抗争を選択し、「倭滅復国」を基本スローガンに掲げて日帝に反対した闘争で、農民はもとより在野の儒生、一部の官僚層をはじめとするいろいろな階層が義兵闘争に連合することになる。この時期にきて、農民戦争当時は変革路線を異にした各階層の流れが、救国闘争という一つの民族的な闘争に合流することになる。これはこの時期にきて、民族的な矛盾が我が国における基本的な矛盾になり、我が国の近代化を巡る国内の階級的な矛盾が付随的なものになったからである。この戦いには各界各層が合流したが、連合した諸勢力の中で基本となる抗争勢力は農民であり、農民戦争後、各地に散らばっていた農民軍が義兵運動の主力となったのである。

金日成主席は、反日義兵闘争の経験についても造詣が深く、その争点と教訓的な問題について明確な結論をくだした。主席はまず、一八九五年の乙未義兵と乙未事変の相互関係について解明した。すなわち、義兵闘争の発端となった乙未年の義兵闘争が、なぜ閔妃が殺害された乙未事変を契機にして起きたのかという問題である。より具体的に言えば、屈辱的な開港政策と事大主義によって民衆の支持を失っていた閔妃の殺害が、なぜ民衆挙げての救国抗争の導火線になったのかという問題である。

主席は「私は幼い頃、父から乙未事変（一八九五年）に関する話を聞いて痛憤を禁じえなかった」（回顧録『世紀とともに』第一部　抗日革命四巻　一〇八頁）と筆を起こし、回顧録の中で日帝が犯した、野獣も顔を背ける蛮行を再び断罪し糾弾した。

朝鮮の国政を一手に掌握していた閔妃が、親露派の首魁となって日本に反対する立場にたつや、狼狽した日本の統治者は朝鮮駐在の自国公使である三浦梧楼を突撃隊に仕立て、守備隊武力と警察武力、それに浪人や無頼漢からなる殺人集団を組み、彼らをして景福宮を襲撃させた。日本刀で閔妃をめった切りにした三浦の手下どもは、犯罪の形跡を消すために死体を焼き、その遺骨まで池の中に投げ込んだのである。

当時の我が民衆は、閔妃をそれほど崇拝もせず恨めしく思っていた。それは閔妃を、開国によって国を滅ぼした張本人とみなしていたからである。閔妃が王家の嫁の身でありながら、外部勢力と結託し、義父の大院君を政権の座から引きずり下ろしたことについても不満に思っていた人が多かった。それにもかかわらず国民感情は、閔妃殺害事件を別の角度で見る流れに傾いたのである。閔妃は一国の王后であり、我が国最後の王である純宗を産んだ明成皇后である。

主席は、これに関連して次のように披瀝している。

「しかし、いくら国民から信任されていなかった閔妃とはいえ、あくまでも政治は政治であり、王妃は王妃なのである。閔妃は我が国民の一員であり、王家の主人であり、高宗を代弁して国政を司った国家権力の代表者であった。したがって乙未事変を起こした日本支配層の野蛮な行為は、とりもなおさず我が人民の自主権を強盗さながらに侵害したことになり、伝統的な王家の尊厳を傷つけたことになるのである。国民意識と尊王精神が強く、民族的な自負心が人一倍強い朝鮮人が、これを万が一にも容認するはずがなかった」（回顧録『世紀とともに』第一部　抗日革命四巻　一〇九頁）

このために民族感情は噴火口を突き破って大きく爆発し、義兵抗争の幕が上がったのである。乙未事変に対する民族的な返答が、他でもない乙未義兵となって表れたのである。

一八九五年から一九一四年にわたった義兵闘争は、一九世紀後半以降のブルジョア民族運動の発展において、もっとも長期的に広範な民族勢力が動員され、闘争規模が一段と拡大した民族運動であり、下からの革命運動であった。全国を舞台にして繰り広げられた義兵闘争が、頑強かつ持久性を帯びて展開されたにもかかわらず国権回復の目的を達成できず、その中の一部の勢力だけが独立軍に発展していったが、総体的に見て挫折の運命を免れなかったことは多くのことを示唆している。

金日成主席は、いくつかの主客観的な原因の中から、隊伍の理念と意志を統一することができなかったことが、失敗の主な要因であると見た。義兵隊伍を理念的にも意志的にも統一できなかったのは、儒生出身の義兵長と平民出身の義兵長との間に存在した、理念上の対立および矛盾に起因していた。

主席は、回顧録の中で次のように指摘している。

「反日抗争の最初の烽火をあげ、朝鮮八道を駆けめぐった義兵隊伍は、上下の一致がならずに分裂していた。王政の復活を夢みる儒生出身の義兵長と、既存秩序の改革を唱える平民出身の義兵長のあいだには、深刻な理念上の対立と矛盾が存在していたが、これは義兵の戦闘力の向上を阻害した。

旧制度の復活を絶対理念としていた一部の義兵長は、政府から官職を得るため戦功争いまでして隊伍を分裂させた。平民出身の義兵長は、儒生出身の義兵長とは連合しようとはしなかった。これは義兵の力を弱める結果をもたらした」（回顧録『世紀とともに』第一部　抗日革命一巻　三七二頁）

主席が記しているごとく、義兵隊伍には二つの矛盾と対立があった。その一つは上下間の対立と矛盾、他の一つは儒生出身の義兵長と平民出身の義兵長のあいだの対立と矛盾であった。

乙未義兵の段階では、衛正斥邪、上訴運動の流れを継承した愛国的な儒生を指導層とし、農民戦争期の農民軍の残存勢力を基本勢力として闘争が展開されたので、この時には上下間の対立と矛盾のみが存在した。

義兵闘争の次の段階である一九〇五年、乙巳条約を契機とする乙巳義兵では、農民大衆を基本勢力にして、そこに儒生の指導層が存在しながらも平民の義兵長が登場する特徴を有し、一九〇七年、朝鮮軍解散を契機とする丁未義兵段階では、解散軍人が大量に参軍するとともに平民の義兵長が大挙登場する特徴を有する。したがって後期の義兵闘争期からは、平民の義兵長と儒生出身の義兵長の間に、理念上の対立と矛盾が大きな問題となるのである。儒生出身の義兵長は旧態依然とした理念の枠内に留まっていたが、平民の義兵長は、封建的な収奪の拒否、身分制度の反対、近代的な教育運動の支持など、反封建的な要求を盛り込んだ新しい理念を志向するようになった。

隊伍内の理念と意志が統一されず、上下の統一がなされていない状況の下で、義兵の戦闘力が強化される訳がなく、それは戦争の結末に影響を与えずにおかなかった。隊伍内に理念上の対立と矛盾が存在する状況のもと、義兵闘争を行う過程で儒生出身の義兵長が、民族と歴史に担った自己の使命をまっとうすることができないということが、時の流れとともに明白になっていった。

金日成主席は、儒生出身義兵長の限界が、義兵のソウル総攻撃の際に露わになった義兵長、李麟栄の挙動を通じて明らかになったとみなした。主席は回顧録の中で、「私は以前父から、十三道倡義隊長の李麟栄の話を聞かされたことがあった。彼が十三道倡義隊長に推された経緯は実に劇的で、教訓的だった」（回顧録『世紀とともに』第一部　抗日革命一巻　三三九頁）としながら、その一部始終を分析している。

関東（江原道）の義兵長らが李麟栄を義兵部隊の指導者に立てようとして家を訪れると、彼は臨終間近の老父を看取っていた。そのとき彼は、義兵は他の人でも指揮を取れるが、父母は一度なくなったが最後、二度と会えない。いつ亡くなるかもしれない老父を残して、どうして私が家を離れられようか。私は不孝者にはなりたくないと言ってその要請を辞退した。しかし四日目にして、とうとう彼らの要請を聞き入れた。

全国の義兵が競って李麟栄の指揮下に馳せ参じ、京畿道楊州に集結したその数は八千名に達した。やがて許蔦、李康年の部隊も合流して倡義軍は八千から一万にふくれあがった。小銃で武装した三千人の旧韓国軍もこれに合流した。

全国の義兵長は李麟栄を十三道倡義隊長に推し立て、彼の指揮のもとにソウルへ向けて進撃した。先鋒は洗剣亭に肉薄していた。ソウルに突入して一挙に日帝の統監府を攻め落とし、保護条約（乙巳五条約）を破棄させるのが義兵の目的であった。

この作戦計画にそって義兵部隊のソウル進撃の士気が盛んな時、父親の訃報に接した李麟栄は、指揮を他人に委ねて忽然と郷里へ帰ってしまった。彼の帰郷は先鋒隊を指揮した許蔿の敗報と重なって、義兵の士気を落とし、部隊の瓦解をもたらす悲惨な結末を招いたのである。

この劇的な出来事は、儒生出身義兵長の限界を赤裸々に晒す結果になった。かといってここで、儒生出身義兵長らが義兵闘争に参加した、愛国的な動機の純粋性そのものについて、可否を論じようとするものではない。彼らは国を熱烈に愛し、かつ固い愛国的志操を備えていた。主席はそのような人物の代表格として、義兵長の崔益鉉の実例をあげている。「対馬に捕われていった崔益鉉は、敵が差し出す食べ物を拒んで食を断ち、国に殉じた」（回顧録『世紀とともに』第一部抗日革命一巻　一八頁）と、彼の愛国的な最期を高く評価している。しかし儒生出身の義兵長らは、その愛国心にもかかわらず自らのイデオロギー的な限界から、民族の大業を導いていく戦争指揮官にはなれなかったということを、李麟栄事件が如実に示したのである。

この出来事は、封建的な価値観、孝行を基本範疇とする儒教の倫理観に問題があるということを、白日の下に晒した。ところがこれに関しては、当時もそうであり、その後の歴史学者の評価でも異見が入り乱れていた。多くの人が李麟栄をあきれた義兵長と非難しながら、一万の兵を統率する義兵長たるものが、よりによってソウル進攻の大業を目前にして、いくら父親の訃報に接したからといって家に帰るとは、それが男のやることか、愛国者がやることかと責めたてた。しかし一部では李麟栄を庇護する見方もあった。父の死に接した人が家に帰り、喪主としての責任を果たすのは当然のことであり、自然の成り行きであると彼を弁護した。

金日成主席は、この問題を教訓的な角度から分析すると、次のような結論に達するであろうと述べている。

「国を愛し家庭をいつくしむ人であってこそ、真の孝子だと言える。家庭のみを重んじて国難を軽んずるような人を、どうして孝子といえようか。今や孝道に関する儒教的な価値観を正すべき時が来た。李麟栄が自己に課せられた責務をまっとうし、目的を成就したあかつきに墓詣でをし、そこで焼香し酒をついで墓前にぬかずいたとしたら、その名は後世に一段と光り輝いたであろう」（回顧録『世紀とともに』第一部　抗日革命一巻　三四一頁）

これは、封建的な道徳観や儒教の孝道観に対するもっとも正当な批判であり、封建的な倫理観を革命的な倫理観に転換させる貴重な指針となる。革命をするからと言って家庭を忘れ去るのは難しく、またそのようなことはありえないのである。革命も人のためにするものであって、革命家が自分の家庭を無視するとか、父母や妻子の運命に無関心ではいられないのである。問題解決のカギが、家庭の幸福と国の運命を一つに結びつけて考え行動するところにあるというのが、我々が汲み取らなければならない教訓である。

儒生出身の義兵長が時の流れとともに自己の限界を晒したのに反して、平民出身の義兵長は歴史に自己の姿を浮かび上がらせていった。平素は愚民と蔑まれ、両班階級の教化の対象としてのみ扱われてきた平民出身の義兵長らは、日本軍との熾烈な戦いの日々に大きく成長した。この中から勇敢で才能ある軍事指揮官が数多く輩出された。

金日成主席はそのような才能ある軍事指揮官の代表的な人物として洪範図[11]をあげた。洪範図は平民（狩人）出身の義兵長として、義兵闘争期と初期独立軍での活動期間に、輝かしい戦功をあげ世人を驚嘆させた。とくに一九〇七年の厚峙嶺戦闘、その翌年の甲山邑襲撃戦闘などで大きな戦功を立てた。一九一七年には北満州で朝鮮独立軍[12]を組織してその総司令に就き、一九二〇年には鳳梧洞と青山里戦闘で輝く大勝利を収めた。

主席は、平民の義兵長としての洪範図の優れた軍事的知略を過小評価する傾向を批判し、彼をずば抜けた知略の所有者として高く評価した。主席は、回顧録の中で「洪範図を知略はなく要領だけで戦う将軍だと見下す人もいたが、それは道理に合わない酷評であった。彼らが言う要領とは、もとをただせば結局は知略の所産なのである」（回顧録『世紀とともに』第一部　抗日革命三巻　二四六頁）と述べ、彼の秀でた知略は常に巧妙かつ用意周到な戦術をあみ出したと強調した。

金日成主席は、戦争では戦闘隊列の統一と上下の一致を保つことが重要であるばかりでなく、武装をしっかりととのえることもまた重要であるとしながら、武装の相対的な甚だしい貧弱さを、義兵が失敗した要因の一つと見ている。

主席は「義兵の武力も東学軍に比べて、これといって勝っている点はなかった。義兵にも新式銃がいくらかはあったが、その数は限られており、大半の兵士は刀や槍、あるいは火縄銃をもって戦った。義兵闘争を火縄銃と三八式小銃との戦いだったと歴史家が評しているのもここからきていると思う」（回顧録『世紀とともに』第一部　抗日革命一巻　一五九頁）と指摘している。

銃弾を一発撃つたびに火を点けなければならない火縄銃を手に、毎分十発以上も撃てる三八式小銃を制圧するには、いかに悲惨な忍耐を味わい、どれほど困難な戦いを展開しなければならないかは想像に難くない。火縄銃の性能が義兵だけの秘密であったあいだは、日本軍はその銃声を聞いただけでも肝をつぶして逃げたものだが、その性能を知ってからは恐れるどころかばかにしてかかったので、戦いの結果は言わずとも知れたことであった。

そのうえ両班の道徳と戒律に縛られていた儒生出身の義兵は、戦場においても冠をかぶり不自由な格好で戦ったので、彼らは装備と軍服姿においてまでも敵より立ち遅れていたのである。そのような義兵を日本軍は、大砲と機関銃で踏み潰したのである。我々はここからも深刻な教訓を汲み取らなければならない。

我が国では、義兵が国権回復のために闘争していたとき、同じ時期に同じ目的をもった愛国啓蒙運動[13]が活発に繰り広げられていた。闘争目的が同じであるにもかかわらず、愛国啓蒙運動はほとんどが義兵を「暴徒」とみなし、彼らの闘争を支援しなかったのである。

これは、一方では義兵闘争期に至るも、全体的な闘争勢力の民族的団結がなされなかったことを示しており、他の一方では愛国啓蒙運動の階級的な限界を示すものである。

しかし階級的な限界が、愛国啓蒙運動の反侵略、反封建的な性格そのものを否定するものではない。この時期に活発に繰り広げられた愛国啓蒙運動は言論、出版、教育、学問、学会運動、政治運動などさまざまな分野にかけて進められた。

金日成主席は愛国啓蒙運動に関連して、民族史的な意味からしても運動発展の見地からしても、教育を発展させるための運動に特別重要な意義を付与した。

金日成主席は、回顧録の中で次のように指摘している。

「旧韓国末期と『韓日併合』後、我が国では救国闘争の一環として愛国的な教育運動が猛烈に展開された。国権喪失の恥ずべき根源が、我が国の後進性にあることを骨身にしみて痛感した先覚者や愛国志士は、教育こそ自強の礎であり根本であるがゆえに、教育の振興なくしては国の独立も社会の近代化も望めないということを痛切に悟り、各地で私立学校設立の運動を繰り広げた」（回顧録『世紀とともに』第一部　抗日革命一巻　八七頁）

この運動の先頭には安昌浩、李東輝、李昇薫、李商在、兪吉濬、南宮檍などの愛国的な啓蒙運動家らが立っていた。各地につくられた学会でも教育運動をおし進めた。

全国を巻きこんだ教育文化運動の熱風の最中、数千もの私立学校が建てられ、封建の束縛の中で眠り込んでいた朝鮮の知性を呼び起こした。孔子、孟子の教理を教えていた書堂が新式学問を教える学堂や義塾に改編され、青少年に愛国の精神をもって奮発するようにと呼びかけた。

民族主義運動の指導者は例外なく、教育を独立運動の起点とみなして全ての財力と情熱を注いだ。金九や安重根のような闘士も、初めは教育事業から独立運動の道に入ったのである。西北地方に設立された私立学校の中で有名なのは、安昌浩が主管した平壌の大成学校と、李昇薫が私費を投じて設立した定州の五山学校であった。これらの学校からは有名な独立運動家とインテリが数多く輩出された。

教育運動は、我が国の民族解放闘争を三・一運動[14]へと発展させる下肥となった。

（六）三・一運動とブルジョア民族運動の終末

金日成主席が八歳になった時である一九一九年に、民族挙げての三・一運動が起こった。怒涛のごとく押し寄せる大人とともにデモ隊列で万歳を叫んだそのこだまは、主席の一生における闘争の初洗礼であった。その日をふりかえり主席は、回顧録の中で次のように述べている。

「暗雲が垂れ込めた祖国の山河を揺るがし、世界万邦に響きわたった独立万歳の雄たけびは、夏じゅう私の耳から消え去らなかった。

その万歳の声は私をしていち早く物心をつかせた。デモ群衆と武装警官の激闘で火花を散らした普通門通りで、私の世界観は新たな段階へと跳躍した。大人に挟まれながらもつま先立って独立万歳を叫んだその時、私の幼年時代はすでに終わったと言えるであろう。

三・一人民蜂起は、私を人民の隊伍のなかに立たせ、私の網膜に我が民族の真のイメージを焼きつけた最初の契機になった。私の心に雷鳴となって響き、長いあいだ消え去らなかった独立万歳のこだまに耳を傾けるたびに、私は我が人民の不撓不屈の闘争精神とヒロイズムに対して言い尽くせぬ自負を覚えるのである」（回顧録『世紀とともに』第一部　抗日革命一巻　四七頁）

主席は、また次のようにも述べている。

「私が……民族の力をはじめて感じとり、それを脳裏に刻んだのは三・一人民蜂起のときだった」（回顧録『世紀とともに』第一部　抗日革命二巻　四七頁）

金日成主席は自ら三・一運動を体験したことによって、世界観の形成において新たな跳躍をもたらした。新たな段階への世界観の跳躍とは、我が民衆の不屈の闘争精神とヒロイズムを痛感することによって生じた自負心であり、民族の偉大な力を痛感することによって生じた透徹した民族観であった。この世界観の跳躍を経て、主席の精神年齢における幼年時代が終わった。

その後主席は、我が国の実情と歴史的な現実から出発して民族の進路を模索し設計する過程で、我が民衆の闘争史を深く分析するようになり、三・一運動の歴史についても非常に大きな関心をはらった。

主席が三・一運動の歴史的な経験を分析するうえで力点をおいたのは、なぜ三・一運動をもってブルジョア民族運動が終末をつげ、我が民衆の民族解放運動は新たな段階に入らなければならなかったのかという問題であった。そのため回顧録の中でも三・一運動に言及しながら、この問題意識にそって奥深く分析したのであった。

ブルジョア民族運動が終末をつげたというのは、民族主義の理念がもはや民族運動を導いていく旗にはなりえないことを意味し、三・一運動がその契機点になったというのは、運動を指導した上層の指導部が民族解放運動を勝利へと導く能力がないことをさらけ出したということを意味する。

三・一運動は、一九世紀後半以来の民族解放運動の総決算だと言える民族的蜂起であり、民衆の蜂起であった。

「天道教、キリスト教、仏教をはじめとする宗教系の人士と愛国的な教師、学生の主導下に、三・一運動は綿密に計画され推進された。甲申政変、衛正斥邪運動、甲午農民戦争、愛国文化啓蒙運動、義兵闘争と、連綿と受け継がれ昇華した朝鮮人民の民族精神は、遂に自主独立を叫び火山のように噴出したのである」（回顧録『世紀とともに』第一部　抗日革命一巻　三九頁）

半世紀以上にわたる力強い民族運動の過程で蓄積された力と形成された民族精神にもとづいていたために、自主独立に対する民衆の要求は火山のように噴出したのである。この噴出した力を導いて日帝との決戦を繰り広げる時、初めて独立の道を切り拓くことができるのであった。しかし民族主義の上層部は、民衆のこの巨大な力を発展させる道を拒否したのである。

もちろん三・一運動の発端を開くうえで、天道教、キリスト教、仏教界と三三人の民族代表が大きく貢献したのは事実である。金日成主席はこれについて、「三・一人民蜂起の主力軍は、言うまでもなく広範な労農大衆と青年学生、知識人階層であった。しかし、この蜂起の発端を開いた民族代表のなかに、キリスト教徒、仏教徒とともに天道教徒がおり、しかもそれを最初に発議したのは天道教側であったとの事実、全国三〇〇万の天道教徒の過半数がデモに参加したということは、この反日闘争で果たした天道教の役割がいかほどのものであったかをよく示している」（回顧録『世紀とともに』第一部　抗日革命五巻　三八〇頁）と記している。

民族代表と呼ばれた運動の指導部上層は、民衆の抵抗意志とは平行線を保ちながら、亡国の苦い歴史的な教訓に顔を背けた。

金日成主席は、この運動における上層部の基本立場を次のように要約した。「ところが三・一運動を指導した上層部の人らはこうした歴史の教訓を忘れ、我が人民の高揚した闘争気勢を見ようともせず、はじめから運動の性格を非暴力的なものと規定し、『独立宣言』を作成して朝鮮民族の独立意志を内外に闡明するに止まった。彼らは運動がこれ以上拡大し、民衆主導の大衆的闘争に発展することを望まなかったのである」（回顧録『世紀とともに』第一部　抗日革命一巻　四三頁）

民族運動の一部の指導者は、「請願」の方法で国の独立を達成しようとした。ウィルソンの「民族自決論」[15]が発表されるや、彼らはアメリカなど協商国の代表がパリ講和会議で、朝鮮独立を決議するかもしれないという幻想をいだき、恥辱この上ない請願運動を行った。アメリカが韓国独立を抹消させるため、日本に大きく手を貸したという歴史的事実に顔を背けたということ自体が、彼らが民族解放運動の指導勢力にはなりえないということを示しているのである。

「三・一人民蜂起を主導したリーダーの階級的な限界は、彼らが日本の植民地支配秩序を全面的に否定するまでにはいたらなかったところに表れている」（回顧録『世紀とともに』第一部　抗日革命一巻　四五頁）

彼らは日本の植民地支配秩序を認める枠内で、自己の階級的利益を保障する若干の譲歩を勝ち取ることに運動の目的をおいていた。それは後日、かなりの人が改良主義に転落するとか、甚だしきに至っては日帝と妥協して「自治」を提唱するまでになった理念的基礎となった。

その頃の我が国には、改良主義を打破するだけの先進思想が存在せず、そのような先進思想を階級の指導理念にして闘える、産業プロレタリアートの大軍も存在しなかった。歴史の浅い我が国の労働者階級は、マルクス・レーニン主義を新しい時代の思想として定立させ、その旗のもとに広範な勤労大衆を結集させる使命を担った自分らの党を、まだもつには至らなかった。

三・一運動当時の我が国の階級関係と、民族主義上層部の指導性の喪失と関連して提示された金日成主席の分析視角は、この問題をめぐる韓国近代史学会の争点を正しく照らす道を明示している。

この問題に関連して韓国近代史学会で論議された争点はまず、三三人の民族代表をどう評価するのかという問題であり、その核心的な問題点は、彼らが民族運動を導くうえで果たした役割をどのような視角で評価するのが正しいのかという問題である。韓国ではこの問題に対する評価が、彼らの役割を肯定的に評価する肯定論と、否定的に評価する否定論の、相反する二つに分かれる。

肯定論者は、民族代表こそが三・一運動の理念的、組織的な指導者だと主張する。しかしこの見解は、当時の学生運動勢力が民族代表とは別途に、運動の準備段階から独自的に民衆運動を構想、推進させていたという点、三三人が当初の方針を変えて泰和館で日帝に自首してしまい、運動の展開過程が民族代表の意図とは異なり民衆的、暴力的な形態に帰結した点を考慮するとき、その説得力は失われる。

これとは逆に否定論者は、三三人がウイルソンの民族自決主義に幻想を抱いて独立運動を準備するにはしたが、民衆の革命的進出を恐れ、泰和館で簡単に独立宣言式を行ったあと日帝に投降してしまい、非暴力を運動方針に打ち出すことによって、運動を失敗の方向へと引っ張っていったと批判する。したがって三三人が三・一運動を指導したとは認められないという論旨である。

肯定論の見解には、多分に政治的な思惑が隠されている。すなわちこの見解は、民族代表の役割を拡大評価することによって、八・一五解放後、韓国の右翼保守勢力の立地を強化し、三・一運動を継承した大韓民国政府の正統性の歴史的な根拠をねつ造しようとする政治的な思惑から発せられたものである。

民族代表に対する否定的な評価に対応して、一九七〇年代以後は制限的肯定論が台頭しているが、この主張もまた説得力に欠ける。制限的肯定論は大きく二つに大別することができる。第一、三三人の非暴力主義は、武装力をととのえられなかった当時の条件に適合する大衆的で創造的な闘争方法であったとみる状況論。第二、三三人がウイルソンの民族自決宣言に期待してパリ講和会議に請願したのは、主体的かつ能動的に外交を活用したものとみる主体的活用論。第三、三・一運動の民衆的な性格を否定することはできないが、少なくとも最初の段階では、指導力を発揮したと見る制限的指導論、この三つに分けて見ることができる。

第一の論理である状況論について言うならば、問題の本質が状況とか戦術上の問題にあるのではなく、三三人が民衆の主体的な力に依拠して独立を達成しようとする意識に欠けていたという点を見逃しているところに問題がある。暴力に対比する非暴力が問題なのではなく、非暴力に内在している妥協性、外部勢力依存的、反民衆的な立場が問題なのである。

次に主体的外交活用論もまた、外交それ自体に問題の本質があるのではなく、三三人が帝国主義の本性を理解できないところから、民族の運命を誤らすのに一役かったところに問題があるということを見逃している。彼らは帝国主義の本質を見抜けず、「ウイルソンの正義感」、「列国の慈悲心」、「日本の理性」に期待をかけ請願外交を行ったので、彼らが外交を主体的に活用したということが、三三人の主観にはなりえても何ら客観的な正当性がないのである。

民族主義運動の上層部がそのように行動したのは、彼らが崇米事大主義思想にそれほどどっぷりと浸かっていたためである。過去において無能な封建統治者らは、国が危機に直面するたびに大国を崇め、彼らの力を借りて国運を打開しようとしたのであるが、その悪癖が民族主義の上層部にもそのまま移植されていたのであった。

第三の論理である制限的指導論は、三・一運動では運動の始まりから、民衆闘争が三三人の意図と構図を全面的に否定、克服し、全民衆による非妥協的な運動へと展開されたという歴史的な事実そのものが、三三人の役割を制限的指導という次元で評価しようとする見解の不当性を論駁している。

民族代表と関連して提起されるいま一つの問題は、彼らの階級的な基盤をどのように理解するのかということである。韓国では三三人が、中人（支配階級に属する両班と被支配階級に属する常民の中間に位する階層：筆者註）出身と、近代的なインテリ、商工業従事者など近代的市民階級に属する人物だとする分析があるだけで、その階級的基盤については整理された見解がない。これに従えば、三・一運動ではどの階級が指導するうえで限界を表し、次の運動段階では指導性の問題がどのように変わるのか、という重要な問題に回答が出せなくなる。

民族代表の階級的な基盤は、近代的な市民階級という抽象的な範疇としてではなく、より具体的に、民族ブルジョアジー上層部の利益を代表する階級の代弁者だという、主体的な範疇として把握されなければならないのである。このことから金日成主席は、三・一運動を指導した上層部の人物を、「ブルジョア民族主義者」（回顧録『世紀とともに』第一部 抗日革命一巻 四五頁）だと定式化し、規定したのである。

三三人の民族代表に対する評価を要約すれば、金日成主席が述べたように、彼らは三・一運動を発端させるうえで寄与した愛国的な人物ではあったが、民族運動を主導する能力がないという自らの階級的な限界を示した、上層部勢力の代表者であったという範囲で整理されなければならないのである。

三・一運動が我が国の近代民族運動で分水嶺の地位を占めるのは、ブルジョア階級の指導性に本質的な限界のあることが明確に表れ、労働者、農民が運動を主導していく基本勢力になったことに起因している。

金日成主席は、回顧録の中で次のように指摘している。

「三・一人民蜂起は、ブルジョア民族主義者がもはや反日民族解放運動の指導勢力になりえないことを示した」（回顧録『世紀とともに』第一部 抗日革命一巻 四五頁）

「三・一人民蜂起を契機として、我が国におけるブルジョア民族主義運動期は終焉を告げ、我が人民の民族解放闘争はしだいに新たな段階に進み始めた」（回顧録『世紀とともに』第一部 抗日革命一巻 四七頁）

ブルジョア民族運動が終焉を告げたというのは、運動主導勢力の主体が交替したことを意味するのである。三・一運動は、ブルジョア民族運動期に存在していたさまざまな理念上の対立と運動潮流の多元性を克服し、各界各層および各派すべてを網羅した初めての全民族的な運動であり、同時に新たな運動主体が登場する運動となった。新たな運動主体として登場した階級は、当時の社会基層民衆であった農民と労働者である。

三・一運動の主力は、日帝の支配政策によってもっとも大きな被害をうけていた農民であった。彼らは集会、結社の自由を剥奪されたなかでも、死線を越えて全国的な範囲で闘争を繰り広げた。デモでは、檄文、紙吶、風船、烽火、たいまつ信号などの方法が利用され、民衆の中の指導者として「万歳屋」が登場しもした。さらに進んで鎌、ツルハシ、棒などを手にして憲兵駐在所と面事務所、郵便局を襲って器物を破壊するなど、日帝の支配に真っ向から挑戦した。また地籍簿、戸籍簿、地税銘記帳などの文書を焼き払うなど、自分らの生活と関連した生活上の問題も闘争対象にした。農民らは民族自決に立脚した自主独立の意識と、生活上の変革を求める義挙のなかで闘争を展開させたが、明確な目標としての反封建闘争を提示するまでには至らなかった。

一方、労働者は全人口に占める割合がとるに足らず、また階級的な幼弱性と組織の未熟性という限界をものともせず、その活躍ぶりは目覚ましかった。三月二日、ソウル鍾路でのデモ、黄海道兼二浦（松林）の三菱製鉄所やソウルの電車従業員、鉄道局、タバコ会社などでストライキが相次いで起こった。三月二二日には労働者大会を開き、組織的な蜂起を計画して労働会報を配りもした。三月中旬以後に鉱山労働者らが加わってからは、駐在所襲撃など暴力的な様相を呈し、彼らの運動は一九一九年の一年間に一〇一件、一万一千名が反日運動に参与するほど活発であった。

労働者、農民をはじめとする民衆は、妥協することなく主体的な立場で運動を主導していった。運動の初期から、日帝の権力を打倒するための暴力的な闘争を展開したが、初期の運動過程を通じて非暴力路線の不当性を痛切に感じてからは、その様相は一層の積極性を帯びて拡散していった。たとえ闘争が自然発生的であり非組織的に推し進められ、民衆の理念もまたブルジョア民族主義運動の枠内から大きく抜け出せなかったにせよ、民衆は我が民族の意志を万邦に誇示することができた。

彼らは闘争を通じて、我が民衆が他人の奴隷になるのを望まぬ自主精神の強い民衆であり、国権を取り戻すためならいかなる犠牲をも厭わぬ、不屈の気概と熱烈な愛国精神をもった民衆であることを証明した。

民衆は運動の過程を通じて、ブルジョア民族運動の理念、指導性、運動論の限界を痛切に感じながら、民族解放運動の主体としての自分自身を自覚し、新たな変革理念を模索するようになった。

労働者、農民などの民衆は、三・一運動を通じて階級的、民族的な自覚を大いに高めた。三・一運動を契機に、自然発生的な生存権の闘争に止まっていた以前の活動方式から脱し、本格的に組織的かつ非妥協的な闘争をスタートさせ、これによって労働運動、農民運動などが急速に発展し、このような状況のなかで、変革理念としての社会主義思想が、民衆の間に急速に根を下ろし始める条件がととのったのである。

三・一運動を契機に労農大衆の運動が質、量ともに大きく成長したのに反し、民族主義者の限界と脆弱性が全面的にさらけ出され、彼らがもはや運動を主導することも推進させることもできなくなったことは、民族解放運動の指導勢力が交替せざるをえない歴史的な必然性を物語るものであった。

三・一運動を経た後、民族解放運動における民族主義者の影響力は相対的に弱まり、社会主義勢力が指導する民族解放運動の新たな時代がきたのである。

註

（1） 東学＝崔済愚が一八六〇年に創始した。天主教の伝来は当時の朝鮮社会の思想や風俗に多くの物議を醸していた。それに対抗する民族固有の信仰として新しい宗教の創始を想った。そしてこの教理は済病長生を土台にして東洋的な儒・仏・道の精神を参酌し、〈人乃天〉天の心は即ち人の心という思想を主張し、人間の主体性を強調し地上天国を現実的な理想社会として主張した。しかし政府は東学を邪教と規定して、教主を一八六四年に惑世誣民の罪として死刑にした。

（2）中人＝李朝時代の身分制度（階級）の一つであり、両班階級の次の階級。彼らがソウルの中央部に居住していたのでこう呼ばれた。彼らの官職は医、訳、籌（算学）、観象、律、恵民、写字、図画等の技術事務に限定されていた。

（3）シャーマン号事件＝一八六六年九月、平壌大同江に侵入して殺人、放火、略奪を働いたアメリカの侵略船シャーマン号に対し、平壌城人民が英雄的に反撃して、沈没させた。

（4）朝仏戦争＝丙寅洋擾ともいい、一八六六年一〇月にフランス艦隊が朝鮮の江華島を侵略したが、朝鮮軍民は文殊山城・鼎足山城の戦いで撃破しフランスを敗退させた戦い。

（5）天道教＝東学を継承した宗教。東学三代教主・孫秉熙が一九〇五年に天道教と改称した。

（6）全琫準＝甲午農民戦争（一八九四～一八九五年）の指導者（一八五四～一八九五年）。全羅北道高敞地方の郷班家庭の出身。実学思想と開化思想の影響をうけて東学党に参加してその接主になり、父と一緒に書堂の訓導を勤めた。封建支配層の収奪に反対する全羅道古阜農民の暴動を農民戦争に発展させたが、裏切り者の密告で逮捕され死刑に処された。

（7）『東経大全』＝天道教の経典。東学の教祖である崔済愚の遺文である。第二代教主崔時亨が一八八〇年に編纂し刊行した本である。崔済愚が著述した布徳文・論学文・修徳文・不然無然・八節・嘆道儒心急・呪文・筆法・詩文等が収録されている。『東経大全』は崔済愚が死刑になるときに焼却されたが、教勢再建のために崔時亨が暗誦した部分だけを秘密裏に刊行したものである。

（8）甲申政変＝朝鮮初のブルジョア革命。一八八四年一二月四日、金玉均を中心とする開化派が政変を起こして新政府を構成、政綱を発表したが、三日天下に終わる。一八八四年ブルジョア革命ともいう。

（9）甲午更張＝一八九四年に金弘集開化党政権が実施した改革。計画中枢機関である軍国機務処を設け、旧制度を進歩的な諸制度に改革したこと。

（10）三政搾取＝李朝時代の国家財政の三大要素である田政・軍政・還穀（政府が保有している余穀の貸与制度）の紊乱をいう。

（11）洪範図＝反日義兵隊長、独立軍指揮官（一八六八～一九四三）。一九〇七年から猟師による反日義兵隊を組織して咸鏡南道一帯を中心に日本侵略軍と数回にわたって激戦。一九一七年、北満洲で朝鮮独立軍を組織してその総司令に。甲山、恵山、江界、満浦、慈城などの日本軍を襲撃。その後、黒龍江一帯で独立軍団を組織し、指揮官として活動。

（12）朝鮮独立軍＝民族主義運動の政治的分化過程において民族主義左派は独立軍形態の武装闘争を選択した。洪範図や金佐鎮の活躍がめだった。武官学校も設置された。梁起鐸、李始榮、呉東振、李範奭、金奎植、金佐鎮らが中心で独立運動団体は正義府、新民府、参義府の三部に統合されていた。

(13) 愛国啓蒙運動＝主として知識人らによって主導された反日救国運動。

(14) 三・一運動＝一九一九年三月一日に日帝の植民地支配に反対して民族的独立と自由のために立ち上がった全民族的反日運動。三・一峰起は日帝の武力弾圧によって鎮圧された。三月一日から四月末まで、全国六一八箇所で三三二回の暴動、七五七回の示威が起きた。三月から五月までの間に七千五百名を虐殺し、約一万六千名を負傷させ四万七千名を検挙した。

(15) ウィルソンの民族自決論＝米国の二八代大統領ウィルソンが、一九一九年パリ講和会議で主張した。しかしこれは、植民地獲得競争に出遅れていた米国が、戦敗国の植民地に割り込むのと、成立したばかりのソ連邦を瓦解させるのに真の目的があった。〈三・一宣言〉を読み上げた三三人のブルジョア民族主義者達は、このウィルソンの民族自決主義を信じて請願の方法で国の独立を達成しようとした。

第二章　金日成主席と一九二〇年代の韓国近代史

（一）労働運動の発展と初期共産主義運動

金日成主席は三・一運動以後、韓国民族解放運動で起こった変化は、新しい思潮が急速に伝わる中で、まず先に労働運動が発達したことだと指摘している。

金日成主席は、回顧録の中で次のように記している。

「我が国の民族解放闘争が民族主義運動から共産主義運動へと方向転換するうえで、三・一人民蜂起が分水嶺としての役割を果たしたことは周知の事実である。三・一人民蜂起を通じて、ブルジョア民族主義がもはや民族解放闘争の旗にはなりえないと痛感した先覚者のあいだで、新しい思潮を求める気運が急激に高まり、彼らの活動によってマルクス・レーニン主義が急速に伝播しはじめた。

三・一人民蜂起の翌年、ソウルでは労働共済会という労働団体が出現し、ついで農民団体、青年団体、婦人団体などの大衆組織が続出した。

これら組織の指導のもとに、我が国では一九二〇年代の初めから無産民衆の権益を守り、日帝の植民地政策に反対する大衆闘争が力強く展開された」（回顧録『世紀とともに』第一部　抗日革命一巻　一三九頁）

金日成主席は、一九二〇年代の労働運動の基本特徴は、無産民衆の権益擁護と日帝の植民地政策に反対する大衆闘争の性格を合わせもつところにあるとした。

主席は労働運動の新たな特徴を明らかにしながら、まず、我が国労働者階級の形成過程と労働運動の発展における、一九二〇年代の運動の特徴を明確に規定している。

主席は一九二〇年代の労働運動の地位を示すために、我が国における近代的な労働者階級の発生と労働運動の発展史を概括している。

金日成主席は、「我が国で近代的な産業労働が発生したのは一九世紀末、開放政策の時流にのって外国資本が押し寄せてきた時からであった」（回顧録『世紀とともに』第一部　抗日革命六巻　三五四頁）と規定し、その過程を次のように含蓄の多い内容で概括している。

我が国における産業労働の発生を一八世紀とみなす人もいるが、そのころの近代産業はまだ萌芽的な形態だったとみなければならない。封建朝廷が門戸を開放して以来、外国資本が淀みなくなだれ込んで来る中で、港湾が建設され、鉄道が敷設され、工場が操業し、鉱山が開発されはじめてから、近代的な産業労働者の隊列が急激に増えはじめた。

産業労働の発生と発展は労働団体組織をもたらしたのだが、九〇年代末に初の港湾労働組合が生まれ、ついで義兄弟や扶助契の形で組織された労働団体が出現することになった。「乙巳五条約」がねつ造されたあとからは、近代的な労働組合が平壌、鎮南浦、群山など全国各地で結成されはじめたが、それらはほとんどが自然発生的に組織されたばかりでなく、工場別組合の枠内から抜け出せなかった。一九一〇年代は、資本―賃労働関係での摩擦を反映した労働争議が全国的な範囲で繰り広げられた。これは階級の利益を志向する労働者の集団的な闘争を意味するものであった。

しかし一九二〇年代に入ってからは、労働共済会以外にも労働大会、労働連盟会のような全国的な合法労働団体が組織されて以降、労働者の闘争は単なる権益擁護のための闘争ではなく、日帝の侵略に反対する愛国的な政治運動と結びつくことによって、質的な発展をなし遂げた労働運動としての様相を備えるようになった。

これは労働者階級の闘争が、民族解放運動における力関係の変化過程を推進させながら、運動の質をより高い段階へ移行させる前提条件が成熟しつつあることを物語っていた。

一九二〇年代の我が国の労働運動は、相対的にかなり速いスピードで発展した特徴を有する。運動のスピーディーな発展は、日本資本の流入と植民地産業の一定の発展による労働者数の増加、および労働条件の植民地的状況、すなわち日帝と日本資本が植民地超過利潤を獲得するために強いた飢餓的な低賃金と長時間労働によって我が国の労働者階級が最も劣悪な境遇におかれたことに起因する。このような境遇は日帝の支配が資本主義的な関係をつうじて貫徹された結果であった。それゆえ労働者階級は、日帝と資本に対するもっとも積極的で革命的な抵抗勢力にならざるをえなかったのである。

一九二〇年代は労働運動が急速に拡大したのみならず、その闘争力が高く発揚されたというのがいま一つの特徴である。一九二〇〜一九二四年の労働者のストライキでは、一九二一年の釜山埠頭労働者のゼネスト、一九二三年の京城ゴム工場女工のストライキ、一九二四年の群山搗精労働者のストライキ、平壌印刷職工のストライキなどをはじめ、比較的に規模が大きいものだけを取り上げても二八〇件、二万三〇〇〇人あまりが参加した。ストライキは日本人雇用主および、彼らと結託した朝鮮人隷属資本家に反対するものであったために、経済的な要求のみを掲げたストライキでも政治的な性格を帯びざるをえなかった。

金日成主席が分析したように、一九二〇年代のまだ歴史の浅い韓国の労働運動が、「単なる労働条件改善のための争議ではなく、日本帝国主義の侵略に抗する愛国的な政治運動」（回顧録『世紀とともに』第一部　抗日革命六巻　三五五頁）としての性格を帯びるようになったのは、我が国の労働者階級の社会歴史的な特質によって規定されるものである。

第一、我が国の労働者階級は、独自的な階級として形成されて以来、はじめから反帝反封建闘争の担い手になったのである。それゆえ労働者の闘争は常に、日本およびそれと結託した資本に反対し、それを媒介にして植民地統治を敢行する日本の支配者に反対して展開された。これによって労働運動は、初期から反帝性を中核とする愛国的な政治運動の性格を帯びざるをえなかったのである。

第二、我が国の労働者階級は強い階級性を備えていた。我が国では資本主義の発展レベルが相対的に低く、したがって労働者の文化、技術水準も低かった。しかし労働者階級の前身である農民が、長い闘争過程を通じて頑強な革命的資質を身につけており、帝国主義支配下における労働者の劣悪な生活レベルは、彼らの革命化を非常なスピードで加速させた。加えて我が国の労働運動は、ヨーロッパの労働運動とは異なり、運動内部から社会民主主義の分裂、破壊策動を受けることはなかった。

このため労働者階級は、純潔な革命性を強く備えるようになり、民族解放運動の主力軍となりながらも、その主力軍と全民族の勢力を反帝反封建闘争へ導く領導階級となり、愛国的な政治運動の主体へと成長していったのである。

金日成主席は、一九二〇年代に入り農村では民族的および階級的な矛盾が激化し、農民運動は労働運動とともに民族解放運動における主力軍の構成部分となり、主要な反帝反日勢力としての性格を有するようになったと明らかにした。

「日本帝国主義の反動的な農業政策は、我が国の農民生活を零落させ、民族的、社会的、階級的な矛盾を激化させた」
（回顧録『世紀とともに』第一部　抗日革命六巻一一〇頁）

日帝のあくどい農業政策は、よりあくどい性格を帯びた構造的な植民地地主―小作制度にもとづいていたので、農村で社会的な矛盾をより激化させた。

日帝の略奪的な「土地調査事業」が完了した時点において、かつてと性格は同じでありながらも、さらにあくどい地主―小作関係が定着した。日帝は日本人地主または農場、会社による土地の占奪と小作料の徴収を強制できるようにするために、地主が小作権を自由に移動させることができるようにした。そのため古くからの歴史的な遺産であり既得権である農民の小作権はほとんど存在しなくなり、農民は単純な賃貸借関係の契約当事者に転落した。その反面、地主の権限は拡大し、小作権の移動が頻繁になり、小作権の移動をてこにして高率の小作料が定着し、封建時代の半作半収よりもはるかに高率の六~八割の小作料が適用されることになった。

主席は、このような変化が二〇年代の農民運動の形態を規定することになったと指摘し、次のように述べている。

「日本帝国主義支配下の我が国農民運動で主流をなしたのは小作争議であった。一九二〇年代の小作争議は、おおかた小作権の確保と小作料の削減など経済的なスローガンを掲げて行われた」(回顧録『世紀とともに』第一部 抗日革命六巻 三一〇頁)

小作争議が日帝下の農民運動で主流をなしたのは、日帝のあくどい農業政策の論理的な帰結であり、小作争議における小作権の確保と小作料の削減などのような経済的なスローガンを掲げて闘争したのも、農村に定着した民族的および階級的な矛盾を反映したものであった。

それゆえ小作争議を中心にして繰り広げられた植民地地主制度に反対する農民の闘争は、日帝に反対する闘争と直結するものであった。それは日本人の土地所有が朝鮮人の所有よりも多かったばかりでなく、本質的には植民地地主制度を支えているのが、日本帝国主義の支配権力であったからである。これは二〇年代の農民運動が、反日民族解放運動の重要な構成部分にならざるをえなかった必然的な条件であるということを物語っている。

小作争議を主流にした農民闘争は急速に発達し、小作人組合をはじめとして、小作相助会、農友会、作人同盟、労働共済会農民部のような農民団体が出現し、農民闘争を指導するようになった。中でも労働共済会農民部は全国的な性格を帯びる農民団体であった。

一九二〇年代の労働運動と農民運動が独自的な勢力として歴史の舞台に登場したのは、民族解放運動史の視角から見る時、極めて重要な意味をもつ出来事であった。

日帝の我が国に対する植民地支配は、もっとも反動的な地主制度にもとづく地主―小作関係の扶植と、植民地資本主義を通じた植民地的な資本―賃労働関係の保持という二つを柱にして敢行されたのであるが、労働運動と農民運動はそれに真っ向から挑戦するもっとも積極的かつ先進的な社会勢力の出現を意味し、もっとも強力な反帝国主義勢力の登場を意味した。これは当時我が国の反帝反封建闘争が、新しくも強力な社会勢力を運動の主体として発展する、新たな時期が始まったということを確認させるものである。しかして他の社会運動ひいては民族解放運動も労働運動に背を向けることはできず、労働運動を拠り所にせず、そしてそれに連帯せずには、自己発展の可能性を摘み取ってしまう時代が始まったのである。

我が国の労働運動が、反帝民族解放運動の積極的な勢力に成長していく歴史的な必然性を論証した、金日成主席のいくつかの命題を正確に認識する時にのみ、我が韓国近代史学会がその間、この問題を論議するうえで露呈してきた虚無主義的な偏向を正すことができる。

韓国近代史学会では長いあいだ、労働運動や社会主義運動が志向するのはあくまでも階級解放であり、したがって民族の独立を目標とする民族運動の範疇に属さないという論理のもとに、労働運動や社会主義運動を民族運動史研究の領域から排除してきた。この論理によると、労働運動や社会主義運動が民族解放のスローガンを叫ぶ理由は、階級解放を実現するための単なる戦術上の考慮から出発したものであったというのである。これは歴史的真実の甚だしい歪曲である。

この論理は、民族の独立と階級解放の両者を分離してまったく別な課題として把握し、民族の独立は民族主義運動が、階級解放は労働運動とか社会主義運動が推進したというような、稚拙な二分法的論理に過ぎないのである。

金日成主席が、労働運動が反帝民族解放運動のもっとも積極的な変革勢力になると述べた命題の底辺には、植民地支配下での民族的な矛盾と階級的な矛盾は、分離することのできない矛盾であり、民族的および階級的な矛盾が結合している植民地の現実に対するもっとも科学的な分析が置かれている。したがって反日民族解放運動は、互いに結びついている民族的な矛盾と階級的な矛盾を同時に解決していく反帝反封建の過程で展開させていくほかなく、民族解放と階級解放の両者を実現していくことができる新たな社会勢力、社会運動としての労働運動と農民運動が、民族解放運動＝反帝反封建闘争の中心勢力として、運動の指導的な主体として登場するのは必然的な帰結なのであった。

労働運動の出現と発展にともなう歴史的な要請として提起されたのが、共産党による労働運動への指導であった。これについて金日成主席は、「労働運動をはじめとする大衆運動の発展趨勢は、それらを統一的に導く強力な政治的指導勢力の出現を求めたが、その歴史的要望にこたえて一九二五年四月、ソウルで朝鮮共産党が創建された」（回顧録『世紀とともに』第一部　抗日革命一巻　一四〇頁）と指摘した。

労働運動の発展にともなう歴史的な要求によって、一九二五年四月に朝鮮共産党が創建されたのは、共産主義運動のみならず民族解放運動の発展において一つの里程標となる出来事であった。

植民地民族解放運動は、国家主権の回復はもとより、帝国主義支配によってつくり出された植民地矛盾構造の総体的な解決をその課題とする。そのため主権回復をめざす直接的な闘争ばかりでなく、労働運動、農民運動など帝国主義矛盾構造を打破するための各階級、階層の闘争が、民族解放運動の重要な構成部分としてそれぞれの位置を占めるのである。ところで労働運動、農民運動などの新たな民衆運動は、社会主義運動（共産主義運動）の成熟程度によってその発展が規定されるので、民衆運動の指導を担当した共産主義運動はまた民族解放運動の発展を規定する要素になるのである。

日帝下の民族解放運動史において、発展を規定する要素としての共産党の出帆が有する意味は非常に大きい。それは共産主義運動が、日帝下で労働者、農民の変革運動に対する指導を担当しなければならない勢力であり、広範な反帝国主義的運動勢力を結集して民族解放運動を団結させ高揚させるうえで、中心となるべき勢力であるからだ。このような歴史的要求を反映して一九二〇年代に我が国でも、共産主義運動が起こり始めたのである。これは三・一運動以後のブルジョア民族運動が、革命的に進出する民衆運動を指導することができなくなり、新たな代案としての社会主義が民族解放の理念となって伝播し、その理念を受け入れた共産主義者がしだいに民族解放運動の舞台に進出する過程であった。この過程で一九二五年四月に朝鮮共産党が創建されたのは、一つの転換点であった。

朝鮮共産党の創建と前後した時期の韓国の共産主義運動は、一般に初期共産主義運動と呼ばれているが、それはこの時期の共産主義運動が幼年期の共産主義運動として評価されているためである。

初期共産主義運動の歴史的な功績と限界に関する問題は、当時から大きな論難の対象となっていた争点であった。

金日成主席は、初期共産主義運動を評価するにあたっては、その前向きな意義とともに限界点をも、全体的に考慮すべきであると指摘した。

「朝鮮共産党は創建後、現実に適応した指導思想をもたず、隊列の統一を保てず、大衆の間に深く根を張れないなどの根本的な欠陥によって、労働者階級の前衛としての役割を十分に果たせなかったが、その創建は新旧思潮の交代と民族解放闘争の質的変化を示す意義ある出来事であり、労働運動、農民運動、青年運動などの大衆運動と民族解放運動の発展を推し進めた」（回顧録『世紀とともに』第一部　抗日革命一巻　一四〇頁）

主席が明示したように、初期共産主義運動の功罪に対する評価は、共産党の創建が大衆運動および民族解放運動を発展させる推進力となった側面と、運動を進めるうえで根本的な欠陥をもっていた側面を、ともに考慮して全面的な評価をくださなければならない。

一九二五年四月に結成され、一九二八年夏のコミンテルン第六回大会以後に解体される朝鮮共産党の歴史的な位相を評価するうえで重要なことは、まず、朝鮮共産党が労働運動および民族解放運動発展の必然的な流れにそって結成され、運動を前進させた、ということを前提にした立場から問題を考察することである。

一九二〇年代初期、社会主義思想の普及、労働運動をはじめとする大衆運動の発展と団体の結成など、民族解放運動は急速に前進した。とくに一九二四年に至り左翼陣営の主導のもとに大衆運動は、朝鮮労農総同盟、朝鮮青年総同盟、朝鮮女性同友会、朝鮮衡平社など全国的な統一組織をもつにいたった。労働運動をはじめとするこのような大衆運動の思想的、組織的な発展は、労働者階級の前衛党を必然的に要求することになり、同時にこれは民族解放運動発展の要求でもあった。したがって朝鮮共産党の創建は、我が国の労働運動と民族解放運動発展の必然的帰結であり、歴史の流れに即応した産物でもあった。

朝鮮共産党は創建後、労働者、農民など民衆の間で社会主義思想をいっそう普及させ、労農運動を指導して、我が国の民族解放運動が共産主義者によって指導されるという新たな歴史の幕を開けた。

朝鮮共産党はその存在した期間に、六・一〇万歳示威闘争のような大規模な反日闘争を指導して民族の気概を誇示し、民族主義者との合作によって新幹会のような共同戦線体も組織して反日愛国勢力を集結させるうえでも寄与した。このような闘争成果は、朝鮮共産党が創建され、党によって労働運動と農民運動をはじめいろいろな大衆運動が指導されたことが、朝鮮共産主義運動における活動の前向きな性格と、民族解放運動の発展をある程度推進させたことを示すものである。これは朝鮮共産党の歴史的位相を規定付ける第一の側面である。

他の側面では、朝鮮共産党の限界を正確に認識する立場から問題を考察しなければならない。

朝鮮共産党が日帝の苛酷な弾圧と党指導部の派閥争いによって、何年ももたずにコミンテルンから除名処分を受けて解散したのは、党の組織と活動において本質的な弱点と欠陥を有していたことを示すものである。ここで問題となるのは、朝鮮共産党の結成自体ではなく、朝鮮共産党結党に参与した共産主義者が、共産主義運動と民族解放運動の客観的要求に正しく適応できなかった、運動の主体に内在していた欠陥が問題になるのである。

朝鮮共産党はその存在期間、インテリ、学生が中心をなして労農大衆の間には根をおろさず、ひどい分派争いによって組織は四分五裂し、思想的にも教条主義と事大主義に陥没しているという未熟性から抜け出せなかった。

とくに、甚だしいセクト主義と派閥争いは、革命運動に対する正しい指導を阻害し、党を瓦解させた最大の内的要因であった。朝鮮共産主義運動のセクト主義は、党が創建される以前に存在していた分派的な思想団体の時から目に余っていた。

当時、思想団体というインテリ中心の特有な結社運動が始まるや、セクト主義は度しがたい病となったのであるが、その代表的なものとしては一九二一年にイルクーツクで組織された「高麗共産党」（イルクーツク派）、上海で組織された「高麗共産党」（上海派）、国内で組織された「ソウル青年会」（ソウル派）、一九二一年に作られた「新思想研究会」を土台にして一九二四年に組織された「火曜会」（火曜派）、一九二三年に日本で結成された「北星会」の国内組織として一九二四年に作られた「北風会」（北風派）、一九二五年に「北星会」から枝分かれした「一月会」（ＭＬ派の前身）などがあった。

分派闘争は、党を結成する時に重要な派閥の一つである「ソウル派」を排除する中、別の主要派閥であった「火曜派」を中心にして党を排他的に創建することによって、いっそう熾烈になった。党が存在した間は、分派闘争が党権派と「火曜派」の分派闘争、そして「火曜派」と「ＭＬ派」の党内闘争として繰り広げられていたが、党が解体した後は、「ソサン派」（「ソウル派」と「上海派」の合同）、「ＭＬ派」、「火曜派」などが、各自分派活動を繰り広げて派閥間の対立をより激化させた。このようにセクト主義は一九二〇年代朝鮮共産主義運動の欠陥と弱点を規定する本質的な要因となった。

分派闘争は朝鮮共産党を思想的、政治的に腐蝕させ、マルクス・レーニン主義を植民地朝鮮の現実に創造的に適用する道を塞ぎ、党内の分派分子をして社会主義理論を、反対派を攻撃するための道具として利用させることになった。

そのため党内分派分子の理念と路線は、いくつかの理念的枠組みの中に固着されることになったのであるが、その第一の理念的枠組みは、目に余る事大主義思想であった。

分派分子の事大主義思想は、主にコミンテルンに対する事大主義となって表れた。彼らは我が国の現実に適合するのか否かを考慮せず、コミンテルンの指示ならば鵜呑みにし、コミンテルンの承認を得て、その権威をかりて自派の権威を高めようと必死になり、反対派を制圧するには手段と方法を選ばなかった。あげくの果てには、コミンテルン第六回大会には「ＭＬ派」の第四次朝鮮共産党代表と、「ソウル派」の「春景園共産党」（一九二七年にねつ造）代表がともに押しかけ、ジャガイモの印鑑でねつ造した文書を差し出しては互いに「正統性」を主張し、コミンテルンの承認を物乞いする醜態をさらけ出した。これら全てのことはコミンテルンに対する彼らの事大主義が、いかほどのものであったかを端的に示している。

彼らの事大主義は、民族虚無主義思想とも相通じていた。彼らは、民族意識をもつことは階級的根本からして間違ったことであり、それを徹底的に抹殺しなければならないという観念までもち出していた。抽象的に「民族」、「民族意識」、「民族愛」、「倍達同胞」（朝鮮民族を指す：筆者註）を強調するのは、階級意識を曖昧にして社会主義運動を無力化し撹乱させようとするものだと誹謗した。

事大主義思想と民族虚無主義思想は、分派分子をしていま一つの理念的な傾向である教条主義の枠内にはめ込むことになった。我が国の歴史と現実に背を向け、コミンテルンの指令だけを金科玉条として崇める分派分子には、教条主義が固疾的な思考パターンとして定着していた。したがって彼らは、どの国の共産主義者にも見られない、観念と現実との間のギャップを身につけることになった。

彼らの教条主義は、いっとき「民族解放運動優先論」、「総体的無産者論」を提唱しながら、階級的な立場を放棄して清算主義にまで堕落したが、このあとからは「階級闘争優先論」を提唱し、実際には民族解放の課題を否定する階級闘争万能論、階級至上主義へと傾いた。これは路線上の一貫性に欠け、左右への偏向の中でさまよったことを示すものであり、朝鮮共産党内に思想理論的および戦略戦術的な基礎が定立されていなかったことを示すものである。

以上のようなすべての事実は、朝鮮共産党の出現が民族解放運動発展の流れに沿ったものであることを認めるとともに、同党がもっていた限界についても偏向なく取り扱うべきことを示す。つまり、朝鮮共産党の歴史的位相を正しく定立するのは、朝鮮共産党史にあらわれた肯定面と否定面を総体的に分析すべきであるという金日成主席の教えに徹底して立脚する時にのみ、可能なのである。

(二) 六・一〇万歳運動

金日成主席は、韓国近代史において六・一〇万歳運動が占める歴史的な位置について、次のような定式化をくだした。

「六・一〇万歳示威闘争は、三・一人民蜂起以降、民族解放闘争の舞台に新たに登場した共産主義者によって指導された、大衆的な反日示威闘争であった」(回顧録『世紀とともに』第一部　抗日革命一巻　一三九頁)

金日成主席が六・一〇万歳運動のニュースに接したのは、撫松を離れて華成義塾に籍を移した時であった。主席は回顧録の中で「私は当時、六・一〇万歳運動の結果を自分なりに分析してみた」(回顧録『世紀とともに』第一部　抗日革命一巻　一四三頁)と叙述しているように、この闘争について大きな関心を寄せ、分析的な考察を通じていくつかの重要な結論をくだした。

主席はまず、結党間もない共産党が、純宗の葬儀を機に大衆的なデモを計画したのは適切な措置であったと分析している。

一九二六年四月二五日、朝鮮王朝の最後の王であった純宗が死亡したのは、民衆の反日感情が爆発する一つの契機となった。王の訃報に接した国民は喪服をまとい、老若男女の別なく声をあげて痛哭した。国が滅びた後も純宗は、最後の王として李王朝を象徴していたが、その王までも亡くなったので、積もりに積もった亡国の悲しみが号泣となってほとばしったのである。楽隊の吹奏に合わせて学生らが歌う歌声に、人々の悲しみはさらに深まった。

さらば昌徳宮よ
とわに何時までも
我は行く北邙山川
寂しき墓地に
いま発てば何時
また帰らん
二千万の白衣同胞よ
無窮なれ

その痛哭の響きは日本の占領者を強烈に刺激した。

朝鮮人が群がって泣いていると直ちに日本の騎馬隊が出動し、銃剣や棍棒を振りかざして強制的に解散させた。小学校の児童までが容赦ない棍棒の洗礼を浴びた。国が滅んでも悲しまず、王が死んでも泣かずに口をつぐんでいろと言うのである。これがほかならぬ「武断統治」から「文化統治」へと衣替えした、総督政治の真骨頂であった。

日本統治者の極悪非道な弾圧は、炎のように燃え上がった我が人民の反日感情に油を注ぐ結果となった。民衆の反日気運が盛り上がる状況をふまえた共産党は、全国的な反日デモを繰り広げることを計画した。この計画は闘争に有利に傾いた状況を大規模な闘争触発の契機にし、主動的に利用しようとした適切な措置であったと言うべきであろう。共産党は純宗の国葬を六月一〇日に行うという宮内部の発表が報じられるや、党の総力を動員して六・一〇闘争の準備に邁進するのである。

金日成主席が分析的な考察を通じてくだしたもう一つの結論は、セクト主義の克服なくして闘争の勝利がありえないということであった。「六・一〇万歳運動は、分派の克服なくして共産主義運動の発展も、反日民族解放闘争の勝利もありえないという深刻な教訓を残した」（回顧録『世紀とともに』第一部　抗日革命一巻　一四三頁）と回顧録の中で叙述している。

もし共産主義者が派閥の観念を捨てて、一致団結してこの闘争を組織し指揮していたならば、闘争は全ての共産主義運動勢力が参与した、民族挙げてのより大きな闘争へと拡大、発展していたであろうし、日帝により大きな打撃を与えたであろう。

ところが闘争準備委員会に割り込んでいた分派分子によってその秘密が漏れ、反日闘争計画は準備の段階から仮借ない弾圧にさらされたのみならず、デモを成功させる万全な対応策も立てられなくなった。三・一運動の先例があるうえ、そのような秘密漏洩まで入手していたので、日本の軍警は超特別警戒態勢の中で国葬の日を迎えたのである。

そうして六月一〇日の当日、純宗の柩輿が鍾路を通り過ぎようとしていた時、数万のソウル市民が「朝鮮独立万歳！」、「日本軍は帰れ！」、「朝鮮独立運動家は団結せよ！」と叫びながら大衆的なデモを繰り広げるやいなや、待機していた敵の武装軍警の弾圧を受けたのである。再度決起した独立万歳デモは、けっきょく日帝の野蛮な弾圧をはねかえすことができずに失敗した。

六・一〇万歳運動を発端にして、朝鮮共産党指導部の主要メンバーはほとんどが検挙された。闘争過程で二〇〇余名の共産主義者と青年学生が逮捕され拘禁された。このようにして第一次朝鮮共産党は事実上瓦解状態に陥った。

ここでの経験は、ブルジョア民族主義者の事大思想が三・一運動を失敗させた根本要因の一つだとするならば、初期共産主義運動でのセクト主義は、六・一〇万歳運動を失敗させた基本的禍根であることを示している。

金日成主席が分析的な考察を通じてくだした結論のいま一つは、ブルジョア民族主義者が三・一運動を指導するうえで犯した過ちを、共産主義者が再び踏襲したという、深刻な誤謬にかかわる問題であった。これに関して主席は、「私が納得できなかったのは、この闘争を組織した人らが、なぜ三・一運動当時の平和的方法をそのまま繰り返したのかということだった」（回顧録『世紀とともに』第一部　抗日革命一巻　一四三頁）と指摘した。

平和的な意思表示で独立が達成できると考えていたブルジョア民族主義者の浅はかな期待が、三・一運動を失敗に追い込んだにもかかわらず、初期共産主義者が同じ過ちを繰り返したのは実に納得しがたいことである。万歳でも叫び、ビラの何枚かを撒くことで事が運ぶような問題ではなかった。

彼らは万歳を叫ぶデモの後につづく闘争をどのように発展させるべきかという、後続措置についてはまったく考えてもおらず、日帝の野獣のごとき弾圧に備えて勢力をどのように保護し、それに対抗する効果的な対策をどのように取るかについても、何一つ準備していなかったのである。

千日養兵・一日用兵という言葉もあるが、民衆を一旦戦いの場に立たせるためには、彼らを覚醒させて組織化し、十分な訓練を施さなければならない。にもかかわらず六・一〇万歳運動を組織し指導した人らは、事前に徹底した準備もせずに、銃を手にした軍警の前に赤手空拳の大衆を数万人もくりだしたため、悲惨な結果を招くほかなかったのである。これは初期共産主義者が運動を指導するうえで、未熟性と経験不足をそのままさらけ出したものであった。

六・一〇万歳運動は、共産主義者が指導した初めての大衆的な反日運動であって、日帝に政治道徳的な打撃をあたえ、共産主義者が民族解放のために闘う闘士であることを実践で示した意義ある出来事であったにもかかわらず、初期共産主義者の政治的な未熟性と、運動の指導における限界のため、目的を貫徹させることができなかった未完の闘争に終わったのである。

六・一〇万歳運動の失敗から、金日成主席は大きな衝撃をうけた。

主席は、回顧録の中で次のように記している

「立ち上がるたびに大勢の犠牲者を出し挫折を余儀なくされた反日運動の実情を思うと、無念で眠ることもできなかった。その失敗はわたしの血を沸かせ、日帝を打倒して祖国を取りもどそうという意志を一層固めさせた」(回顧録『世紀とともに』第一部　抗日革命一巻　一四三頁)

(三)　民族主義運動の政治的分化、独立軍と民族改良主義

三・一運動を経てブルジョア民族主義上層部に対する期待が薄れて新思潮が登場し、我が国が日帝の完全な植民地と化した情勢下で、民族主義運動の政治的な分化過程が促進された。

金日成主席は、政治的分化の基本方向は、二つの潮流に分裂したことだと特徴づけた。主席は回顧録の中で「民族主義左派」、「民族主義左翼陣営」、「独立運動左派」、「民族主義右派」、「民族主義陣営の保守勢力」などと区分している。左派と右派への分化が、民族主義運動分化の基本内容なのである。

主席は、左派と右派には各々の共通性があるが、左派に共通するのは日帝に対する積極的な抵抗の立場であり、右派に共通するのは無抵抗主義の立場であると教えている。

亡国直後に中国の青島で開かれた民族運動家の会合から表れ始めた左右への分化傾向は、一九二〇年代に入りはっきりとその全貌を現すのである。

金日成主席は回顧録の中で、この二つの潮流の政治的動向と変化の過程について、深く掘り下げて解明している。主席はまず、民族主義左派について分析している。

主席は一九二〇年代を念頭におき、「それまでの民族解放闘争において、私がもっとも進んだ形態の闘争だとみなしたのは、独立軍の武装闘争であった」（回顧録『世紀とともに』第一部 抗日革命二巻 四一頁）と述べ、この闘争には民族主義左翼のもっとも積極的な反日運動家と愛国者が参加し、日帝との血戦を志向していた、それまでの民族運動の中でもっとも進んだ形態になるとみなしたのである。

民族主義左翼が独立軍という形の武装闘争の道を選択したのはなぜか。「彼らが独立軍部隊を組織して武装闘争をはじめたのは、独立戦争なくして国権の回復が不可能であると信じたからである」（回顧録『世紀とともに』第一部 抗日革命二巻 四一頁）

金日成主席は、このようにして始まった独立軍運動を歴史的に分析し、一九二〇年代前半は、国内と鴨緑江沿岸で日帝を相手に実質的な軍事活動を繰り広げ、ある程度の成果をおさめたと評価した。主席は、洪範図の大韓独立軍と協同して戦い、青山里戦闘で軍功を立てた独立軍北路軍政署の総司令であった金佐鎭が汪清に本拠地をおいていた頃、彼が銀色のサージ軍服をまとって軍刀をさげ、葦毛馬に跨って通りすぎる時、道を行き交う人が王様の行列にでも出会ったようにお辞儀をしたのは、独立軍が青山里戦闘で立てた戦功に対して敬意を表したものであったと印象深く評価している。

この頃の独立軍は、軍事行動をある程度繰り広げる一方、武装闘争の予備隊育成にも少なからぬ関心を寄せた。満州地方に一般の学校とともにいくつかの武官学校を建てたのであるが、新興武官学校（柳河県）、十里坪士官学校（汪清県）小沙河訓練所（安図県）、華成義塾などがその代表的なものであり、武官学校設立運動では梁起鐸、李始栄、呉東振、李範奭、金奎植、金佐鎮のような独立運動の巨頭が中心的な役割を果たした。
しかし一九二〇年代後半に入り始めてからは、独立軍は衰退と没落の道を歩むことになる。「その頃になると独立軍は弱体化し、勢力争いに明け暮れていた。一九二〇年代の前半期に国内や鴨緑江沿岸でしばしば繰り広げた実際的な軍事活動はほとんど影をひそめ、管轄区域に閉じこもっては軍資金を集めて回るだけという有様であった」（回顧録『世紀とともに』第一部　抗日革命一巻　一六二頁）

その当時、東北三省に割拠していたいくつかの群小独立運動団体は三府に統合されていた。満州には正義府、新民府、参議府の三府が存在していたのだが、この三府はおのおの管轄区域を定め、区域内の民衆から軍資金などを強制的に徴収し、縄張り拡張のための派閥争いに明け暮れていた。

独立軍の活動がこのように下降線をたどるようになった原因について、金日成主席は次のように分析している。

「しかし独立軍の闘争は、そうした初志をあくまでも貫くだけの科学的な戦略戦術と、独立戦争を最後まで戦い抜く有力かつ洗練された指導部をもつことができず、闘争を人的、物的、財政的に支える強固な大衆的地盤をととのえることができなかった」（回顧録『世紀とともに』第一部　抗日革命一巻　四一～四二頁）

主席はこれら全てのことは結局、民族主義の階級的な限界からくる必然的な結果であるとみなしている

金日成主席は、独立軍に対する評価を観照的な立場からくだしたのではなく、独立武官学校の一つである華成義塾に籍をおいていた時期に、皮膚で感じ実生活を通じて体験した鮮明な歴史的現実の、生き証人としてくだしたものである。
主席は回顧録の中で、「華成義塾がもっていた短所は、民族主義運動自体が有していた限界をそのまま物語っていた。私は華成義塾を通じて民族主義運動の全貌を窺い知ることができた」（回顧録『世紀とともに』第一部　抗日革命一巻　一

六二頁）と記している。

金日成主席は体験者、生き証人としての立場から、回顧録の中で独立軍の歴史と生活の全貌を具体的に分析し評価した。それゆえ回顧録の中で整理された独立軍運動史に関する叙述部分は、韓国近代史学会がこの部分の歴史を叙述するうえで犯した、脱線と歪曲を正すことができるもっとも価値ある指針となる。

韓国近代史学会における独立運動に関する研究は、早くから国史編纂委員会などの政府機関および政府部署から直接的または間接的に支援された、関係研究団体によって行われてきた。そのために研究分量も膨大である。公に刊行された民族運動史に関する書籍の内容中、六〇～七〇％が独立軍運動で占められている状況である。韓国当局が独立軍運動史をこのように重視する理由は、独立軍運動が韓末の義兵闘争を受け継いだ正統派であり、それはまた大韓民国臨時政府の指導を受けた光復軍に引き継がれ、結局は国軍の起源をそこに求める歪曲した観点を正当化しようとする、政治的な意図から出発したものであった。

現韓国政府当局者がうんぬんする「正統性」の問題に関連して、政策的次元で推進された官辺研究には見逃すことができない傾向が表れている。第一に、いわゆる「正統性」ねつ造の政治的な意図が介入されたこと、第二に、満州における我が国の民族解放運動史を、ただ単に独立軍運動を推進させた独立団体運動の形成および展開過程としてのみ把握しており、満州における我が民族解放運動史を独立軍史と等置する虚構にもとづいていること、第三に、独立軍運動史がブルジョア民族運動史的な範疇に属するということから目を背け、その歴史的な位相を根源的に歪曲していることなどが挙げられる。

韓国の官辺研究に表れたこのような傾向に、最近少壮学者らが批判的な視角からこの問題を照らし始めたのは、極めて当然の成り行きだといえる。

独立軍運動史を再照明するうえで成功裏に事を進めるカギとなるのは、愛国的な民族主義運動としての独立軍運動の性格と、民族運動としての階級的限界を全面的に明らかにした、金日成主席の分析を指針として行うことにある。[1]

独立軍運動を導いた理念は、近代的な共和制を志向する共和主義的な系列に始まり、復古的な民族主義、大倧教的民族主義のような復辟主義的民族主義に至るまで多様であるが、それら全ての理念は民族主義という一つの共通した思想の枠内に位置づけられており、したがって民族主義的な理念によって指導された独立軍運動も、やはり民族主義運動の枠内から抜け出せない運動であり、その限界を免れない運動であった。

独立軍と独立軍運動団体が統一した理念をもたず、彼ら内部の理念的な葛藤を克服できなかったので、数多くの独立軍運動団体が形成期から消滅期までセクト主義を克服することができずに、離合集散を重ねるようになった。

独立軍がこのような理念的な未熟性と、理念的な葛藤から発する分派を最後まで克服できず、セクト主義によって同族同士が相戦う悲劇まで生じ、形式だけの統合と分離の離合集散を重ねるなか、内部での離脱、大衆との乖離によって衰退し没落していくのである。

したがって独立軍運動の性格をより深く認識して、衰退し没落した主な要因を把握するためには、回顧録の分析にそって、民族運動としての限界を乗り越えることができなかった独立軍運動の本質的な性格と、その反映としての指導層の階級的な性格、指導部と将兵との関係、独立軍と民衆との関係などが、総体的に分析する過程で明らかにされなければならない。

金日成主席は、一九二〇年代の民族主義左翼勢力には三・一運動に参与した宗教界の人士もいたことを、これまで歴史学会でさえ知らなかった資料にもとづいて論証している。

その資料によると、一九二二年一月にモスクワで開かれた極東人民大会に参加した韓国代表団員の中には、有名なキリスト教牧師であった玄盾も含まれていた。彼はソウル貞洞監理教教会の三代担任牧師であり、朝鮮イエス教代表会議の代表で、金秉祚、趙尚燮、孫貞道、金仁全、宋秉祚などの牧師たちの印鑑がおされた委任状をもっていた。彼はロシア共産党の該当部署が作成した調査票の「目的と希望」という欄に、自筆で「朝鮮独立を目的とし、共産主義を実施することを希望する」と明記していた。

天道教三代目教祖の孫秉熙が死亡した後の一九二二年七月、天道教の少壮革新勢力は高麗革命委員会を組織したが、この委員会は秘密地下革命組織の天道教非常革命委員会に再組織された。この委員会はシベリアのチタ付近にある三つの金鉱区域を利用し、人夫を採用する形式で二年のあいだに千人程度の兵を育て、将来的には一五の混成旅団からなる高麗国民軍を創設しようと計画した。

回顧録では、「天道教の秘密組織はこの計画を実現するため、労農ソビエト政府に積極的な支援を訴えた」（回顧録『世紀とともに』第一部　抗日革命五巻　三八六頁）と指摘し、つづいてその後の活動について説明している。

天道教の革新勢力は一九二四年初旬、極東のウラジオストックに、東学一世教主崔済愚の孫であり、二世教主崔時亨の息子である崔東曦を天道教非常革命委員会外務委員長の資格で派遣し、ソビエトロシアとコミンテルンの関係者を相手に一連の外交活動を行わせた。

彼はコミンテルンで東洋部を受けもっていた片山潜とインジェルソンなど幾人かの活動家に手紙を送り、韓国の独立を偏見なく積極的に支持し支援することを要請しながら、天道教は韓国で革命が勃発する時には、東に日本の社会革命勢力、北にソビエトロシアおよびコミンテルンと深く密接な連係を取り、韓国、日本、ロシアが三角形の連鎖的活動を行う計画であることを明らかにし、「貧賤民衆の忠僕である天道教」と「労働者階級の前衛であるコミンテルン」との積極的な連絡は、東洋革命の期成を全面的に担保するものだと力説した。

彼はまたロシア外務人民委員のチチェリンに手紙を書き、一五の混成旅団からなる高麗国民革命軍を組織するに必要な銃砲、爆発物、弾薬、騎兵装備、運輸手段を支援してくれるよう要請した。

回顧録の中で紹介されたこの資料は、天道教の革新勢力が、東学運動から始まった愛国愛民の情熱と鬱憤を、そのまま反日闘争に向けようと相当な努力をかたむけており、天道教上層部に憎まれながらも国際革命と提携する中で、武力抗争を繰り広げてみようといろいろ苦労したことを物語っている。

金日成主席は、金九のような人も民族主義左派に属する人物だと評価している。金九が極右反共理念の所有者であったにもかかわらず、彼が民族主義の左派に属する理由を、彼が武装による抗日の主張者であった事実から説明している。「金九は早くから武装抗争を模索した人でした」（回顧録『世紀とともに』第一部　抗日革命八巻　四〇六頁）という指摘はそれを示している。

一九二〇年代初旬に彼が作った労兵会なる団体も、実は武力抗争を志向した団体であった。彼は無抵抗主義的な実力培養とか、外交的な方法で独立をなし遂げようとする人を好まなかった。彼は軍隊を大々的に組織して、武装闘争を思う存分に繰り広げられなかったことを一生涯悔いていた。彼が武装による抗日を志向し、改良主義的な独立案を排撃した点からしても、彼を民族主義左翼に属する愛国者とみなさなければならないのである。

金日成主席は、一九二〇年代民族主義左翼の理念的代弁者は申采浩であったとみなしている。

金日成主席は、「路線上からみれば申采浩は武装闘争の提唱者であった」（回顧録『世紀とともに』第一部　抗日革命一巻　一六頁）と申采浩の理念の本質を規定し、「申采浩の主張は民心を代弁したものだった」（回顧録『世紀とともに』第一部　抗日革命一巻　七頁）と語った彼の親友、孫貞道牧師の評価は正鵠を射たものだと述べた。

申采浩は二〇世紀の初め、学者として言論界に身を投じ、愛国啓蒙運動にも参加した。「皇城新聞」、「大韓毎日申報」をはじめ、雑誌『ソウ（西友）』、『西北学会月報』に反日愛国思想を鼓吹する論説を多く発表した。民族主義者の地下政治団体である新民会（一九〇七年）に関係し、日帝の侵略と統治者の売国行為を猛烈に糾弾して政治活動を繰り広げた。ウラジオストックに亡命した後「海潮新聞」を発行して反日闘争をつづけた。三・一運動以後は上海などで国史の著述と文学作品の創作に情熱を注ぎ、民族の悠久な愛国伝統と燦爛たる文化を紹介して祖国愛を鼓吹した。丹斎（申采浩）の代表的な歴史書には、『国史新論』（一九一〇）、『朝鮮上古史』（一九一五）、『朝鮮史研究草』（一九二五）があり、文学作品としては、小説『夢の天』（一九一六）、『龍と龍の大激戦』などがある。

政治路線から見ると、申采浩は武力抗争を提唱し、李承晩の外交論と安昌浩の準備論を排撃した。「朝鮮革命宣言」（一九二三）は彼の代表的な政治論説である。彼はここで日本帝国主義統治を政治、経済、文化、精神のあらゆる領域で徹底的に破壊し、民衆の闘争による民衆の国の樹立を提唱した。彼のこのような見解は、抗日抵抗を志向する民族主義左翼勢力の意志を代弁するものであった。

一部の人らが李承晩を上海臨時政府の首班に担ぎ出したとき、申采浩が憤りを押えきれずに真っ向から排撃したのも、平素から李承晩の委任統治論や自治論を快く思っていなかったからである。「李承晩は李完用に勝るとも劣らない大逆賊だ。李完用は現に存在している国を売ったが、李承晩は国権をまだ取り戻してもいない国を売り払った男だ」。これは彼が臨時政府を組閣する席上で、爆弾のように投げつけた有名な言葉だ。彼はこの言葉を残して、臨時政府から断固として脱退した。

金日成主席は、民族主義右翼の理念的基礎には、無抵抗主義があったと分析した。

主席は、無抵抗主義が小ブルジョアインテリを中心にして台頭した時代的な背景について、次のように指摘した。

「当時は、世界的な大恐慌の兆しが各分野に表れて、人々が不安と恐怖におののいている時だった。極度にファッショ化した帝国主義が台頭して、人々の自主性を銃剣や首かせをもって残酷に圧殺していた。

プチブルインテリは鉄のよろいで武装した帝国主義の威力の前に戦慄した。こうした時代的雰囲気のなかで、彼らが捜し求めた精神的逃避所がほかならぬ無抵抗主義だったのである」（回顧録『世紀とともに』第一部　抗日革命一巻　三〇二頁）

資本主義の危機局面に人々は不安と恐怖に震え、武装した資本主義の暴虐性におびえた小ブルジョアインテリが最後の精神的安息場としたのが、他ならぬ無抵抗主義であった。無抵抗主義は革命的意志が薄弱な人が、帝国主義の攻勢におびえて探しあてた精神的な逃避所であった。反革命に立ち向かう力もなく、その意志もたないので、結局は無抵抗主義を叫ぶようになるのである。

金日成主席は吉林時代に「朝鮮日報」紙上で、我が国のある無抵抗主義者がインドのガンジーに送った手紙に対して回答した、ガンジーの手紙を読む機会があったと述べながら、その手紙の内容を回顧録の中で再び紹介している。

「愛する友よ！

私はあなた方の手紙を受け取りました。私からのただ一つの頼みは、絶対的かつ真の無抵抗的手段により、朝鮮が朝鮮のものになることを願うということだけです。一九二六年一一月二六日　シャバルマティにて　MKガンジー」（回顧録『世紀とともに』第一部　抗日革命四巻　一一一～一一二頁）

金日成主席は、我が国の人に無抵抗主義的な方法で独立することを説いたガンジーの書簡と、それに共鳴する一部の民族運動家が現れた事実について次のように論評した。

「イギリスの支配を呪わしく憎みながらも、ただ一人のイギリス人も害する考えはないとし、イギリス政府の組織的な暴力を抑えられる力は組織化された非暴力にあるとしたガンジーの思想が、広範なインド人民の共感を呼んだのは、その思想に貫かれている人道主義精神の力にあったといえる。それがインドの実情にどの程度適合したものかは分からない。たとえそれが妥当なものであったにしても、アジアとヨーロッパの異なった強国を宗主国としていた朝鮮とインドが、同じ処方で独立運動をすることはできなかった。インドはインドであり、朝鮮はあくまでも朝鮮であった」（回顧録『世紀とともに』第一部　抗日革命四巻　一一二頁）

日本と英国の植民地支配方式は異なり、したがって我が国とインドの独立運動の条件も同じではなかった。非暴力運動、無抵抗運動を推し進める初歩的な政治的自由もなかった我が国で、インドでのような無抵抗運動を理想化するというのは幻想に過ぎなかった。

金日成主席は、我が国における無抵抗主義理念の象徴的な表現は、安昌浩の「自我人格完成論」の骨子をなす「自我人格革新論」をつうじて知ることができるとし、次のように述べた。

「『自我人格革新論』というのは、我が国が後進国として日本の植民地に転落したのは、我が民族の人格と修養のレベルが低い所に起因している、したがって正直に生き、誠実に働き、和睦をはかれるよう、各人がその人格を高めなければならないというものである。

安昌浩の主張はどこかしら、『自我完成論』に表現されたトルストイの思考方式、あるいは自分自身を改造し鍛えることなしには、人間は自由でありえないというガンジーの見解と似通ったところがあった」（回顧録『世紀とともに』第一部　抗日革命一巻　三〇二頁）

安昌浩の思想とトルストイやガンジーの思想には互いに似通った点があり、三者の間には無抵抗主義という側面で共通性があった。しかし安昌浩の思想が民衆の支持を受けられなかったのは、我が国の民衆の間には非暴力、不服従運動のような方法によって、貪欲な日本帝国主義者から独立が贈られるなどと思う、愚かで幼稚な幻想家がいなかったからである。我が国の条件の下では、そのような無抵抗主義的な幻想からは、民族解放運動を改良主義へと傾ける結果を招くだけだった。

金日成主席は、回顧録の中で次のように指摘している。

「我が国では無抵抗主義が改良主義となって表れた」（回顧録『世紀とともに』第一部　抗日革命一巻　三〇二頁）

無抵抗主義が非暴力を根本的な要諦とする条件で、それは民族性を改良するとか、帝国主義支配者に対する平和的な請願を通じて、何がしかの譲歩を引き出そうとする改良主義としてのみ表れるほかなかった。改良主義は、独立へ進む唯一正しい代案である武装抗争とは両立することができない。それは日帝の弾圧に怖気づき、民衆の革命的な決起に恐怖を感じる、民族主義者の間に表れる政治的立場であった。

民族運動家が改良主義の道を歩むのは、帝国主義との闘争での後退を意味する。「彼らは『民族改良』と『実力養成』のベールをかぶって、教育と産業の『振興』を持ち出し、各個人の『自我修養』を唱え、『階級協調』、『大同団結』、『民族自治』などの妄言を放つに至った」（回顧録『世紀とともに』第一部　抗日革命一巻　一六三〜一六四頁）

金日成主席が明示したごとく、改良主義は第一に、教育と産業の「振興」を通じた実力養成運動として表れた。

金日成主席は、自強論の変形である実力養成論は改良主義の理論的なよりどころであると述べ、その本質について次のように分析している。「実力養成の看板のもとに進められた改良主義運動は、理念上は愛国愛族を標榜したが、方法のうえでは非暴力を前提とする保守的で消極的な抵抗運動であった。総督府が許容する範囲内で民族の経済力を育成して、日帝の経済的侵略に対抗しようとする彼らの志向は事実上、妄想に等しかった」（回顧録『世紀とともに』第一部　抗日

革命一巻　三〇五頁）

日本が、自分の首を締めつけることになる我が国の民族産業の振興を許さないであろうことは、イロハ以前の常識であるにもかかわらず、企業を創設して国産品を愛用すれば民族の活路が開かれるとみたのだから、これより天真爛漫で非現実的な考えはどこにも見当たらないであろう。これは改良主義の道に堕ち込んだ民族運動家が、帝国主義の属性を見抜けなかったか、あるいはそれから顔をそむけた結果であった。したがって彼らが武力抗争を選択せず、方向転換して平和的な文化運動に移行したのは、闘争方法上における後退を意味した。主席が指摘したように、「実力養成はあくまでも、独立闘争を推進する一つの過程となるべきであって、それ自体が革命全体にとって代わる訳にはいかないのである」（回顧録『世紀とともに』第一部　抗日革命一巻　三〇六頁）

金日成主席は、民族主義者の改良主義運動が闘争方法における後退を意味すると規定しながらも、改良主義運動一般を完全に同一視することには反対し、改良主義運動の中には、日帝の抵抗にぶつかった改良主義と、日帝の言いなりになった改良主義があると指摘した。

主席は、日帝の抵抗にぶつかった改良主義について、次のような実例をあげて説明している。

「民族運動を改良主義の方向に誘導した近代の知識人は、終いには国債報償運動によって集めた資金で、朝鮮人が主管する私立大学を設立しようとさえした。しかし総督府が、独立人材養成の温床となりうる私立大学の設立を認可するはずがなかった。

非暴力的な物産奨励運動もまた日帝の妨害にぶつかった。朝鮮人が、日本が強要する日本商品を使わず、国産品のみを使用するのを総督府が万が一にも黙認するはずがなかった。日帝は最初からこの運動を、日本商品排斥の反日運動と見

て悪辣に妨害した」（回顧録『世紀とともに』第一部　抗日革命一巻　三〇四～三〇五頁）

私立大学創設運動や物産奨励運動などのようなものは、武力抗争に顔を背けた消極的で不徹底な運動ではあったが、日帝の利益に抵触する反日運動の性格を有するものであった。

これとは異なり日帝の言いなりになった改良主義を、次のような実例をあげて説明している。

「日帝は『文化統治』を標榜しながら、朝鮮人が国の独立を望むならば政治的に日本の統治に反対せず協力すべきだ、日本の植民地支配下での自治権を獲得するために努め、文化を向上させ、経済の発展をはかり、民族性を改良しなければならない、と説いた。それを鵜呑みにしたのが、ほかならぬ資産階級出身の民族運動指導者らであった」（回顧録『世紀とともに』第一部　抗日革命一巻　一六三頁）

日帝の「文化統治」に意図的に順応し、独立の目標を放棄して自治運動と民族性改造運動を繰り広げた改良主義は、日帝と利害関係を共有し、民族運動からの事実上の決別を意味するものであった。

金日成主席は、改良主義的な性向をもつ運動家の中には、このような二つの類型が存在していたため、たとえ改良主義的な闘争方法を模索し実践したにしても、反日運動の範疇に属する改良主義者は、愛国愛族の志をもった民族主義者とみなした。そのため、このような類型に属する改良主義運動の代表格である安昌浩を、愛国者と見る立場を変わりなく維持した。主席は安昌浩について、「私は安昌浩という人物その人自身については、独立運動に生涯を捧げた清廉潔白で良心的な愛国者として尊敬したが、その理論は歓迎しなかった」と評価している。主席は民族主義思想の核をなす愛国愛族の志を失いさえしなければ、たとえ改良主義的な偏見に囚われているとしても、彼らを正しい道へと導き、独立のための道をともに切り拓いていかなければならないと説いた。

金日成主席は、日帝の言いなりになり愛国愛族の立場から退いた改良主義の理念的代表格である李光洙については、非常に厳しく批判している。

主席は、李光洙が改良主義に堕ちる直接的なきっかけは、彼の『民族改造論』（一九二二）にあるとみなしている。「民族改良主義を広めるうえで李光洙の『民族改造論』は大きな作用をした。この論文を読めば改良主義の本質がわかり、その危険性がどこにあるのかをたやすく判断することができる」（回顧録『世紀とともに』第一部　抗日革命一巻　三〇三頁）

『民族改造論』は大筋において次のような思想から構成されている。第一、三・一運動以後に朝鮮総督府によって仰々しく宣伝された「独立不可能論」の根拠として、朝鮮民族の性格上の欠陥や人種的な劣悪性、低能を「科学」の名の下に提示し、朝鮮民族が植民地民族に転落したのは、全面的にこのような朝鮮人の民族性のせいにすることによって、民族解放運動の根拠を取り除こうとした。

第二、民族解放運動を否定して独立運動家を非難し、独立運動の無為を強調することによって、民族解放闘争を放棄するよう説いた。

第三、全ての活動は非政治的でなければならないと釘をさし、日帝の後見のもとに文化運動を展開することを主張した。

主席は、とりわけ民族の劣等性を説いた部分をもっとも不快に思った。

「私が『民族改造論』を読んでもっとも不快に思ったのは、李光洙が我が民族を劣等民族とみなしている点であった。私は我が国が後進国だと考えたことはあっても、我が民族を劣等民族だと思ったことは一度もなかった」（回顧録『世紀

ともに』第一部　抗日革命一巻　三〇三～三〇四頁）

我が民族は世界ではじめて鉄甲船、金属活字などを作り出した文明かつ聡明な民族であり、東方文化の発展に大いに寄与した誇らしい民族である。また我が先祖は、日本文化の開拓にも少なからず貢献している。外敵の侵害を許さない我が民族の剛毅な自衛精神は、古くからアジア諸国に威風を誇り、白紙のように清らかな我が人民の道徳は世界から称賛された。我が人民の因習や風俗には、もちろん短所がない訳ではない。だが、それは部分的で二次的なものであって、本質的なものではない。二次的なものをもって本質的な民族性ということはできない。

かつて李光洙は小説家として名声のあった人物であり、三・一運動前夜には東京で「二・八独立宣言書」も作成したことがあるので、民衆から尊敬されていた。『再生』、『無情』、『開拓者』などの長編小説は、我が国初期の啓蒙期文学の代表作として青年学生に愛読されていた。

「彼は我が国の現代小説の開拓者といわれたほど、新しいスタイルの小説をたくさん書いている。だが、『民族改造論』のため、李光洙に対する大衆の好感にはひびが入りはじめた」（回顧録『世紀とともに』第一部抗日革命一巻　三〇四頁）

彼の小説からは改良主義的な悪臭が漂い始め、後には『革命家の妻』（一九三〇）のような反動的な作品まで出したのである。主席は抗日武装闘争期に部隊を率いて南満州へ行く途中に立ち寄った撫松で、この小説を読んだことがあると言いながら、その内容を厳しく批判した。小説は、共産主義者である夫が病気で治療を受けている時、その妻が治療を担当した医学専門学校の学生と痴情関係をむすぶ乱れた生活を描いたものだ。小説は、健全な理性ではとうてい考えられない稀に見る娼婦を登場させ、その妻に「女流革命家」の帽子をかぶせて、革命家、共産主義者を冒瀆し、共産主義運動を誹謗した。小説は堕落し変節した李光洙の精神状態をそのまま反映していた。

李光洙は『民族改造論』につづいて一九二四年には、『民族的経綸』を発表した。『民族的経綸』は、「朝鮮に許される範囲内で一大政治結社を組織しなければならないというのが我々の主張」だと披瀝し、日帝が許容する範囲での自治運動の旗を鮮明に掲げ、自治運動を繰り広げる政治結社を組織するであろうことを闡明した。

『民族改造論』と『民族的経綸』を理念的な土台とした民族改良主義は、反帝闘争を全面的に拒否する思想であり、独立運動を放棄し否定する思想であった。「『民族改造論』は、李光洙が日本帝国主義占領者に差し出した公開転向文に等しいものであった。この転向文を書いた代償として、彼はかつての独立運動参加者としての制裁を受けることなく、総督府のすぐそばで悠然と恋愛小説などを書くことができたのである」(回顧録『世紀とともに』第一部　抗日革命一巻　三〇四頁)

独立運動を放棄した民族改良主義は、帝国主義に対する投降と変節の代名詞となり下がった。したがってこれを民族主義の範疇から除外するのは、極めて正当な立場であると言わざるをえないのである。

金日成主席は民族改良主義のこのような親日的本性をみぬき、やがては全面的に投降、変節するであろうことを科学的に予見した。「それは植民地主義者との平和共存とか妥協とかを前提とする運動であった。事実、改良主義者のうち、後日、民族運動の隊伍から逃避したり、転向して日帝の手先になったりする者が少なくなかった」(回顧録『世紀とともに』第一部　抗日革命一巻　三〇五頁)

少なからぬ民族改良主義者が転向、変節したからといって、民族主義運動が消滅した訳ではなかった。民族主義運動は全般的に衰退、没落への道を歩んではいたが、反日民族解放運動はつづけられていた。民族主義運動は共産主義運動ともども、重要な闘争潮流になっていた。

金日成主席は回顧録の中で、「いっとき民族主義運動は共産主義運動ともども、我が国における民族解放闘争で二大構成部分をなしていた」(回顧録『世紀とともに』第一部　抗日革命八巻　三〇三～三〇四頁)と指摘したが、民族主義運動が共産主義運動とともに韓国民族解放運動の二大構成部分をなしていた時期は、一九二〇年代であったといえる。

しかし、民族主義運動が共産主義運動に対して正しい理解を示さず、初期共産主義者が民族主義運動を非プロレタリア運動だと敬遠したり敵対視したのは、民族解放運動発展における最大の障害になっていた。

(四) 新幹会[2]の経験

民族の大団結は民族解放運動が勝利するための基本的な担保となる。民族の大団結がそれほど重要な意義を有する至上の課題となるがゆえに、新幹会の経験を正しく認識することが極めて重要になる。

金日成主席は、一九二〇年代における民族主義運動と共産主義運動の相互関係について、次のように分析している。

「共産主義運動の内部においては民族主義がタブーであり、民族主義運動の内部では共産主義がタブーであった。こうした傾向は、民族の力を共産主義と民族主義の二つの陣営に切り裂く結果をもたらした。理性ある人は誰彼なく皆、そのことで胸を痛めた」(回顧録『世紀とともに』第一部　抗日革命二巻　四八頁)

民族運動において民族勢力が共産主義運動と民族主義運動に分かれたのは、互いに相手を冷たく敵対視するところに表れていたのだが、それをより深く掘り下げて分析すると、民族の解放と民族の利益のうえに、イデオロギーや主義主張を優先させた論理的な帰結であることが分かる。このような両分化は、帝国主義支配者に漁夫の利を与え、民族には百害無益であったのみならず運動の挫折までもたらすものだったので、真に痛恨なことであった。

これが民族解放運動における葛藤の構造になり始めるや、民族的な団結の気運が高まり、共産、民族の両陣営から統合を実現させるための動きが表れたのは、当然の成り行きであった。

金日成主席は、新幹会が作られた当時の情勢とその動機について、次のように分析している。

「朝鮮の近代史において、主義と主張を超越した民族の大同団結が初めて論議され始めたのは、一九二〇年代の中期以降である。当時、我が国の民族解放闘争の舞台には、民族主義と共産主義に代表される二つの勢力が存在していた。日本帝国主義の暴政と収奪が強まるにつれ、民族解放運動を指導していた先覚者らは、愛国勢力の団結と民族大団結の必要性を痛感するようになった。このような必要性から発して、初期の共産主義者は民族主義者との連合を模索し、民族主義者は共産主義陣営との提携を試みた。民族の解放と自主権の復活に利害関係をともにする両陣営の指導者の共同努力によって、一九二七年二月、ソウルでは我が国の歴史上初めての統一戦線組織、新幹会が創立された」（回顧録『世紀とともに』第一部　抗日革命四巻　四三二頁）

新幹会は、主義や主張を超越した民族の大団結に関する問題が、我が国の近代史上はじめて解決されることによって結成された、統一戦線組織であった。当代の愛国人士と歴史家が新幹会を指して民族単一党と呼んだほど、この団体への民衆の期待と信頼は大きかった。新幹会が創立されるや、共産主義と民族主義の両勢力に不満をもっていた大衆は新幹会の創立に歓呼の声をあげた。

主義主張の違いのために裂け目が広がっていた共産主義運動家と民族主義運動家が、遅ればせながら統一団結の必要を認識して単一戦線機関を結成したのは、民衆の念願と時代の要望に適合した大慶事であった。

我が国民族共同戦線の初の申し子といえる新幹会は、その趣旨と目的において愛国的で反日的なものであった。民族を代表するといえる二大勢力の共同戦線が実現することにより、新幹会は発足した当初から全民族を代表する唯一の組織となった。この団体の創立趣旨は、その発起人らが「古木新幹」という意味から新幹会とつけた名称そのものによく表れている。名称が示すように、新幹会は新たな基礎の上に民族の力の総結集を指向していた。

李商在、洪命熹、許憲などの民衆の人望が厚い進歩的な愛国志士によって発起され、推進され、運営された新幹会運動は、民族の政治経済的な覚醒の促進と民族的団結の強化、いっさいの日和見主義の否認を内容にした綱領自体も革新的なものであり、会員の職業別構成も多様で幅広いものであった。新幹会には労働者、農民、旅館業者、写真業者、記者、商人、医師、会社員、教師、代書人、牧畜業者、印刷業者、漁民、運輸業者、紡織工、縫製工、学生、弁護士、著述家、銀行員、聖職者など、さまざまな職業をもつ三万七千余名が参加した。

しかし、左右の合作で民族の総力を一つに結集させようとした立派な趣旨と目的にもかかわらず、新幹会は一九三一年五月にその存在を終えた。

金日成主席は、新幹会解散の原因が昔から争点になってきた実情に留意しながら、新幹会の歴史的な経験を通じて、基本的な教訓とすべき問題が何なのかについて明確に示した。

金日成主席は、新幹会の解散原因を分析するにあたって何よりもまず、左翼と右翼が各々の責任を認めず、責任は相手側が負うべきであるとした、誤った立場を指摘している。主席は、「解散の原因を科学的に分析して教訓を汲み取るのは良いことだが、責任を他に転嫁するのは見苦しい行為である」（回顧録『世紀とともに』第一部　抗日革命四巻　四三三～四三四頁）と述べた。

新幹会の解散を巡って当時の共産主義者は、そもそも改良主義者が入りこんで新幹会事業を妨害したのが解散の基本原因であり、したがって新幹会の解散は、民族主義との統一戦線はどだい不可能なことであり、新幹会運動はその不可能性を実証した点に意義があったといった。これに対抗して改良主義者は、共産主義者が民族解放よりも階級闘争の観点に立っていたために、彼らとの統一戦線は不可能であり、新幹会運動はその不可能性を実証した点に意義があったと強く反発した。問題を客観的に分析すると自称する人までも、その解散原因は第一に、上層部の分裂、すなわち上層部が共産主義者、民族主義者、民族改良主義者に分裂しており、第二に、ヘゲモニーを奪い取った民族改良主義者が、新幹会を日和見主義的な軌道に乗せようとしたところにあると見た。これらの主張はいずれも、共産主義者と民族主義者との統一戦線の民族史的な意義をなきものとし、新幹会という組織の意義そのものを否定する虚無主義的な態度の発露であった。

新幹会解散の原因は何よりもまず、我が民族の反日抗争勢力が一つに団結するのを恐れた日本帝国主義者が、内部にくさびを打ち込んで分裂をはかり、改良主義的な上層部を買収したところにある。敵の謀略と破壊工作をしりぞけ、新幹会を巧みに運営して導いていけるだけの中心的な指導グループがなかったことも、主な原因の一つといえる。

解散の原因をこのように分析するからといって、新幹会の解散が宿命的なものであったことを意味するものではない。主席は、「二つの陣営が愛国という大前提のもとに強固な結合をなし遂げていたなら、よしんば内外からの破壊作用があったにせよ、あれほどたやすく崩れることはなかったであろう」(回顧録『世紀とともに』第一部　抗日革命二巻　四八頁)と指摘した。

問題は愛国愛族を大前提にしての、強固な団結をなし遂げられなかったところにある。ここから金日成主席は、新幹会運動の教訓を次のように定式化している。

「民族を上位におかず理念を絶対視するならば、真の合作は望めない。民族解放という大前提を最優先させるならば、いかなる階層とも手を結べるというのが当時の私の見解だった」(回顧録『世紀とともに』第一部　抗日革命二巻　四八頁)

イデオロギーの絶対化を止揚し、民族上位、民族解放優先の論理を変わりなく貫くところに、強固な統一戦線を築くことのできる担保があるというのが、金日成主席の変わりない見解である。

金日成主席は回顧録の中でそのような趣旨から、新幹会が解散したことを大変残念に思い、愛国的な民族の統一を実現させる大業は、青年共産主義者が担わなければならないとの歴史的な責務を痛感したのである。

（五）　民族主義運動から共産主義運動への方向転換の流れ

金日成主席は、民族主義運動の限界が露わになり、民族解放運動の新思潮として共産主義思想が拡散されるや、民族主義者の間では思想的な分解過程が促進されたと指摘し、次のように述べた。

「民族主義者の中でも、保守的な人は相変わらず陳腐な枠に縛られて新しいものを受け入れようとしなかったが、先進的な少なからぬ人は新しい道を選択して、後日、我々と手をたずさえて共産主義革命を推し進めた」（回顧録『世紀とともに』第一部　抗日革命一巻　五四頁）

少なからぬ先進的な民族主義者が、民族主義運動から共産主義運動へと方向転換したのは、一九二〇年代以降の民族運動において特筆すべき歴史的な出来事であった。

三・一運動以降の民族主義運動は、その総体的な限界から民族解放運動の将来を約束することができず、時代に立ち遅れた運動思潮であることが明確になった。民族主義運動のこのような限界から、社会主義運動、共産主義運動が新たな時代の運動勢力として登場し、一方では民族主義運動内部で民族主義運動から共産主義運動への方向転換を期する新たな流れが表れた。

この方向転換の流れは、民族解放運動の発展において重大な歴史的意味を有する新思潮であるにもかかわらず、韓国では民族解放運動を研究するうえで、この問題の正確な認識を阻害する要素がつくられているのだが、それは国内運動、満州運動、中国関内運動を地域的に分離して整理する枠が形成されているからである。

地域運動をそれぞれ分離させ、独自的な研究・整理の対象に分類して扱うこの枠は、民族主義運動を、ひいては民族運動を統一的に、全体的に認識する作業を不可能にしてしまう。植民地期における民族解放運動の地理的な境界は、条件上の差異としてのみ意味をもつものであり、したがって地域別運動史を分離させて理解してはならず、全体的な民族解放運動での発展過程として理解すべきなのである。しかるに韓国では、この分野に関する研究で地域的な分離を当然のごとく受け入れる枠が形成され、大きな後遺症となっている。

すなわち、国内だとか海外だとかいうのは単なる条件上の差異に過ぎず、運動の主体やその理念の側面においては同じものであるにもかかわらず、これまでの研究のほとんどが、国内と海外の運動を別個のものとして扱うことによって、内外の民族主義勢力を同一の視野に入れて見ることも、国内運動と国外運動を結合させて考察することも、運動全体を統一的な視野から取り扱うこともできず、したがって民族運動の変化過程を正しく把握することができなくしてしまったのである。

このような後遺症の代表的な事例となるのが、国内と満州一帯で包括的な活動を行い、中国関内の運動にも大きな影響をおよぼした朝鮮国民会(3)の活動と、朝鮮国民会によって指導された、民族主義運動から共産主義運動への方向転換をめざす重大な歴史的思潮を正しくとらえ、その意味を認識して評価する研究を行えないでいることである。

金日成主席は、朝鮮国民会について次のように述懐している。

「朝鮮国民会は『韓日併合』後の数年間、国の内外で父が行った精力的な組織・宣伝活動の結実であった」（回顧録『世紀とともに』第一部　抗日革命一巻　三〇〜三一頁）

「朝鮮国民会は、全民族が一致団結して朝鮮人自身の力で国の独立を勝ち取り、真の文明国家を樹立することを目的にしてつくられた秘密結社で、三・一人民蜂起を前後した時期、朝鮮の愛国者が結成した内外の組織の内でもっとも大きな反日地下革命組織のひとつであった」（回顧録『世紀とともに』第一部　抗日革命一巻　二八頁）

一九一七年三月二三日、平壌の学堂谷で産声を上げた朝鮮国民会は、我が国の反日民族解放運動の卓越した指導者であり、民族主義運動から共産主義運動への方向転換の先駆者である金亨稷先生によって結成された。

一九一七年といえば、国内にはまだこれといった秘密結社がない時である。「韓日併合」後に組織された独立義軍府や大韓光復団、朝鮮国権回復団のような団体は、日帝の弾圧にあってこの頃には残らず解散させられた。その時に、朝鮮国民会が生まれたのである。

朝鮮国民会は反帝自主の立場が透徹した革命組織であった。団体の趣旨は、将来欧米諸国が東洋に勢力を扶植させ、日本と覇権を争う時期が到来するのは必至であるので、その機会に朝鮮人自身の力で朝鮮独立の目的を達成するために同志の結束をはかり、その準備を進めるべきだとした。趣旨を通して分かるように、朝鮮国民会は外部勢力に期待をかける勢力とは異なり、朝鮮の独立は朝鮮人自身の力で勝ち取らなければならないという自主的な立場に立っていた。

朝鮮国民会は、我が国にマルクス・レーニン主義が普及する以前に、反日民族解放の課題を正しく提示した秘密政治組織であり、外部勢力に依存せず朝鮮民衆の自主的な力に依拠し、請願とか改良の方法ではなく政治活動と軍事活動を適切に組み合わせた積極的な闘争によって、朝鮮の独立を達成することを打ち出した初めての組織であった。

朝鮮国民会はまた、強固な大衆的基盤にもとづいた組織であった。この組織には労働者、農民、教師、学生、軍人（独立軍）、商人、聖職者、手工業者などの広範な階層が網羅された。そして朝鮮国民会には、平壌と江東、城川、順川、大同郡をはじめとする平安道一帯と、黄海道、京畿道、全羅道、慶尚道など全国各地の独立運動家と愛国的民衆が網羅され、中国の北京、上海、安東、三源浦など国外で活動する独立運動家と愛国人士が数多く網羅されていた。

金亨稷先生の指導の下に朝鮮国民会は、三・一運動を誘導する転換的な局面をつくり出すうえで大きな役割を果たしたが、その後も我が国の民族解放運動を民族主義運動から方向転換させるべく新思潮を広めるうえでも、重要な役割を果たした。

金亨稷先生は、民族主義運動を共産主義運動へと方向転換させた先駆者であり、その歴史的必然性と実践的な方策を打ち出した政治活動家であった。

金日成主席は、回顧録の中で次のように指摘している。

「ロシアで社会主義一〇月革命が勝利した後、父は共産主義思想に共鳴しはじめた。そしてその後、三・一運動を契機に自分の思想を確立させ、我が国の民族解放運動を民族主義運動から共産主義運動へと方向転換させなくてはならないという確固たる決心を抱くようになった」（回顧録『世紀とともに』第一部　抗日革命一巻　五二頁）

金亨稷先生が確立した方向転換論の理念的基礎をなすのは、無産者革命、民衆革命によってのみ民族の解放がなし遂げられるという思想であった。回顧録では、この思想の骨子となるのは次のような事柄だと記している。

「…三・一運動の教訓が示しているように、デモを敢行するとか万歳を唱えたりするだけでは侵略者は引き下がらない。かといって独立軍の戦いだけでは、国は取り戻せない。全土が日帝の監獄と化し、銃剣によって抑え付けられているので、全国至る所で全民族が立ち上がり、力を合わせて侵略者と戦わなければならない。そのためには我々も、ロシアのように民衆革命を推し進めなければならない。民衆が銃剣を手にして立ち上がり、敵と戦い、国を取り戻し、搾取と抑圧のない新しい世の中をつくらなければならない」（回顧録『世紀とともに』第一部　抗日革命一巻　五二頁）

金亨稷先生はこのような無産者革命方針を、一九一九年七月に行われた朝鮮国民会平安北道組織代表と各地の連絡員が参加した、青水洞会議で打ち出した。つづいて同年の八月、中国の寛甸県で行われた朝鮮国民会の各区域長と連絡員、独立運動団体の責任者が参加した寛甸会議で、我が国の反日民族解放運動を民族主義から共産主義運動へと方向転換させる方針を正式に宣言すると同時に、時代の変化に足並みを合わせ、自力で日本帝国主義を打倒し、無産民衆の権益を保障する新たな社会を建設する課題を提示した。

この方向転換方針は、我が国の反日民族解放運動史において画期的かつ転換的な意味を有するものであった。なぜならば、それがブルジョア民族運動、民族主義運動の限界をはっきりと認識し、民族解放の新たな社会勢力として登場した労働者、農民の民衆運動の軌道にそって、民族解放運動全般の発展を促進させる転換的な局面を切り拓かんとした運動であったからだ。

無産者革命路線と方向転換路線の出発点になったのは、民族自主の立場から民族解放運動を推進しようとする自主理念であった。一九二〇年代の民族解放運動を総括してみると、外部勢力に依存した事大主義的な理念と路線によって運動が支配されていたことが、民族主義運動に表れた限界の究極的な根源になっていたと言える。

国内の民族主義運動では、日帝の総督府と妥協しながら合法的な枠内に運動を押し込めようとした、妥協的かつ投降的な民族改良主義思潮が広がり、上海臨時政府は、欧米列強政府との外交的な交渉を通じて独立を達成しようとした外部勢力依存路線を活動の基本にしており、国内の共産主義運動においても、コミンテルンとソ連に対する依存思想、事大主義思想が運動の発展を制約していた。独立軍運動の状況もこれらと大差がなかった。

独立軍戦略の背景には大まかに次のような二つの理念的傾向があった。一つは、独立軍運動は勝算があろうがなかろうが、「原則」と「使命」に照らして行うべきだという当為論的な認識であり、他の一つは、独立軍を組織し武装活動を繰り広げることによって、独立軍を対日交戦団体の一つとして国際的に認めさせるための手段に利用すべきだという認識であった。前者の当為論的な認識は、自分自身の力に対する不信から生まれたものであり、後者の国際的な認定を目標にするという認識は結局、外部勢力依存に運動を帰結させようとしたものであった。

外部勢力依存的次元からの発想と路線があらゆる運動に根づいている状況で、民族解放運動の転回的な高揚などは期待しがたいことであった。外部勢力に依存する立場なのか、民族自主の立場なのかというのは、民族解放運動全般の勝敗を左右する運命的な問題にならざるをえなかった。

だが、民族自主の次元から発するというのは、必然的かつ当為的な命題ではあるが、民族解放運動を自力で強化できる力の源がなければ机上の空論となるだけである。民族自主の次元から発した方向転換路線は、民族解放闘争を持続的に高揚させるためには、外部の力でなく自らの力、とりわけ民衆の力に依拠しなければならず、新たな社会運動勢力＝民族解放運動勢力として登場した労働者、農民をはじめとする民族の力に依拠して、民族解放運動を発展させていくことを求める。そのためには民族主義運動を止揚し、共産主義運動へ方向転換することが歴史の要請として浮上するのである。

方向転換路線はまた、民族自主の次元における民族解放運動は、民衆に依拠する反日武装抗争によってのみなし遂げられるという展望を開いたうえで、武装隊伍の組織、武装隊伍の民衆の中への浸透、分散した独立軍団体の統合、さらには広範な反日勢力の統一戦線などを速やかに解決すべき課題として提示する。

民族主義運動から共産主義運動への方向転換を実現させるにあたって、朝鮮国民会の指導者である金亨稷先生は、先導者、先駆者としての責務を充分に果たすことになる。

「光復軍総営」（一九二〇）など共産主義運動への方向転換を志向する武装部隊を創設して指導し、いくつかの小さな独立軍運動団体を統合する事業を本格的に推し進めた。

「興業団」、「光復団」、「太極団」、「軍備団」の「匡正団」への統合（一九二二）、「光復軍総営」、「韓族会」など南満州にある八団九会が統合された「統義府」の創設（一九二三）、「統義府」を母胎に「匡正団」などの団体を統合した「正義府」の発足（一九二五）、「統義府」末期と「正義府」初期に重要な役割を果たした「高麗革命党」の結成（一九二六）、「正義府」、「参議府」、「新民府」の三府統合の動きと、将来的には東北地方全域で民族単一党を作ろうとする志向が強められた。

このような過程は、中国関内の統合運動にも大きな影響をおよぼした。一九二一年七月に上海で行われた金亨稷と呂運亨、金亨稷と金奎植の会合のあと、関内独立運動内の進歩勢力による民族勢力の団結気運が高まり、一九二〇年代半ばから一九三〇年代に至り、団結と統一のための動きが非常に活発になった。また一九二三年に開かれた国民代表者会議では、臨時政府を排撃してもう一つの新しい「政府」を造作しようとする動きに反対し、民族勢力の分裂を防ぐ立場に「正義府」派遣代表が立つようにさせた。このことは、臨時政府を固守しようとする独立運動の右翼人士からさえも、金亨稷先生の民族団結路線に対する大いなる同感を呼んだのである。

いくつかの独立団体が下から統合されていく過程は、単なる組織拡大の過程ではなく、民族改良主義を排撃して、武装闘争をめざす反日勢力が強化され、共産主義運動への方向転換を志向する動きが強化されていく過程でもあった。

一九二三年の秋、鴨緑江沿岸一帯で活動する朝鮮国民会組織の責任者といくつかの武装団の代表が参加した葡坪会議で、「民族改良主義との闘争を強化する要領」が発表されたのは、当時、国内でヨンジョン会決定を通じて自治運動を本格的に進めようとした民族改良主義者の動きを粉砕し、民族運動における革命的原則を固守するうえで重要な契機となった。

また「高麗革命党」の活動は従来の民族主義結社では見られなかった、一歩進んだものであった。すなわち、この組織では共産主義運動へ方向転換した勢力が多勢を占め、外部では共産党と同一視する人が多かった。

その後三府統合によって組織された「国民府」（「朝鮮革命党」と朝鮮革命軍を傘下に組織）にも、共産主義へと方向転換した人が非常に多く、彼らは「国民府」内で反「国民府」勢力を形成していた。

金日成主席は、反「国民府」勢力について次のように評価している。

「反国民府派は共産主義に共感を覚え、連携を試みたこともあった。日本帝国主義者は彼らを『第三勢力』と規定していた。民族主義者でもなく共産主義者でもない新たな中道勢力だという意味である。民族運動内部で反国民府派のような『第三勢力』が台頭したことは、この運動の方向を共産主義へ転換させようとする志向が実践段階に入ったことを実証した」（回顧録『世紀とともに』第一部　抗日革命一巻　四四頁）

反国民府勢力が労農革命綱領まで採択するようになったのは、方向転換過程が大きく育ち実践段階に入ったことを示す証拠であった。

以上、見ての通り、方向転換論を発起して指導したのは、我が国民族解放運動史に残した金亨稷先生の多大な功績である。

金日成主席は、「民族運動から共産主義運動へ転換する方針を打ち出したことは、反日民族解放運動史上に父が残した、もう一つの業績である」（回顧録『世紀とともに』第一部　抗日革命一巻　五二頁）と指摘した。

方向転換方針が反日民族解放運動史に残した歴史的な業績となる理由は、大きく三つに要約することができる。

第一、国内と満州、中国関内での運動という地域的な閉鎖性と分立性を止揚し、内外の全ての民族運動において民族的団結を促進する始原を開いたことにある。これによって、一九二〇年代に国の内外で民族主義運動と共産主義運動の間の障壁をくずし、一つの反日勢力として統一戦線をつくろうとする運動を呼び起こすうえで歴史的な貢献をした。

第二、民族主義運動の限界を克服するための根本的かつ転向的な代案は、民族主義運動を共産主義運動へと転換させるところにあることの、正当性と当為性を実践的な経験から示したところにある。

第三、武装抗戦を繰り広げている民族主義運動勢力のなかに、社会主義思想を積極的に宣伝し、抗日武装闘争というより次元の高い武装闘争で、民族主義的な独立軍隊伍が共産主義者と協力できるようにする土台を築いたところにある。

(六)　共産主義運動と民族解放運動の新たな展望を開いた「トゥ・ドゥ」

韓国近代史において一九二六年一〇月の「トゥ・ドゥ」[4]結成は、我が国の共産主義運動と民族解放運動の新たな展望を開いた歴史的な出来事であった。

金日成主席は、「『トゥ・ドゥ』が組織されたときから、朝鮮革命は自主性の原則にもとづいて新たな道に踏み出したのである」（回顧録『世紀とともに』第一部　抗日革命一巻　一七七頁）と指摘しているように、「トゥ・ドゥ」から朝鮮の変革運動は、自主の立場に立って発展する新しい時代が始まった。

金日成主席は回顧録の中で、「私が組織の必要性をはじめて悟ったのが華成義塾時代だった」（回顧録『世紀とともに』第一部　抗日革命一巻　四七頁）と述べているが、事大主義と教条主義から脱して、既成世代の組織と区別される、自主性にもとづいた組織をつくるという主席の発想が実を結んだのが、ほかならぬ「トゥ・ドゥ」であった。

変革運動を自主の立場から発展させるためには、民衆を組織、動員しなければならず、それにはまず組織を結成し、同志を獲得して結束させ、指導中核を育成しなければならなかった。指導中核が、十が百、百が千、千が万を組織する方法で大衆を組織し、民衆を覚醒させて奮い立たせる時、変革運動は自主的な次元で、そして不敗の力をもって前進するのである。主席が変革運動のこのような原理を明らかにしたのが、華成義塾時代だったのである。

新しい組織を結成する問題について、一九二六年九月末頃に主席は同志と相談した。主席は組織の必要性について多く語った。国を解放して勤労民衆が幸せに暮らせる世の中をつくるためには、遠くとも険しい道を切り拓かなければならない。我々が隊伍を拡大して、頑強に血戦を繰り広げるならば、必ず勝利することができる。組織をつくった後、大衆をその周りに結集させて覚醒させ、その力でもって国を解放しなければならない。主席がこのような内容で話すと同志らはいっせいに喜び、早く組織をつくろうと言ったという。

この時から組織を結成するための準備作業を進め、一九二六年一〇月一七日に歴史的な会合をもった。場所は樺甸にある正議府所属の樺甸総管所、金時雨の家であった。

場内に感激と興奮が溢れる中、主席の提議によって新たに結成される組織の名称を打倒帝国主義同盟、略称「トゥ・ドゥ」とすることにした。

「打倒帝国主義同盟は反帝、独立、自主の理念の下に民族解放、階級解放を実現するため、社会主義、共産主義を志向する新しい世代の青年が歴史の陣痛のなかで生み出した、純潔かつ斬新な新しい型の政治的生命体であった」（回顧録『世紀とともに』第一部　抗日革命一巻　一七四～一七五頁）

会合では同盟の闘争綱領、活動方針、規約が採択された。

綱領では、打倒帝国主義同盟の当面の課題は、日本帝国主義を打倒して朝鮮の解放と独立を勝ち取ることにあり、将来的にはすべての帝国主義を打倒して世界に共産主義を建設することにあると明記された。

「トゥ・ドゥ」は社会主義、共産主義建設を最終目標にして結成されたが、民族主義者からあまりにも左翼的な組織だというあらぬ疑いをもたれないようにするため、組織の名称を打倒帝国主義同盟としたのである。これは主席がすでにこの頃より、民族主義者との関係をいかほどに重視していたかを示す端的な実例となる。

「トゥ・ドゥ」の結成はまだ世間には知られていなかったが、「トゥ・ドゥ」のメンバーがそれほど熱狂したのは、この組織が従来の組織とは完全に異なる、新しい型の共産主義的革命組織だという誇りをもつことができたからである。

打倒帝国主義同盟の理念や気概については、解放直後にソウルで出版された崔一泉（崔衡宇）の『海外朝鮮革命運動小史』にある、『『トゥ・ドゥ』と金日成」という項目でその一端が紹介されたことがあるが、主席の回顧録ではその理念と活動の全貌が体系的に叙述されているので、回顧録は「トゥ・ドゥ」を研究するうえでもっとも貴重な資料となった。

共産主義を志向する新世代の青年が、歴史的陣痛の中で設立した打倒帝国主義同盟は、初期共産主義運動と民族主義運動の本質的な弱点を止揚した真の革命的前衛組織であり、民族解放運動の前途を独自に開拓するための共産主義革命組織であった。一九二〇年代の我が国では数多くの組織が結成され反日運動を繰り広げたが、「トゥ・ドゥ」のように明確な闘争目標をもった前衛組織はなかった。これは「トゥ・ドゥ」が民族史上初めて、真の反日民族解放運動、自主的な共産主義運動の新たな道を開拓した、革命的な組織であることを物語っている。

「トゥ・ドゥ」の結成は、我が国の共産主義運動と民族解放運動の新たな出発を告げる、歴史的な宣言であった。この時から我が国の共産主義運動と民族解放運動は、事大主義と教条主義に汚染された既成世代と断絶した中で、自主性の原則にもとづいて前進する新時代を迎えた。それゆえ「トゥ・ドゥ」の結成は、自主路線にそった民族解放運動の始原となるのである。

「トゥ・ドゥ」の結成が真の民族解放運動の始原となる根拠は、第一に、「トゥ・ドゥ」が自主性の原則にもとづいた新しい次元の民族解放運動の出発点となるからである。

既存の反日運動は事大主義、教条主義によって汚染され、外部勢力への依存、他力による解放をめざしたが、「トゥ・ドゥ」は民族解放問題を民族の自力で解決し、すべての問題を自分で考え、自国の実情に適応させて解決することを確固たる原則とした。これは「トゥ・ドゥ」の結成によって、自主性を基礎にした指導理念をもつ民族解放運動が始まったことを意味するのである。

第二の根拠は、「トゥ・ドゥ」の結成が新世代の共産主義者による新たな民族解放運動の起点になったからである。左右を問わず既存の民族運動は、事大主義、教条主義、セクト主義に汚染された既成世代によって指導された運動であった。その指導層は民衆の反日的な進出に便乗しただけで、運動を前進させる指導的な主体にはなれなかった。これとは異なり、「トゥ・ドゥ」によって開拓された新たな民族解放運動は、いかなる分派とも因縁がなく、また古い思想の影響も受けていない新世代の青年共産主義者が、領導者を求心点にした団結の力で推し進める革命運動であった。

第三の根拠は、「トゥ・ドゥ」の結成が、広範な民衆に依拠する新たな民族解放運動の展望を切り拓いたことになるからである。

一九二〇年代の既成運動は、それが基盤とした指導理念と運動指導者の階級的な限界によって、本質的には大衆から遊離した上層部の運動としての性格が際立った。「トゥ・ドゥ」はこのような根本的な弱点を止揚し、民衆に依拠して民衆と一体化するなかで前途を開拓していった。

以上のようないくつかの根拠は、「トゥ・ドゥ」の結成が我が国の共産主義運動と民族解放運動における質的な転換点、すなわち自主路線による新たな民族解放運動の始発点になることを物語っている。

(七) 変革運動の前衛勢力として登場した青年学生運動

新世代の共産主義者と称される青年学生が、変革運動の前衛勢力として登場するようになったのは、「トゥ・ドゥ」の理念と活動原則からして必然的に導き出される論理的な帰結であった。

新世代の共産主義者が展開する青年学生運動が、変革運動の前衛運動として登場する過程は、金日成主席が華成義塾に幻滅し、より広い活動舞台を求めて吉林へ発つ時期と時を同じくして行われた。金日成主席は、吉林を中心にして青年学生運動を本格的に組織、指導することになるのだが、この時を回顧して次のような意味深い話をしている。

「私の革命活動は青年学生運動からはじまった。私が革命を青年学生運動からはじめ、そこにきわめて大きな意義を付与したのは、私が学生の身であったということとも関係するが、それよりも労働者、農民をはじめ広範な大衆を意識化し、組織化するうえで、青年学生運動が果たす役割と位置が非常に重要であったからである」(回顧録『世紀とともに』第一部 抗日革命一巻 二四八頁)

金日成主席は、青年学生運動を見つめる視角を、植民地であった我が国の現実から出発して再定立させた。マルクス・レーニン主義の既成理論では、青年学生運動を橋渡しの役割にたとえている。すなわち青年学生運動は、先進思想を普及させ、大衆を啓蒙して覚醒させ、革命運動へと案内する、橋渡しの役割をすると定義している。主席は発展している朝鮮の実情からして、その規定が完全なものとは認めなかった。主席は変革運動の動力を労働者、農民を本位にして規定した従来の古い視角から脱して、青年学生も変革運動において主力になりうることを新たに規定した。これは青年学生運動を見つめる視角の転換を意味するものであった。

このような転換的意義を付与しながら、主席は青年学生運動を新しい軌道に乗せて発展させる道を切り拓いて行った。

一九二〇年代前半までの我が国青年学生運動には、階級的な立場と反帝国主義的な立場が徹底せず、大衆の中に深く根を張れない欠点があった。運動上層部の大多数はインテリ出身であり、運動の範囲も啓蒙活動に偏っていた。

このような欠点を克服した新たな青年学生運動をスタートさせるために、まず、吉林市内の青年学生を組織化することから取りかかった。吉林が民族主義者、共産主義者、分派分子の亡命中心地になっていた条件の下で、青年学生の組織化は多くの隘路と難関にぶつかったが、合法的および非合法的組織を巧みに組み合わせる方向で進めることによって軌道にのった。

一九二七年四月に、朝鮮人吉林少年会が結成され、少年を反日思想で教育し、彼らを変革運動の後続部隊としてしっかりと育てる事業を推し進めるようになった。

同年五月には、名ばかりの既成組織であった朝鮮人旅吉学友会が、朝鮮人留吉学友会に改編された。改編されたこの組織は、表向きは韓国人青年学生の親睦を図る団体であったが、実際は「トゥ・ドゥ」の理念を実現する革命的な青年学生組織として活動した。

斬新な青少年学生組織が活動し始めてから、吉林市内の風潮が変わり始めた。「トゥ・ドゥ」のメンバーを中核とした新しい世代の革命勢力が急速に成長し始めた。

吉林駐在の日本総領事さえも、吉林一帯で新たな運動勢力が登場し、それが急速に拡大していることに驚き、自国の外務大臣に送った公式報告書で、この隊伍は組織力が強く、やがて恐ろしい勢力として登場する恐れがあるので、特別な注意を要すると警告した。日帝は、内部が統一されず四分五裂した朝鮮共産党の分派集団や、実行力と群衆に対する浸透力が弱い民族主義勢力よりも、派閥争いとは縁がなく、誰にも気兼ねすることなく人民大衆の中に深く入り、独自の方法で変革運動の道を開拓していく吉林の運動勢力をより恐れたのである。

吉林に新たな運動勢力が現れたという噂は、満州各地はもとより、国内と中国関内にまで伝わっていった。こうした中、この運動に合流すべく国内と日本、沿海州、満州などの各地から、数多くの青年が吉林に集まってきた。独立軍と関わりをもった青年、日本で苦学した青年、沿海州で白衛軍と戦っていた青年、黄浦軍官学校を出て広州暴動に参加した青年、国民党反動派の追跡を避けて逃げまわっていた青年、レーニン崇拝者、孫文の崇拝者、ルソー崇拝者など、政見と所属および生活経緯の異なる青年が吉林にやってきた。主席は彼らを教育して「トゥ・ドゥ」に受け入れる一方、市内の学校に組織を拡大させていった。

組織が拡大する過程で、「トゥ・ドゥ」より器が大きく、より多くの人を受け入れられる組織をつくる必要性が提起された。そして一九二七年八月二七日に、「トゥ・ドゥ」を反帝青年同盟に改編した。反帝青年同盟は「トゥ・ドゥ」のスローガンと綱領をそのまま継承した、大衆的な非合法青年組織であった。この同盟は広範な反日青年大衆を闘争隊列に結集させ、反日運動の大衆的地盤を拡大、発展させるうえで大きく貢献した。

わずか半年たらずのあいだに、吉林と撫松一帯で青年学生を網羅する合法、非合法のさまざま大衆組織が結成された情況のもとで、それらを統一的に指導し、統率する組織が必要となった。言い換えるならば、新たな前衛組織の結成が、青年運動を発展させるための当然な要求として求められたのである。

当時、朝鮮共産党がまがりなりにも自己の役割を果たしていたならば、新たな前衛組織の必要性は提起されなかったであろう。共産主義を理念にした党が存在し、多くの青年組織がありながらも機能しなかったので、この要求は当為性を帯びざるをえなかった。固陋な民族主義者と分派分子のヘゲモニー争いによって四分五裂の道を歩んでいた青年運動の実体を、そのまま放っておく訳にはいかなかった。

金日成主席は「トゥ・ドゥ」の理念を実現するための闘争過程で、金赫、車光洙などの優秀な青年共産主義者を数多く育てた。そして樺甸と吉林で新思潮を探求し、「トゥ・ドゥ」を率いて闘争の前途を切り拓いて行く実践過程で、朝鮮革命の実践に関わる指導理論も定立させた。主席は、このような指導理念を具現した前衛組織として共青をつくる決心を固め、一九二七年八月二八日に朝鮮共産主義青年同盟を結成したのである。

金日成主席は、共青の性格について次のように記している。

「朝鮮共産主義青年同盟は、反帝青年同盟の中核を根幹にし、各革命組織で鍛えられた信頼のおける青年によって組織された、反帝民族解放と共産主義のために闘う非合法の青年組織であった。

朝鮮共産主義青年同盟は、朝鮮の青年共産主義者の先鋒隊として、各階層の大衆団体を組織し指導する前衛組織であった」(回顧録『世紀とともに』第一部　抗日革命一巻　二六三頁)

ヘゲモニー掌握に取りつかれた者が自らを「正統派」と称してふれ回っていた時、新しい世代の青年共産主義者はそのような虚栄の世界と絶縁し、青年前衛組織としての使命と役割をまっとうするために、険しい革命の道を一歩一歩踏みしめていったのである。

共青は青年の組織的結束を促進させて中核を育成し、朝鮮革命の主体的勢力を強化するうえで目覚ましい役割を果たした。共青の創立は、新しい型の党組織の結成をめざす青年共産主義者の活動を力強く支え、党創立を早める中軸として根本的な役割を果たすようになった。

共青の創立後、青年共産主義者は民衆の革命化を推し進めるために全力を傾け、民衆の間に深く浸透していき彼らを革命の道へ導いていった。このような共青の活動方向は、青年共産主義者をして、民衆を愚かで未開な啓蒙の対象としか見なかった従来の誤った思考方式から脱皮させ、大衆こそ我々の師であり、革命を推し進める基本動力であるという観点を定立させたことを示唆している。

金日成主席は自身の青年学生運動時代を回顧し、この時期の運動について次のように述べている。

「『トゥ・ドゥ』を結成した華成義塾時代が私の青年学生運動の起点であったとするならば、共青と反帝青年同盟を組織し拡大していった吉林毓文中学校時代は、学生の殻から抜け出て労働者、農民をはじめとする各階層の大衆の中に浸透し、至る所に革命の種を撒いた、私の青年運動の全盛期であったと思う。

この頃、新しい世代の青年共産主義者が行った活動とその影響力を、世間では『吉林旋風』と称した」（回顧録『世紀とともに』第一部　抗日革命一巻　二八六頁）

世間の人に「吉林旋風」と呼ばれた新しい世代の青年共産主義者の運動が、いかほどに成熟し、かつ大きな底力をもっていたのかは、この時期の実践闘争にはっきりと表れた。

この時期の実践闘争で代表的なものとして、金日成主席が組織、指導した吉会線鉄道敷設に反対する青年学生の大衆的闘争を挙げることができる。この闘争は目的志向性と計画性、組織力と団結力、頑強さと戦闘力、そして闘争を勝利のうちにしめくくった点など、どれをとっても我が国の反日闘争史で最高レベルに達した闘争であった。

金日成主席は、日本の山東出兵の究極目的が満州と華北地方を中国から分離させ、日本の植民地にすることにあることを見抜き、一九二八年の夏、日帝を糾弾する大衆的な抗議運動を毎日のように繰り広げた。反動的な教員らが、この闘争が共産主義の宣伝だとわめきながら弾圧に出るや、主席はこの闘争を反動的な教員を排除する同盟休学闘争に結びつけた。毓文中学の同盟休学闘争が盛り上がり、市内の他の学校でもこれに呼応する動きを見せるや、闘争の拡大を恐れた吉林省当局は学生の要求を受け入れ、反動的な教員を罷免し、同盟休学闘争は勝利に終わった。

当時の情勢は闘いをそこに止めることを欲しなかった。三度にわたる山東出兵で中国大陸に対する侵略の魔手を深くのばした日帝は、満州侵略のための軍事的準備に拍車をかける一方、その準備作業の一環としての吉会線鉄道敷設工事の完工を急いだ。

吉会線は満州の省庁所在地である吉林と、韓国北部国境の会寧の間を結ぶ鉄道である。日帝はこの鉄道に大きな戦略的意義を付与していた。それは吉会線が完工して、軍隊と貨物を敦賀―清津―会寧―吉林ルートで輸送するようになれば、距離が縮まり軍隊と物資の機動時間もはるかに短縮できるからであった。

金日成主席は、吉会線鉄道敷設工事を阻止するためには実力闘争が必要だとみなし、この闘いが敵には、韓国と中国の民衆が満州占領を許さないという警笛となり、広範な民衆には、日帝の満州侵攻に反対する抗争の信号になるであろうと判断したのである。

主席はこの闘いを大衆的な反日闘争へと組織するため、一九二八年一〇月上旬から闘争のための準備を、共青および反帝青年同盟の組織責任者と慎重かつ緻密に、そして具体的に進めた。闘争を韓中両国民衆の共同闘争とするために、中国の青年学生組織も動かすようにした。主席がこのような措置を取れたのは、主席が朝鮮共産主義青年同盟の責任者であり、吉林における共産主義運動の開拓者として、それ相応の影響力を行使することができたからであった。

一九二八年一〇月二六日の朝、各学校の学生は校庭で一斉に集会を開き、吉会線鉄道敷設工事に反対する声明文を発表したあと街頭デモに移った。街は瞬時にして数千の学生で埋めつくされた。街をうねりながら行進していくデモ隊が省議会前の広場に集結するのを防ぐために、数百人の軍警がデモ隊の前に立ち塞がった。軍警の銃口を前に、デモ隊は止まった。沈黙の対決がつづく間、主席は労働者と都市周辺の農民、学生などで組んだピケ隊を出動させてデモ隊を保護する一方、彼らとともに先頭に立ち、真っ向から銃剣をかきわけながら前進した。省議会前広場での群衆大会で気勢をあげたデモ隊は、日本領事館へ押し寄せながらデモをつづけた。

デモ闘争は日増しに盛り上がり、吉林から始まった反日闘争は、長春、ハルピンをはじめとする満州全域と、関内の天津、そして沿海州地方の朝鮮同胞へと波及し、国内の新聞も吉林闘争を連日大きく紙面を割いて報道した。

デモがしだいに大規模に拡大されるにつれて、日本商品排斥運動と鉄道敷設反対闘争を結びつける戦術が取られた。群衆は日本商品を街頭に運び出しては焼き払い、また松花江に丸ごと投げ込んだ。張作霖軍閥当局が日帝に加担して武力弾圧に出るや、闘争は反動軍閥打倒闘争へとエスカレートした。犠牲となった学生の葬儀を兼ねて行われた大規模なデモには市民まで合流し、闘争は最大規模に達した。闘いは四〇日余りもつづいた。

吉会線鉄道敷設反対闘争によって日帝がうけた打撃は非常に大きかった。その中でも彼らを驚かせたのは、韓中民衆が団結して日帝の満州侵略に反抗したことであった。民族主義者や動揺していた人までが、吉林闘争から大きな衝撃を受けた。民族主義者は、民族解放運動の舞台に既成世代とはまったく異なる、新しい世代からなる斬新な勢力が登場したことを認め、「吉林旋風」の威力がいかほどに強力なものであるかを痛感したのである。

金日成主席は、吉会線鉄道敷設反対闘争が自身の革命闘争において極めて意義深いものであったと回顧し、次のように述べている。

「大衆の力に対する私の信念はいっそう確固たるものになった。我々の大衆指導方法も、この闘争を通じてさらに洗練された。実践闘争を通じて私も鍛えられ、組織も成長した」（回顧録『世紀とともに』第一部　抗日革命一巻　二九七頁）

主席は吉会線鉄道敷設反対闘争を通じて、大衆の力が計り知れないものであることを改めて認識し、大衆を洗練された指導方法で正しく組織・動員さえすれば、いかなる銃剣をもってしても屈しない、恐るべき力を発揮するということを確信するようになった。

吉林を中心とした青年学生運動が、わずか一年たらずの間に歴史的な意義をもつ運動に急成長したのは、金日成主席の非凡な指導力がもたらした結実であり、指導者の偉大性に魅せられた、青年共産主義者の強固な統一団結の賜物であった。

偉大な領袖を迎えた青年共産主義者は、金日成主席に対する限りない信頼と敬慕の念をこめ、我が民衆を暗黒の中から解放の道へと導く明星とならんことを願う気持ちを込めて、主席の名を一星同志、すなわち金一星同志と呼ぶようになった。そして同志たちは、領袖に対する民衆のこのうえない欽慕の情をこめた頌歌「朝鮮の星」を作詞作曲して、民衆の間に広く普及した。

青年共産主義者と革命的な民衆はその後、朝鮮革命をさらに前進させていく激動の日々に、主席が民族の太陽とならんことを熱望する心から主席の名を、太陽(日)と成る、つまり金日成同志と改めて呼ぶようになった。

韓国近代史においてこの時期の青年学生運動は、極めて重要な歴史的地位をしめる。それはこの時期の青年学生運動が、韓国民族解放運動における主流が生まれ形成されていく過程であったからである。この時期の闘争なくして、韓国民族解放闘争史において主流をなした、抗日武装闘争もありえないのである。それゆえ、この時期の青年学生運動に対する研究を深化させることは、韓国近代史学の重要な課題とならざるをえないのである。

註

(1) 大倧教=檀君教ともいい、民族固有の信仰である檀君崇拝思想を中心とする、救国抗日の性格を帯びた宗教であった。最初は純粋な民族宗教であったが、教祖である羅喆が日帝の朝鮮侵略に反対する救国活動を行った。したがって一面は独立運動のための宗教といえる。

(2) 新幹会=一九二七年二月、社会主義団体の〈政友会〉と民族主義団体である〈民興会〉の共同発起で成立した団体であった。最初は民族改良主義に反対する立場をとっていたので、共産主義者、反日的民族主義者、宗教者らの支持をえた。〈新幹会〉は一九二九年一一月に起こった光州の学生をはじめとする全国学生の大衆的反日闘争当時までは一定の役割を果たしたが、その後しだいに民族改良主義の影響を受け、一九三一年五月、解散した。

（3）　朝鮮国民会＝朝鮮の反日民族解放運動を民族主義運動から共産主義運動へと方向転換させた先駆者である金日成主席の父金亨稷先生が、一九一七年三月二三日に結成した地下革命組織。

（4）　「トゥ・ドゥ」＝打倒帝国主義同盟の略称。一九二六年一〇月一七日、金日成主席によって樺甸で組織された朝鮮で初の共産主義的革命組織。これは民族主義者や従前の共産主義者の分派とはまったく異なる新しい型の革命組織であった。当面の課題は日本帝国主義を打倒して朝鮮の解放と独立をなし遂げることであり、最高目的は朝鮮に社会主義・共産主義を建設し、ひいてはすべての帝国主義を打倒して世界に共産主義を建設することであった。「トゥ・ドゥ」の結成は朝鮮労働党建設の始点となり、この同盟から朝鮮労働党が根づいた。

第三章　金日成主席と一九三〇年代の韓国近代史

（一）抗日武装闘争史の認識および研究のための序説

一九三〇年代から繰り広げられた抗日武装闘争の歴史は、韓国近代史において極めて重要な位置をしめる。それは韓国近代史の基本潮流が民族解放闘争にあり、抗日武装闘争は民族解放闘争の重要な構成部分であるのみならず、一九三〇年代以降の全般的な民族解放運動で主流をなしているからである。

ゆえに我が国の近代史で最大の課題となるのは、抗日武装闘争史に対する研究を通じて、その性格と地位、意義などを再認識、再評価する問題だと言える。

にもかかわらず八・一五解放後の長い間、韓国史学会では抗日武装闘争のみならず民族解放運動史全般に対する研究が、ほとんど不毛地帯として残されていた。分断体制の樹立後、反共冷戦イデオロギーの支配によって、学問外の障害と制約が大きく、植民地の残滓が完全に清算されないまま、親日的な経歴をもった人物が史学会の指導的な地位をしめることによって、客観性を帯びた研究が行われなかったからである。

冷戦の壁を突き破って、しだいに民族解放運動史に関する研究が活発に行われ始めはしたが、民族主義系列の海外独立運動や上海臨時政府、新幹会などに関する研究が行われただけで、白頭山を中心とした抗日武装闘争については、話すこと自体が不穏視されてきた。したがってこの分野における研究は、その大部分が抗日武装闘争を縮小して評価したり非難するための、反共反北朝鮮イデオロギーとして行われた「研究」であり、武装闘争をたんに史実としての戦闘を中心にして用心深く記述する研究が関の山であった。

一九八〇年代に入り北朝鮮側の研究成果がいくらかではあるが紹介され、民族的な観点と科学的な研究方法論に立脚して抗日武装闘争史を取り扱った研究成果が出版されているのは、正に衝撃的な事態の発展であると同時に、真に幸いなことである。

光州民衆抗争を契機に拡大した、社会と歴史に対する再認識と、一九八〇年代半ば以降、統一運動の盛り上がりに力づけられ、抗日武装闘争の歴史的経験に関する実証的な解明と、民族解放闘争発展の流れに沿ってこの問題を取り扱おうとする動きが表れ始めた。これは韓国の現実からして、非常に注目すべき新しい問題提起だと言える。なぜならば、それが抗日武装闘争史の研究を全国的、全国民的な観点に立って民族解放闘争史の発展過程として捉え、そのなかで抗日武装闘争の歴史的経験を歪曲せずに復元し、さらに進んで主流運動の革命伝統として認識すべきだという見解が提起されているからである。

このような新たな問題提起の視角から、一九八八年の夏に「民族解放運動発展史を研究するための序説」という時論的な論文が発表されたのだが、この論文は民族解放運動史を研究するうえでの史観を次のように整理している。

第一、民族解放運動史を、帝国主義の支配力が弱化し愛国的な進歩勢力が成長拡大していく長期戦での、民族の勝利として把握する史観であり、第二、民族解放運動史における民衆、党、指導者の弁証法的な関係を通じて、民衆が自主的な主体となる過程を明らかにする指導者原理にもとづく史観であり、第三、民族解放運動における主流を認識し、その形成過程と発展過程を解明する史観であり、第四、民族解放運動史の叙述を階級闘争史としてではなく、民族解放運動の本質に合わせて叙述する民族解放運動史的な史観として提起し、このような史観から正しく見つめる時、我が国の民族解放運動史の発展を正確に把握することができ、外部勢力とその追従勢力がねつ造した虚構的な運動史像を粉砕できると指摘している。このような把握方式に立脚するとき、基本的で核心的な研究領域、研究対象となるのが、ほかならぬ抗日武装闘争の歴史的経験なのである。

以上のような前提のもとに本格的な抗日武装闘争史の解説書として一九八九年に出版されたのが、『韓国近代・現代民族解放運動史―抗日武装闘争史編』である。筆者はこの本の執筆目的を次のようにまとめている。

第一、朝鮮共産党とその再建運動が有する意味を無批判的に歴史に復権させようと企て、解放以後にはその線上で当然のように南労党の役割を歪曲して復権させようとする、一部の陰謀と策動について警告を発するためであり、第二、三・一運動―労働者、農民運動―抗日武装闘争を民族解放運動の主流系譜として正当に復権させる一方、南の買弁勢力の歴史的ルーツは、金九、張俊河などの愛国的民族主義勢力とは無縁だということを客観的に論証し、かつ学問的に検証するためであり、第三、共産主義運動史の研究という美名の下、日帝植民地史観を踏襲する官辺史家と、李庭植、スカラピノ、徐大粛、金昌順、金俊燁など民族解放運動を縮小および歪曲して、他律的解放論を正当化しようとする傾向を批判するために刊行したと明かしている。

刊行の趣旨に関する説明からも分かるように、この本は明らかに抗日武装闘争を柱にして、民族解放運動の流れを整理し位置づけしようとする積極的な姿勢を示している。この本は朝鮮人民革命軍の活動状況、反日民族解放闘争の中で占めた武装闘争の比重、抗日武装闘争で創られた革命伝統、抗日武装闘争の歴史的および今日的な意味など、さまざまな問題を多面的に取りあつかい、抗日武装闘争史の研究において必須不可欠な主題の論証に寄与している。

上記の二冊の本が示しているように、一九八〇年代後半以降における韓国での新しい研究は、抗日民族解放運動の主流を究明し、その主流の活動と闘争の歴史的な経験を新たに際立たせるうえで寄与したものだといえる。

しかし今はまだ、問題提起に止まるとか、過度の客観的叙述であることから不備な点も多い。したがって韓国での抗日武装闘争史の研究は、それらの研究を深化させなければならない出発点にあるといっても過言ではないだろう。研究成果の多くが単に戦闘史を中心に叙述しているだけで、民族解放運動史をどのように体系化するのか、という問題意識が足りないのが研究の現況である。したがって、これからは本質的な次元からの問題意識の設定と科学的な研究方法の定立、史料の多面的な収集、分析、整理を通じた研究の全面的な深化作業が行われるべきであろう。

抗日武装闘争史研究の入り口に立っている韓国史学会にとって、数年前に北朝鮮で刊行された金日成主席の回顧録は、実に測り知れない意義を有する。

一九九二年に始まり一九九八年に刊行が終わった、回顧録『世紀とともに』第一部　抗日革命編は全八巻からなるが、そのうち武装闘争を開始した以降の抗日武装闘争史の部分は全七巻二、八八一頁で、そこには膨大な歴史記録が盛り込まれており、回顧録抗日革命編の大部分が抗日武装闘争史に充てられている。

抗日武装闘争史の部分が圧倒的な割合を占める回顧録の第一編には、約三、〇〇〇頁にたっする膨大な歴史記録が盛り込まれており、この時期の韓国近代史を認識し研究するうえで非常に大きな意義を有するようになった。

回顧録第一編は、韓国近代史の一九三〇年代～一九四〇年代前半期の歴史を認識し研究するうえで途方もない大きな意義を有するが、それは回顧録が当代の歴史を集大成した叢書であることと、また過ぎ去ったその時期の歴史を科学的に再構成し叙述するうえで原典になることに起因する。

叢書だと言える根拠は、抗日武装闘争史を全般的かつ多面的に、そして体系的に綴った大作として完成されているところにある。

全般的に歴史を綴ったというのは、民族解放の主流としての抗日武装闘争と我が歴史の全般的な流れが統一的かつ全面的に叙述されているということを意味する。多面的に綴られたというのは、思想史的な側面、革命理論発展の側面、軍事戦略史的な側面、民族団結史的な側面、労働運動史的な側面、農民運動史的な側面、青年学生史的な側面、民族主義運動史的な側面、国際関係史的な側面、国際的な連帯運動史的な側面、帝国主義侵略史的な側面、抗日武装闘争参加者と関連者の伝記的な側面、社会階級史的な側面など、さまざまな部門の歴史が全面的に包括されているということを意味する。体系的に歴史が綴られたというのは、全般的な歴史の叙述と多面的な歴史の叙述が一つの体系をなして構成され、歴史的なものと論理的なものの完璧な統一の中で、抗日武装闘争の史跡を再現させているということを意味する。

原典になるというのは何を意味するのであろうか？　原典とは不朽の権威を備える古典をさすが、回顧録にそのような重みがある評価がくだされるのは、次のような二つの事柄に起因している。

何よりもまず、回顧録が、歴史の中心に立ち歴史を主導した領導者自身の著作であるということから、原典として認定されているのである。

抗日武装闘争の組織者であり領導者であった金日成主席の自筆著作だというところに、他の著書とは質的に異なる回顧録の原典としての重みがある。韓国変革運動の領袖であった金日成主席は、人類が輩出した万古の偉人であり英才であった。千里慧眼の先見の明と物事の本質を見抜く非凡な洞察力、歴史発展に関する深奥な予見性、大衆を導く卓越した指導力、百戦百勝の名将としての風貌を体現した金日成主席が自筆で書いた歴史的な著作であるがゆえに、回顧録は抗日武装闘争史に関するもっとも科学的で、もっとも史実に忠実な原典的な史書としての意味を有するのである。

歴史をもっとも力強く推し進め、もっとも輝かしい歴史を創った金日成主席だけが、その幅と奥深さで比肩を許さない歴史記録を世に出すことができたのであったが、我々が回顧録に巡りあえたのは、南北史学界の栄光であるのみならず、全民族の幸運だと断言することができる。

次に回顧録が抗日武装闘争史の原典的な著作となるのは、抗日武装闘争史に関する史料がもっとも豊富かつ正確に盛り込まれていることに起因している。

史書の古典的価値は、それを裏づける史料の豊富さと真実さによってのみ保障される。以前、我々の抗日武装闘争史研究における最大の難点は、原典的な史料不足にあった。

日帝は関東軍と満鉄（南満州鉄道株式会社）、朝鮮総督府と本国の外務省などからなる大々的な調査陣を設け、抗日武装闘争に関する調査資料を作成したことがあったが、それらはすべてが日本帝国主義の視角から研究されたものなので、極端に事実を歪曲したひどい代物であった。したがって抗日武装闘争史の基本史料となりうるのは、あくまでも我が方の資料でなくてはならないのである。

武装闘争当時には、その高貴な闘争行跡を後世に末永く伝えるために、大切な文献資料を第三国の安全地帯に移そうした決死的な試みが何度かあったが、それらはみな国境を越えられず、日本軍警の手中に入った。そのため、祖国解放以降の歴史研究において基本史料として利用されたのは、抗日パルチザン参加者の個人的な手記と、回想者の価値ある史料であった。しかし、それらは大部分が断片的なものであり、また回想者自身の体験世界の枠から抜け出せない限界を有していた。

このような状況の下、回顧録が刊行されることによって、史料上の難点を打開する突破口が開かれたのである。回顧録の語句は一つ一つがすべて価値ある史料となっている。回顧録は豊富な事実史料としても価値があり、すべての内容が愛国的な視角から分析され、名実ともに総合的な史料叢書として集大成されたものなので、抗日武装闘争史を研究するうえで基本的な史料が満たされ、それにもとづき今後、資料の整理を深化させていく方向が明白に示された。このことは回顧録が原典になりうることを示すもう一つの理由となっている。

金日成主席の回顧録を指針として抗日武装闘争史に関する研究を深化させることは、民族解放運動の全般的な流れと基本根幹を解明することによって民族解放運動史全般に対する正しい認識を可能にするのみならず、今日的にも大きな意味を有している。

その今日的な意味を把握するうえで前提となるのは、民族解放運動の発展過程の合法則性を新たに認識することである。民族解放運動の発展過程は、運動主体勢力の形成とその発展の歴史になるのが当然な成り行きである。運動主体勢力の形成は、どのような社会勢力が運動の主体として登場するのかによって決定されるのみならず、より重要なことは、運動の主体勢力が正しい思想と路線によって指導されるか否かという、指導と大衆との関係問題に関わってくる。

一九二〇年代までは指導と大衆の結合問題は未解決のまま残っていたので、その質的な発展レベルは限界に突き当たり、民族解放運動の発展全般において、転換的かつ画期的な発展はなし遂げられなかった。この問題が我が国歴史上初めて正しく解決され、民族解放運動の転換局面が開かれたのが、一九三〇年代とそれ以降の抗日武装闘争史であった。このような意味から、抗日武装闘争史は民族解放運動の本史だといえる。抗日武装闘争史の研究は、民族解放運動の全体像を復元して、民族解放運動発展の歴史的合法則性を体系的に理解するうえで役に立つという点から、その意義が極めて大きい。

さらに進んで、抗日解放闘争史の科学的な研究と整理は、その間、独裁支配という政治状況によって生じた民族解放運動史の歴史的空白をうめるレベルでの、単なる事実認知の次元に止まることなく、厳しくはあったが栄えある民族の過去をはっきりと知り、北朝鮮社会を正しく理解する重大な契機になるであろう。抗日武装闘争の真相と経験を深く認識するとき、南北分断構造を当為的なものとして受け入れさせてきた諸々の虚構意識は崩れ去るであろうし、今日、韓国社会が直面している自主、民主、統一の課題を成功裏に解決するための、理念および精神的な糧（かて）を得ることになるであろう。

抗日武装闘争期に創られた革命伝統は、祖国解放後、北朝鮮社会を独特な社会につくり変える思想的、政治的、文化的な土台となった。抗日武装闘争の過程で植民地民族解放革命に関する思想と理論、戦略と戦術が打ち立てられ、指導と大衆の結合問題を最上のレベルで輝かしく解決した、領導者を中心とした統一団結の伝統が創られ、闘争方法と作風、生活様式に至るまで多様な経験と模範が創られた。これら全ての精神的、思想的、政治的な経験と遺産は、革命伝統となって集大成され、解放後、北朝鮮社会を形成、発展させる土台となったのである。

したがって抗日武装闘争を正しく理解することは、今日の北朝鮮をあるがままに理解するカギになり、南北間の相互理解と信頼を深め、二〇〇〇年代の一日も早い統一をなし遂げるために、民族大団結をめざす闘争に信念と経験を与えてくれるであろう。回顧録を指針にする抗日武装闘争史の研究を新たに深化させることは、このように途方もなく大きな今日的意味を有するのである。

（二）抗日武装闘争路線の定立

我が国の民族解放運動と近代史の全般において、転換的な意義をもつ抗日武装闘争を路線として定立させる過程は、先行した運動を批判的に総括し、発展する民族解放運動の客観的な要求が科学的に分析される過程であった。

金日成主席は回顧録『世紀とともに』の中で、一九二〇年代の民族主義運動や共産主義運動に共通する基本的な欠点を鋭く分析している。そのような批判的な分析は、その時代の運動家らが想像することも、提起することもできない問題であった。

主席は、民族主義運動や初期共産主義運動が挫折せざるをえなかった基本原因が、運動の指導層が囚われていた事大主義と大衆からの遊離という、二つの点にあると分析した。

独立運動の指導的人物の中には、自分の力を信じないことから事大主義に陥り、中国に依存して独立を達成しようと試みた人もおり、ロシアの力を借りて日本を打ち負かそうと企てた人もおり、アメリカが独立を「プレゼント」してくれるのを期待した人もいた。

事大主義者は民衆の力を信じないところから事大主義にはしり、運動を民衆とはかけ離れた上層部の運動に停滞させて、ヘゲモニー争いのための派閥抗争に執着していた。運動に表れたこのような本質的な弱点は、共産主義運動にも同様に当てはまった。

主席は、このような欠陥を克服せずには、独立運動の上昇的な発展など期待できないことを洞察し、問題解決のカギを新しい次元で発見した。

このときを回想して、主席は次のように述べている。

「私は、我が国の民族主義運動と共産主義運動のこうした実態を分析し、革命をそういうやり方で進めてはならないと痛感した。

このことから私は、自国の革命は自らが責任をもち、自国民の力を頼りに推し進めてこそ勝利するものであり、革命で持ち上がるすべての問題を自主的に、創造的に解決していかなければならないという信念を抱くようになった。これが今でいう主体思想の出発点になったのである」(回顧録『世紀とともに』第一部　抗日革命一巻　三七四頁)

我が国の民族解放運動と共産主義運動が残した経験と教訓を分析し、また他国の革命運動の経験も研究してくだしたこのような結論は、我が国の民族解放運動を新たな次元、主体の次元で組織し展開させていくことができる出発点となった。

主体の次元から発して変革運動を発展させる立場は、自国の具体的な現実と社会階級的な関係から革命の進路を規定し、全民族的に反帝愛国勢力を動員して自らの民族の主体的な力をきずいていく過程として表れ、発展する民衆運動をさらに推進させうる闘争形態と方法を探求していくところに表れた。

金日成主席は一九二〇年代末に至り、民衆の闘争が全般的に新しい様相を呈しながら発展していることに注目し、新たな特徴を帯びた民衆運動が発展していく様子を深く分析し、評価した。

新たな様相を帯びた闘争は、労働運動から始まった。主席は、「朝鮮労働者階級の闘争は、組織力と団結力、持久性と連帯性の面でも従来の運動にくらべて質的な発展を遂げていた」(回顧録『世紀とともに』第一部　抗日革命二巻　二二一頁)と分析し、その代表的な闘争事例として一九二八年に始まった元山ゼネストを挙げている。

金日成主席は、元山ゼネストについて次のように指摘している。

「元山ゼネストは、一九二〇年代の我が国の労働運動において頂点となる出来事で、世界労働運動史上に朝鮮労働者階級の戦闘力と革命性を、鮮明に刻み込んだ」（回顧録『世紀とともに』第一部　抗日革命二巻　一三三頁）

元山労働連合会に網羅された二千余名の労働者は、労連の指導の下に一万余名の家族ともども、数ヶ月におよぶストを頑強に断行した。彼らのスローガンは、「我々の武器は団結だ」、「外来資本の搾取に反対しよう！」、八時間労働制の実施、団体契約の締結、賃金引き上げなどであった。元山ゼネストのニュースに接した全国の労働者、農民は、激励の電報、檄文、義援金を送り、代表を派遣して彼らの闘争に支持と連帯を表明した。これは我が国の労働者階級の組織力、団結力、持久性、連帯性が急激に発展していることを世に知らしめた。

もしこの時、更新された労働連合会のゼネスト司令部が、就業指示を出さずに最後までストをつづけるか、全国の労働者、農民、インテリがストに呼応して本格的な実力闘争を繰り広げたならば、元山労働者階級の闘争は勝利していたであろう。

主席は元山ゼネストが起きた後、労働運動が以前には見られなかった積極性を帯びて盛り上がっていることに大きな関心を寄せた。

一九二八〜一九二九年に起きた咸鏡南道の新興炭鉱労働者の闘争は、運動の積極性を誇示した代表的な事例である。数百人の労働者は、スト司令部の指導の下に炭鉱の検炭所と事務所、機械室、発電室、工場長の私宅を襲撃して打ち壊し、炭鉱構内の電線をすべて切断し、ウインチやポンプなどの生産設備を手当たり次第に破壊した。日本人経営者が炭鉱の復旧に二ヶ月はかかると嘆いたほど、スト労働者は会社側に多大な損害を与えた。暴動は武装警官の介入によって百数十名の検挙者を出す結果を招いたが、全国を震撼させるには充分であった。

主席は、農民運動もこれに負けず、敵の反革命的暴力には革命的暴力で立ち向かう、新たな事態の発展に注視した。

そして新興炭鉱労働者の暴動と前後して起きた、平安北道龍川にあった不二農場農民の大衆的な進出と、咸鏡南道の端川、永興地方の大規模な暴動がその代表的な事例になると指摘した。

一九三〇年七月に起きた端川農民暴動では、農民が郡庁舎と警察署を襲撃して公文書を焼き払う事態が発生した。

主席は、このような積極的な民衆闘争が、我が国の民衆と日本帝国主義とのあいだの矛盾と対立が極度に先鋭化する一方、一九二九年に起きた世界経済恐慌による破局的な危機からの出口を戦争と侵略に見いだそうとした日帝が、さらに血生臭い弾圧を加える政策に転換したことと直結していることを明らかにし、大衆的で積極的な進出が不可避になったことについて次のように指摘している。

「敵が鉄拳をふるって民族解放運動を野蛮に弾圧している状況のもとで、朝鮮人民の闘争は不可避的に暴力化の方向に進まざるをえなかった」（回顧録『世紀とともに』第一部　抗日革命二巻　二三頁）

大衆闘争がしだいに暴動的な性格をおびて発展し始めた新たな情勢は、暴動化する大衆闘争に組織性と目的志向性をもたせ、その闘争をより高い段階へ発展させることを差し迫った問題として要求していた。主席は「問題は路線と指導にあった」（回顧録『世紀とともに』第一部　抗日革命二巻　二四頁）と強調し、民族解放運動を新たな段階へと飛躍させうる路線定立の必要性と重大性、その切迫性について指摘した。

金日成主席は、運動発展の差し迫った要求を深く洞察し、民衆闘争を組織的な武装闘争へと発展させることは、民族史が要請する救国の路線、解放の路線であることを確信した。

金日成主席は、これについて次のように述べている。

「武装闘争は朝鮮の具体的現実が提起する機の熟した要請であった」（回顧録『世紀とともに』第一部　抗日革命二巻　二一頁）

「革命的暴力こそ、爪先まで武装した敵の反革命的暴力にうちかてる最も勝算の大きな闘争手段であった。敵が銃剣を振りまわす状況のもとで、朝鮮民族も自らを武装せざるをえなかった」（回顧録『世紀とともに』第一部　抗日革命二巻　二三～二四頁）

主席は、武装闘争が我が国の具体的な現実から提起される機の熟した要求であるとともに、可能な選択肢の一つではなく、勝利の道へ進む唯一の選択であることを指摘し、次のように述べている。

「武装闘争のみが祖国を救い、民族の解放をもたらすことができる」（回顧録『世紀とともに』第一部　抗日革命二巻　二一頁）

武装闘争が唯一の選択肢だからといって、それが必ず勝利するという保障はなかった。武装闘争が科学的な路線と方針の上に立つ時にのみ、スタート時点から成功の道を歩むことができるのである。武装闘争路線を定立させるということは、単に銃を手にして戦おうという方針を決めることではなく、革命の性格、動力、闘争方法と形態などを全面的に、全一的に定立させた基礎のうえで、闘争路線を定立させることを意味した。それゆえ路線の定立は、民族解放闘争の発展において一つの転換を意味した。その転換のために主席は、不眠不休の思索と労苦をかたむけた。この時を回想して金日成主席は次のように述べている。

「わたしは、われわれがこの転換の突破口を開き、一九三〇年夏にはそれを実現しようと決心した。そして思索を重ね、要点をメモし整理した」（回顧録『世紀とともに』第一部　抗日革命二巻　三七頁）

「武装闘争をおこなう決心をし、それを方針として確定するまでには長い日時を要した」（回顧録『世紀とともに』第一部　抗日革命二巻　四四頁）

主席が民族解放闘争のグランドデザインを構想しているとき、科学的な闘争方法と戦術の重要性を実証する衝撃的な事態が発生した。それは一九三〇年に間島地方を中心にして起きた五・三〇暴動であった。(1)

この時、朝鮮共産党が解体される以前に満州総局に所属していた分派分子らは、中国共産党の李立三の極左冒険主義的な路線に盲目的に追従し、自派の政治的野望と地位欲のため、人民を無謀な暴動へと駆り立てたのである。甚だしきに至っては、学校や発電所にまで放火するという暴挙に出た。

五・三〇暴動は日本帝国主義者と中国の奉天軍閥に、満州での共産主義運動と反日愛国勢力を弾圧する絶好の口実をあたえた。満州の朝鮮人共産主義者と革命家は苛酷な白色テロにさらされた。大衆は多大な犠牲を強いられながら農村や山間奥地に追われ、庚申年（一九二〇年）の大「討伐」(2)を思わせる惨事が東満州の各地で起きた。

主席は五・三〇暴動を分析し、左翼日和見主義的暴動の残酷な後遺症を払拭する対策を講ずるとともに、闘争方法を科学的に打ち立てる必要性をより切実に感じた。これについて主席は、回顧録の中で次のように述べている。

「朝鮮民族は今度の暴動を通して戦闘力と革命性をいかんなく発揮した。私は朝鮮民族の偉大な献身的闘争精神から大きな力を得た。このような人民に科学的な闘争方法と戦術、民族の進路を示すならば、朝鮮革命には新たな転換がもたらされるだろう」（回顧録『世紀とともに』第一部　抗日革命二巻　三六頁）

科学的な闘争方法と戦術を授け、民族が進むべき進路を指し示すことは、これ以上遅延させることのできない課題となった。このような切迫した要求を察知した主席は、五・三〇暴動の悲惨な結果がまだ瞼に焼きついていた一九三〇年六月に、民族の進路を明示することによって路線定立の転換的局面を開いた。

一九三〇年六〜七月に行われた卡倫（カリュン）会議は、そのような転換的局面をつくった歴史的な出来事であった。

金日成主席は、「わたしがこのように卡倫で朝鮮革命の進路を示すことができたのは、吉林時代、青年学生運動を行うなかで朝鮮革命に対する主体的立場を確立し、共産主義運動の新しい道を開拓してきたからである。私は闘争の日々に芽生え、獄中で育まれたその思想と立場を、『朝鮮革命の進路』と題して発表したにすぎない」（回顧録『世紀とともに』第一部　抗日革命二巻　五五頁）と述べ、この会議に提出した主席の報告「朝鮮革命の進路」が、それまでの運動が犯した失敗と教訓を総括し、主体的な進路を科学的に明示した歴史的な文献であるとしている。

報告では革命の性格と任務、社会階級関係と革命の動力問題などが主体的に闡明され、革命の進路、民族の進路が明示された。また、武装による全面的な抗日戦争を展開する問題が反日民族解放闘争の基本路線、共産主義者の第一次的な課題として提起された。

日本帝国主義を打倒するというのは、世界に公認された日本の軍事力を打ち負かすことを意味し、明治維新後の新興日本が、ほぼ七〇年にわたってなし遂げたあらゆる人的、物的、財政的な力との消耗戦で、勝利者になることを意味する。このような強国を打ち負かして国権を取り戻す闘いは、武装ぬきには考えられないことであった。武装闘争は必ず共産主義者が指導する闘争にならなければならなかった。

主席は、その理由について次のように分析している。

「私は共産主義者が指導する武装闘争のみが、もっとも徹底した革命的な反日抗戦になりうると確信した。なぜなら、共産主義者のみが、武装隊伍に労働者、農民をはじめ広範な反日愛国勢力を幅広く集結させ、大衆の利益を正しく反映した科学的な戦略戦術で武装聖戦を最後まで戦い抜き、全般的な朝鮮革命を勝利へと導くことができるからである」（回顧録『世紀とともに』第一部　抗日革命二巻　四六頁）

共産主義者が指導する武装闘争は、従来の武装闘争とは質的に区別される武装闘争であった。従来の民族解放闘争において、比較的高い形態の闘争といえるのは独立軍の闘争であったが、武装闘争としての独立軍運動は少なからぬ限界を抱えていた闘争であった。

独立軍の闘争は、独立の大義を最後まで貫くだけの科学的な戦略戦術をもたず、独立戦争を力強く導いていける強力で洗練された指導部ももたず、闘争を人的、物的、財政的に支えることができる強固な大衆的地盤を築くこともできなかった。これは独立軍式の武装闘争をもってしては、日帝を打ち負かして民族を解放することができず、遅かれ早かれ衰退の道を歩まざるをえない運命にあることを物語っている。

共産主義者が指導する武装闘争のみが、民族解放闘争を総体的に主導し、祖国解放の大業をなし遂げることができるのである。それには、武装闘争が広範な大衆的地盤の上に立って展開されなければならない。そのために主席は、武装闘争の広範な大衆的地盤を築き、武装闘争で勝利することができる主体的な条件をととのえるため、民族の総力を結集して動員することのできる広範な反日民族統一戦線の形成問題を、革命の進路におけるもう一つの路線として定立させた。

統一戦線に関する問題は、運動家の間でしばしば論議される問題であったが、全民族を一つに団結させる民族統一戦線は、植民地民族解放運動においてはまだ提起されていない問題であった。加えて当時の状況は、統一戦線問題を論ずること自体がはばかられていた。

これについて、主席は次のように指摘している。

「民族統一戦線戦略に関する問題は当時、理論的にも実践的にも公に議論するのがはばかれる難問題であると公認されていた。コミンテルンの一部の人が中国における国共合作の失敗をたてに、統一戦線路線の支持者を一括して改良主義者呼ばわりしたので、私の周辺でもこの問題に対しては慎重な態度をとっていたのである」（回顧録『世紀とともに』第一部　抗日革命二巻　五一頁）

主席の統一戦線路線は、統一戦線路線に対する支持を改良主義の表現と決めつけてしまうコミンテルンの一部の人がもっていた極左的ドグマ、そして共産主義者が労働者、農民以外の階層と同盟するのは妄想に過ぎないという一部の主張、聖職者や企業家とは手を結べないという主張などは、我が国の歴史的現実からかけ離れたものなので、そのような主張はすべて受け入れないという立場から発したものであり、民族解放に利害関係を共有するすべての反日勢力を結集し、動員すべきであるという原則にもとづくものであった。これは広範な民族勢力を率いて、彼らの力に依拠して武装闘争を成功裏に発展させることができる堅固な礎になった。このような原則にもとづく統一戦線政策を路線化するのは、理論的にも実践的にも大いなる勇断であったと言える。

報告では最後に、新たな前衛党を創建する方針が革命の進路として規定された。

労働者階級の前衛党、事大と分派に汚染された従前の党とは異なる新たな前衛党をつくることは、武装闘争路線にもとづいた民族解放運動を成功裏に発展させるための必須不可欠の要求であった。

先行した朝鮮共産党が解体するようになったのは、党が民衆の間に深く根をはることができず、砂上の楼閣のような上層構造のなかで停滞しており、隊列の統一団結をとげることができなかったうえに、事大と教条の泥沼から抜け出せなかった必然的結末であった。

その前轍を踏まず、革命の勝利を保障するためには、新たな基礎のうえで党づくりを再び始めなければならなかった。党づくりを新たに始める思想、理論的な基礎はすでにととのっていた。

主席は、これについて次のように記している。

「新しい世代の共産主義者の活動における重要な成果の一つは、卡倫会議を契機にして朝鮮革命の指導思想を定立したことにある。卡倫会議の決定には、『トゥ・ドゥ』と共青の綱領を実現する闘争で、共産主義者が原則とすべき戦略が明示されていた。それは新しい型の党づくりを進めるうえで共産主義者が原則とすべき思想的基礎となり、挫折と失敗の苦痛のなかで長いあいだ光を求めて暗中模索をつづけてきた、共産主義者の活動指針となった。

指導思想、指導中核、大衆的基盤―これは党組織をつくるうえでの必須的な要素だと言える。これらの要素はすべてととのっていた」（回顧録『世紀とともに』第一部　抗日革命二巻　六六頁）

報告で提示された党創立方針は、三・一運動以降、幾多の運動が失敗と挫折の苦痛を味わった経験から引き出された教訓、党の指導なくしては武装闘争を推し進めることができなかった現実的な条件、そして新たに党組織をつくることができる必須的要素が、青年共産主義者の活動を通してととのっていた、などの条件が、全面的に考慮されたうえで提示された路線であった。

抗日武装闘争方針、反日民族統一戦線方針、党創建方針を大綱にした革命の進路、民族の進路は、救国と祖国解放の経綸であった。民族解放を保障するこのような進路の定立は、全般的な民族解放運動の転換的局面をひらく出発点になった。卡倫会議が韓国民族解放運動史上で歴史的な意義を有する出来事になる根拠がここにある。

卡倫会議で提示された課題を実現するため、まず先に党組織づくりの準備作業が進められた。

当時、我が国には共産党が存在しなかった。朝鮮共産党がコミンテルンから除名されたあと、共産主義者は国の内外で党再建運動を熾烈に繰り広げたが、日帝の弾圧と妨害策動により、どの分派も再建に成功しなかった。火曜派とML派が再建運動を放棄して、満州に組織した総局の解体を宣言したあと、ソサン派が再建運動を試みたが、それもまた日帝に摘発され、多くの党員が獄に繋がれて幕を閉じた。このような事態は、解散した党を再建するとか、派閥の悪習に染まった既成世代に依拠するなどの方法では、闘争を正しく導き、その責務をまっとうすることのできる前衛党づくりが不可能であることを如実に語っていた。

主席はこのような事態を洞察し、まず新しい世代の青年共産主義者で党組織を結成し、その役割を高めながら下部基層組織を拡大し、闘争に対する指導も保障しつつ党創建準備も同時に進める方針を定めた。そして卡倫会議が終わった翌日の一九三〇年七月三日に、新しい型の党組織である建設同志社(3)が結成されたのである。

建設同志社は現在の朝鮮労働党の胎児、種子になるのだが、当時は党の基層組織をつくり拡大させるうえで母胎となる組織であった。この時より分派に汚染されていない、斬新な共産主義者の指導を受けた解放闘争が自己発展の道を歩み始め、党づくりの準備作業は抗日大戦の怒涛の流れにのり、力強く進捗していった。豆満江沿岸の朝鮮北部一帯と満州各地には、党組織が拡大していった。

党組織づくりとともに、武装闘争のための準備作業も急いで進められた。この作業はすべてを一から始めなければならなかった。武器も自力で獲得し、軍事的経験も自分自身で積まなければならなかった。この目的を実践するための過渡的な組織として結成されたのが、一九三〇年七月六日に発足し、各地域に拡散した朝鮮革命軍であった。一〜二年後には常備的な武装力の創建を予見しながら、朝鮮革命軍のような過渡的な政治および半軍事組織をつくった理由は、朝鮮革命軍の活動を通じて大規模な遊撃部隊を組織するための準備、すなわち多様な政治軍事活動を通じて武装闘争の大衆的な地盤を築き、武装闘争を繰り広げるために必要な経験を積むことにあった。当時、独立軍の国民府傘下に組織された朝鮮革命軍という同名の部隊があったが、それはここに言う朝鮮革命軍とは別個のものであった。

これについて、金日成主席は次のように説明している。

「一部の歴史家のなかには、国民府がつくった朝鮮革命軍と我々が孤楡樹で組織した同名の朝鮮革命軍を、同一の軍事組織と見て混同する人もいる。国民府がつくった朝鮮革命軍のメンバーの内、少なからぬ人が我々の組織にも網羅されていたので、そう推測するのもあながち無理ではなかった」（回顧録『世紀とともに』第一部　抗日革命二巻　七九頁）

二つの軍事組織は名称こそ同じであったが、指導理念や使命は互いに異なっていた。国民府側の朝鮮革命軍は、国民府内部の矛盾をそのまま反映し、実際の活動においては対立と紛争が絶えず、その名称や幹部らが三日とおかずに変わったので、事実上その実体がつかめない有様であった。これとは逆に、武装闘争の準備過程に組織された朝鮮革命軍は、主体の理念によって指導され、大衆政治活動と軍事活動をともに行う政治および半軍事組織であった。後者が同じ名称を使うようになったのには、それなりの理由があった。それは「トゥ・ドゥ」を結成する時にも、民族主義者をいたずらに刺激しないようにするため、共産主義的な匂いがしない名をつけたように、新たな半軍事組織に朝鮮革命軍という帽子をかぶせたのは、民族主義者の感情を損ねることなく活動も有利に運べるという、隠れた目的があったからである。

朝鮮革命軍は組織された後、いくつかの小グループに編成され、満州と国内の各地に派遣されて活動した。その代表的な事例は、金亨権（主席の叔父）が率いた小グループの活動であった。この小グループによって一九三〇年八月、咸鏡南道豊山郡把撥里の警察官駐在所襲撃事件が起こり、豊山、端川、洪原一帯で行った小グループの猛烈な活動は、当時全国を揺るがす大きな波紋を起こした。

朝鮮革命の行軍路を血をもって切り拓いた朝鮮革命軍の業績は、じつに偉大で崇高なものであった。抗日武装闘争の常備武力は、彼らの英雄的な闘争経験と教訓にもとづいて、彼らが流した貴い血によって生まれたのである。

武装闘争を大衆的な地盤の上で展開するための準備は、セクト主義者が極左冒険主義的な五・三〇暴動に引きつづき、再び引き起こした八・一反日暴動によって、白色テロの嵐がさらに強まる厳しい状況の最中に進められた。

加えて一九三一年には九・一八事変（柳條湖事件）がおこり、満州が日帝の占領下に入った。事態の発展は、満州における我が独立戦線に甚大な影響をおよぼした。

九・一八事変の勃発は、崩壊状態にあった独立軍残余勢力の大部分を山間奥地に追いやり、実力培養を唱えていた人々を日帝側に押しやった。独立軍が手垢のついた銃を埋め、肩をすぼめて故郷への帰路についた時、民族改良主義者は親日を叫んだ。独立宣言を発表し救国抗争を叫んだかつての憂国志士は、「望郷歌」を歌いつつせわしく海外へ亡命した。昨日までの活動拠点を捨て、退却する張学良軍のあとを追って、錦州や長沙、西安などに避難する独立運動家が相次いだ。反日の塹壕を守る人と、隠遁や帰順を志向する人の両極化が急速に進行した。

張学良軍の敗走によって軍閥統治体系が麻痺し、戦果の拡大のみに汲々としていた日本侵略軍が治安の維持を確保することができず、満州に無政府状態の空白が生じたのは、武装するうえで一つの絶好の機会になった。このような情勢は、武装闘争の準備を速やかに終えることを求めた。

このような試練と受難、転換の時期に、金日成主席の非凡な指導は、一層鮮やかに発揮された。九・一八事変の勃発によって朝鮮の共産主義者には、抗日戦争の速やかな開始が逼迫した課題として提起されていると見てとった主席は、武装闘争にさきだち、闘いを通じて大衆を覚醒させ奮い立たせる必要があると認めた。

当時、満州地方の住民は、あいつぐ暴動の失敗と犠牲から挫折感に打ち沈んでいた。闘争を次の段階へ進めるには、彼らに信念をいだかせる必要があった。

このときを回想して、主席は次のように述べている。

「失敗に慣れきった群衆に勇気と信念を抱かせるためには、彼らを新たな闘いに決起させ、それを必ず勝利に導かなければならなかった。勝利の闘いのみが、大衆を悪夢のような沈滞状態から救い出せるのであった。闘いの中で鍛えられた大衆なくしては、何人かの先覚者が武装闘争を始めたにしても、功を奏することはできないのである」（回顧録『世紀とともに』第一部　抗日革命二巻　二三八～二三九頁）

主席のこのような判断にしたがって、間島地方の全域で秋収（秋の刈り入れ）闘争が組織された。一〇万余の間島農民は、一九三一年九月からその年の終わりまで、日本軍警と中国反動軍閥の野蛮な弾圧にも屈せず、血みどろの闘いを繰り広げた。この闘いは以前の闘争とは質的に区別されるものであった。

これについて、金日成主席は次のように指摘している

「一時ある歴史家は、この闘いを『秋収暴動』と呼んだが、私はそのような命名が適切な表現だとは思わなかった。秋収闘争は五・三〇暴動の模倣でもやり直しでもなかった。この闘いは、李立三の極左妄動的な思想的毒素を完全に一掃したうえで、新たな戦術的原則にもとづいて展開された、勝利した大衆闘争であった。五・三〇暴動では分派分子が主役を演じたが、秋収闘争では新しい世代の共産主義者が舵を取り、大衆を指揮した」（回顧録『世紀とともに』第一部　抗日革命二巻　二三九頁）

秋収闘争は暴力を基本的な闘争手段には用いなかった。五・三〇暴動の時は発電所や教育機関に火を放ち、地主や資産家をその性向も見ずに一緒くたにして打倒し、放火や殺人も厭わなかったが、秋収闘争の参加者は小作料を三・七制ないし四・六制（小作料を収穫の三割ないし四割に引き下げよという要求：筆者註）にせよという正当な要求をかかげ、各地にある闘争委員会の指導のもとに隣接地区とも歩調を合わせて秩序正しく闘った。その結果、秋収闘争は農民側の勝利に終わった。

この闘争を通じて東満州地方の民衆は自信を得た。彼らは闘いの勝利の要因が、全面的に大衆自身の不屈の意志と指導方法にかかっていることを初めて知り、秋収闘争を勝利に導いた新しい世代の青年共産主義者に驚異の目を向け、彼らの周囲に固く結束した。この勝利は、正義の目的のために行使される正当かつ分別がある時宜適切な暴力だけが、それを握った人々に勝利をもたらせるということを示した。

秋収闘争は経済闘争と政治闘争を密接に結びつけ、暴力と非暴力を適切に組み合わせ、終始一貫して主導権をしっかりと握り、敵を守勢に追い込んだ独特な闘争であった。

秋収闘争は民衆を覚醒させ団結させる良い契機になった。東満州の運動組織は、闘いで鍛えられた数多くの中核を育て、大衆的な武装闘争を展開させうる有利な群集的地盤を築いた。

秋収闘争は、武装闘争が展開される暁には、大衆は必ず支援に立ち上がるであろうことを力強く示唆した。それはまた、国内人民の暴動を促し鼓舞した。永興と三陟での大規模な農民暴動、高原東拓農場、龍川不二農場、金堤多木農場での積極的な小作争議などは、全てが秋収闘争の影響をうけて起きた闘争であった。

苛酷な飢饉をきっかけにして、一九三二年春に東満州一帯で起きた春窮闘争も、秋収闘争のような闘争であった。新しい世代の青年共産主義者は、秋収闘争を通じて盛り上がった大衆の闘争気勢をゆるめず、日帝と親日地主に反対する新たな春窮闘争を繰り広げたのだが、この闘争は地主に米を貸せという借糧闘争から始まり、日帝と親日地主の穀物を没収する奪糧闘争へ、日帝の手先を一掃する暴力闘争へとエスカレートしていった。闘争は大衆の闘争気勢をさらに高め、数多くの半軍事組織を生み、武装闘争組織に有利な雰囲気をつくった。

このように武装闘争のための主客観的な条件が熟していた時期に、金日成主席は武装闘争の準備作業を総括し、武装闘争の具体的な方法と戦略戦術を討議するため、一九三一年一二月中旬、明月溝で党および共青幹部会議を招集した。(4) この会議には反日共同戦線に合流した中国共産主義者の代表も参加した。

一〇日間つづいた会議では、武装闘争を繰り広げるにあたって、どのような形式の武装闘争を行うのかという問題が集中的に論議された。なぜならば、この問題が決着することによって、武装組織の形式と根拠地の形態など、その他の問題が同時に決定されるからであった。

国家を失った条件の下で正規軍による抗争は望むすべもなく、かといって今すぐ全人民を動員して武装蜂起を起こす条件も揃っていない状況の下で、武装闘争の基本形式をどのように規定すべきなのか？　この重大問題は、主席が武装闘争を構想した最初の日から思索を重ね、なお探求の過程にあった問題であった。

主席はこの過程で、遊撃戦を基本形式として定めるのが合理的であると判断した後、我が国と世界の歴史的経験、我が国の具体的な実情に関する全面的な研究を進めた。『孫子の兵法』を読み『三国志』も再読した。我が国の兵書である『東国兵鑑』、『兵学指南』なども読んだ。

壬辰倭乱（豊臣秀吉による朝鮮侵略：筆者註）期と近代の反日闘争期における義兵活動の経験も研究し、一八一二年のナポレオン戦争期に、ロシアの農民武装部隊が繰り広げた活動についても注目した。

主席はこのような探求過程を経て会得した成果にもとづいて、明月溝会議ではこの問題に関する、自身のまとまった見解を発表した。

主席は、歴史的に考察してみて、武装闘争の形態には正規戦と遊撃戦があるが、前者は主導的なものであり、後者は補助的なものであるとみなされていること、この二つの形態からいずれかを選択すべきであるのだが、我々の場合には遊撃戦がより実情に適しているということ、正規戦が不可能な我々の状況から既成の慣例にとらわれることなく、遊撃戦が主導的な闘争戦略になるべきであることを指摘し、次のように強調した。

「変幻自在な遊撃戦こそ、我々が選択すべき基本的な武装闘争形式である。国家が存在しない我々の実情からして、正規戦をもって日帝に対抗するのは不可能である。我々は軍事技術的にも、物量的にも劣る武力をもって、強大な日帝侵略軍と戦わなければならないのであるから、変幻自在な遊撃戦を適用すべきである。このほかに出口はありえない。」（回顧録『世紀とともに』第一部　抗日革命二巻　二五六頁）

会議では主席が提議したこの問題に対する見解に全員が賛成した。ここに我が国の民族解放運動において主流をなすことになる、武装闘争の基本形式が主体的に決定された。もしこの時、正規軍の支援を前提にし、それと連携して遊撃戦を行った外国の経験を教条主義的に模倣していたならば、祖国解放偉業は取り返しのつかない重大な失敗を免れなかったであろうことは、疑いの余地がない。

主席は、遊撃戦を基本とする武装闘争を選択したのは極めて正当な措置であったと強調し、次のように指摘した。

「それは実に壮大かつ深奥な創造的活動であった。どの時代、どの国の遊撃戦史をひもといても、我々の革命実践にそのまま適用できる手本を見出すことができなかったため、我々はただひたすらに自分の頭で考え、自力で根拠地を築くほかなかった。それは国家的な銃後も正規軍の支援もない、史上類例のない困難な状況のもとで遊撃戦を展開しなければならない我々共産主義者にとって、避けることのできない宿命的な課題であった」（回顧録『世紀とともに』第一部　抗

日革命二巻　二五九～二六〇頁）

遊撃戦の形式問題、遊撃隊の組織問題、遊撃根拠地の問題などを独創的に決定した明月溝会議は、抗日武装闘争の始原を切り拓いた会議であり、我が国の反日民族解放闘争と共産主義運動史に新たな転換をもたらした歴史的な会議であった。卡倫会議で示された武装闘争路線は、この会議を通して深化し発展していった。

卡倫会議では、反日民族解放運動をその最高形態である武装闘争へ移行させようとする、我が民族の意志が確認されたが、明月溝会議では、その意志が再確認され、「武装には武装で、反革命的暴力には革命的暴力で！」というスローガンの下に、日本帝国主義者を撃滅する抗日戦争が正式に宣言された。まさにこの会議で、遊撃戦の方向を規定する戦略と戦術の原則的な骨子が定まり、変幻自在な武装闘争の戦法が編み出されたのである。

（三）抗日遊撃隊の創建(5)

明月溝会議後、東満州の多くの県では遊撃隊を創建するための部隊づくりが進められた。安図県での遊撃隊づくりは、金日成主席の直接的な指導の下に進められた。安図は反日遊撃隊を創建するための、朝鮮共産主義者の活動本部であり中心であった。安図で遊撃隊創建の準備が進められているという知らせをきき、国内と満州各地から二〇歳前後の熱血青年が死線をこえて安図に集まり、入隊を志願した。

安図での部隊結成が他県のそれと区別される点は、他県では地元出身者で隊伍が編成されたのだが、安図では地元出身者のみならず、東満州や国内から入隊を志願する人を全て網羅して隊伍が編成されたことにある。

部隊が編成され、尊い血を流しながらも自力で武器を獲得し、指揮官に対する軍事講習と隊員に対する軍事訓練が行われた後、反日人民遊撃隊の創建が宣言された。反日人民遊撃隊の隊長兼政治委員として選ばれた金日成主席が、このような準備作業を主導した。

一九三二年四月二五日の朝。

安図県興隆村土器店谷の台地で、反日人民遊撃隊の創建式が挙行された。カラマツ林に囲まれた台地の空き地に、新しい軍服で身をかため、銃を手にした隊員が区分隊ごとに整列し、空き地の一角では小沙河と興隆村一帯の民衆が見守っていた。

金日成主席が反日人民遊撃隊の創建を宣言する演説を終えるや、隊員は張り裂けんばかりの声で万歳を叫び、民衆は熱烈な拍手をおくった。

万国労働者階級の国際的な祝祭日である五月一日、反日人民遊撃隊は赤旗を先頭に立てて安図県城に入城し、歩武堂堂たる閲兵行進を行った。

抗日遊撃隊が創建された一九三二年四月二五日は、韓国近代史において偉大な歴史的意義を有する日である。なぜかと言えば、韓国近代史の基本課題である、日帝の支配と植民地半封建社会体制を革命的に打ち砕く、闘争の始原になる日だからである。

それゆえ抗日武装闘争史を正しく編纂し、その歴史的な意味を総体的に正しく認識するのは、韓国近代史を正しく編纂し認識するうえで極めて重要なのである。

金日成主席は、抗日武装闘争史を編纂するうえで、その豊富な経験を分析して一般化することに重点をおかず、勝ちに乗じて長駆した過程としてのみ叙述しようとする傾向を警戒するよう強調した。

金日成主席は、回顧録の中で次のように指摘している。

「反日人民遊撃隊の創建後、我々のすべての活動がいかなる障害や曲折もなく、順風に帆を揚げたごとく順調に進んだかのように叙述している歴史家もいるが、革命とはそんなに生易しいものではない」(回顧録『世紀とともに』第一部抗日革命二巻　三二九頁)

抗日遊撃隊創建後の武装闘争は、筆舌に尽くし難い厳しい隘路を克服し、そして幾重もの障害と曲折を克服しながら、新しい祖国を建国するための偉大で栄えある創造の歴史であった。回顧録では、このような障害と曲折を克服するうえで持ち上がった、重要な問題について貴重な分析が加えられている。

回顧録の中で分析されたそのような問題点の一つは、遊撃隊創建と前後した時期に、反日部隊との関係を調整しなければならないという非常に難しい問題であった。

反日部隊とは一体何なのか?

日帝の満州侵略に対する蒋介石、張学良の投降主義に不満を抱いた旧東北軍の愛国的な将兵の間では反乱が相次いで起こり、王徳林をはじめとする幾多の部隊が旧東北軍から離脱していった。馬占山のような将軍も反乱を起こした後、武器を手にして抗日の旗を掲げていた。このような部隊が満州各地で反日部隊を作り、救国運動を繰り広げ始めたのである。

反日部隊は東北自衛軍、反吉林軍、抗日救国軍、抗日義勇軍、山林隊、大刀会、紅槍会などとさまざまな名前で呼ばれていたが、民族主義軍隊としてのこれらの部隊をおしなべて反日部隊と呼んだ。

遊撃隊が活動していた東満州で、もっとも勢力が盛んな反日部隊は王徳林部隊であり、その傘下にいた呉義成、史忠恒、柴世栄、孔憲永などは彼の忠実な部下であった。安図の山間奥地にやってきたのは、呉義成の統率下にあった于司令部隊であった。

都市と平野地帯では日本軍が殺伐とした雰囲気をつくり出し、日本軍が占領できなかった農村や山間地帯では、数千数万の救国軍が街角にたむろして、反日遊撃隊の動きを封じていた。

反日部隊は一様に朝鮮の共産主義者を日帝の手先とみなし、朝鮮人が満州大陸に日帝侵略軍を誘いこんだ張本人だと思っていた。

日帝の狡猾な民族離間策動がつづいたうえに、五・三〇暴動と万宝山事件(6)による朝鮮人への悪感情が、中国人の胸にいつまでもわだかまっていたのである。救国軍の保守的な上層部は、朝鮮人と共産主義者に対して非常に頑固な敵対感を抱いており、朝鮮の青壮年を仮借なく迫害し虐殺した。救国軍の敵対行動は、創建したばかりの遊撃隊の存在自体を脅かす大きな障害となった。反日部隊との関係を改善せずには、遊撃隊の存在と活動を公然化することができない。この問題は緊急な解決を要する焦眉の問題となった。

調停策についてさまざまな意見が出されたが、結局は救国軍との談判を通じて、彼らを説得しようという見解にまとめられた。しかし談判といっても、難しいこの問題を誰が解決するのかという新たな難問が提起された。

朝鮮の青年だと分かると容赦なく殺害する殺伐とした状況で、談判の相手を訪ねること自体が危険であった。また頑固な偏見に囚われている彼らを、どのように説得するのかというのは一層の難問題であった。

このような多くの難関も厭わず、金日成主席は周りの同志が引き止めるのを制して、死をも覚悟して勇躍、談判に臨んだのであった。これは遊撃隊の存亡が談判如何にかかっており、武装闘争の勝敗も彼らとの連携如何にかかっているということと、救国軍との同盟なくしては、東満州で遊撃戦はもとより、自由に動くことさえままならぬ現実を洞察した上で下した勇断であった。

金日成主席は両江口にある于司令部隊の司令部を訪ね、彼らを理路整然と説得することに成功した。これにより遊撃隊の活動を公然化させ、今後彼らとの反日連合戦線を実現する道が開かれたのである。

しかし救国軍との問題が、これで全てが解決された訳ではなかった。日帝の執拗な民族離間策動と反日部隊の頭領らの頻繁な動揺、共産主義者の隊列の内部に表れた極左路線の後遺症により、遊撃隊と救国軍の関係は一九三三年に入り、再び一触即発の状況に至った。救国軍との関係を改善し、彼らとの関係を敵対関係から同盟関係へ転換させるのは、我が国の共産主義者にとって抗日大戦を継続するのか否かという、運命を決する問題として再び持ち上がった。

この時も金日成主席が勇断を下し、救国軍の前方司令であった呉義成を訪ねることにした。王徳林が間島を去った後、救国軍の実権は彼が握っていた。主席のこのたびの談判を、コミンテルン（一九一九年から四三年まで存在した世界共産主義運動の国際組織、本部モスクワ：筆者註）の派遣員も引き止めた。今回の談判が非常に危険であることと、呉義成や柴世栄の背後にいる李青天のような策士が策を弄する恐れがあり、談判の見通しが非常に暗いというのがその理由であった。

これについて、主席は次のように述べている。

「李青天も朝鮮人です。反共主義者ではあるけれども、きちんと説得すれば妨害はしないでしょう」（回顧録『世紀とともに』第一部　抗日革命三巻　一七四頁）

この言葉の中には、反共主義者ではあるが、同族としての義理は守るであろうという、確固たる信頼が溢れ出ている。羅子溝で行われた呉義成との談判で、主席の忍耐づよく理路整然とした説得によって、呉司令も合作に同意するようになった。

この時を回想して、主席は次のように指摘している。

「呉司令はもったいぶったところがあり、思想的にも国民党の枠から抜け出し切れずにいた人であったが、それは二の次の問題だった。大事なのは、彼の抗日意志と救国心が人一倍つよいことであった。思想や階級、民族を問い、あらばかり探していては合作の成功は見込めない。共同戦線の経綸は、我々をしてそのような制約を無視させた」（回顧録『世紀とともに』第一部　抗日革命三巻　一八五頁）

金主席の説得に感服し、その人柄に魅せられた呉義成は、別れる時に兵営の外にまで見送りに出て主席の肩を抱き、数十年振りに会った竹馬の友のように熱い抱擁を交わしたのである。

羅子溝での談判の結果、抗日戦争の前途に立ちはだかっていた最大の暗礁が取り除かれた。于司令との合作が、反日部隊との共同戦線の始発点であるとすれば、呉義成との談判は、その始発点から得た成果を東満州全域に拡大させた歴史的な進歩であり、五・三〇暴動と万宝山事件から始まった両国民族の無意味な対立と流血に終止符を打ち、反満抗日の激流を大河へと合流させた出来事であった。

于司令や呉義成との談判の成功は、愛国愛族の大義を掲げるならば、思想や理念が互いに異なる他国の民族主義者とも統一戦線をくみ、共同闘争を展開することができるということを力づよく証明した。

回顧録では次に、武装闘争の障害を取り除き、曲折を克服するうえで持ち上がったもう一つの重要な問題点として、遊撃戦の運営方式に関する探求過程を指摘している。

反日遊撃隊が創建されたとき、隊員の間では遊撃戦の運営方式についてさまざまな見解が出された。遊撃戦に対する概念もまちまちであり、戦術に関する主張や解釈も十人十色であった。知識レベル、生活経緯、所属団体の違う青年たちからなる集団であったので、それは当然なことであったといえる。

主席はそれらの主張をまとめ、大きく三つの部類に分けて分析した。

第一の主張は小グループ論であった。小グループ論というのは中隊や大隊、連隊、師団のような型にはまった部隊編成ではなく、簡素で機動力のある武装小グループを数多くつくり、絶えまない消耗戦によって敵を打ち破ろうというものであった。三三五五の小グループに遊撃隊を細分し、参謀部の唯一的作戦のもと、数十数百の小グループが到る所で活動すれば、日本帝国主義を屈服させることが充分に可能であるというものであった。

小グループ論に説得力を与えたのは、抗日遊撃隊の創建日と前後して、日本と中国で起きた衝撃的な二つの事件であった。その一つは、一九三二年一月、皇居の桜田門外で、天皇が乗った二頭馬車に爆弾を投げつけた李奉昌烈士の義挙[7]であり、いま一つは、その年の四月二九日に上海の虹口公園で、尹奉吉烈士が断行した爆弾投擲事件[8]であった。李奉昌が投げた爆弾は外れて、天皇殺害の目的は果たされなかったが、尹奉吉の義挙は成功し、上海駐屯の日本軍司令官白川大将、村井上海総領事、川端居留民団長を即死させ、中国駐在公使、第九師団長、海軍大将をはじめ、天長節を記念するため虹口公園に集まった首脳クラスの軍人、政府要人に重傷を負わせ、内外に大きな波紋を投げた。

李奉昌と尹奉吉の二人はともに金九の部下であり、金九が主管した韓人愛国団のメンバーであった。韓人愛国団の基本的な抗日闘争方法はテロであった。

伊藤博文を殺害した安重根が民族の英雄として称えられ、李奉昌、尹奉吉の義挙によって、国内はもちろんアメリカ大陸、沿海州、満州などの同胞社会が沸き返っていた時代的な雰囲気に乗って、テロは敵愾心に燃える多くの朝鮮青年の心を捉えた。このような時期に武装小グループ論のような主張が台頭し、遊撃隊の活動方向を決定する論議にまで上程されたのは、少しもおかしなことではなかった。武装小グループ論の提唱者は、朝鮮と日本、中国の各地で尹奉吉のような義挙が立て続けに起これば、日帝統治の牙城が揺らぐであろうと力説した。言い換えるならば、日帝の軍事力が余りにも強大なので、大部隊による全面的な武装対決は避け、数名ずつで小グループを作っては、羅錫疇烈士[9]や姜宇奎烈士[10]のように、敵の頭目に爆弾を投げつけ、統治機関に放火し、親日派、民族反逆者に鉄槌を下そうというのが武装小グループ論の本質であった。武装小グループ論の主張者には、中国共産党の李立三極左路線の影響を受けた人が少なからずいた。

主席は、この主張は遊撃隊が受け入れることのできないものであることを明らかにし、次のように指摘した。

「武装小グループ論は、遊撃戦を装ったテロの変種であった」（回顧録『世紀とともに』第一部　抗日革命二巻　三一八頁）

テロの変種としての武装小グループ論を受け入れることは、事実上大部隊による遊撃戦を放棄するものであった。これは闘争方法における後退を意味するものであった。日本帝国主義の強大な軍事力をテロで打ち負かそうとするのは、余りにも天真爛漫な発想だった。

もう一つの主張は、今直ぐにでも全面的な武装攻撃に移るべきだというものであった。すなわち、即時的な武装対決論であった。

大都市で数千、数万人の正規軍と暴動群衆が、気勢をあげて変革を起こすことを主張する武装対決論者は、武装小グループ論者を相手にせず、全面的な武装攻撃を直ちに開始すべきだと言い張った。彼らの論拠は次のようなものであった。日本は九・一八事変で満州侵略の目的をたやすく達成し、上海など関内の要衝地を占領した。東三省には「満州国」というカイライ国家が新たに生まれ国旗を掲げた。次の目標は中国本土とソ連である。日本軍がいまは情勢の推移を観望し攻撃速度を緩めているが、いずれは適当な口実を見つけて中国に攻め入り、ソ連を攻撃するのは火を見るより明らかである。それゆえ、現在組織された武装部隊をもって全面的な軍事作戦を展開するのは、戦争の泥沼に深くはまり込んだ日帝の後頭部を打撃することになる。遊撃隊が積極的な攻撃態勢をとるのは歴史の使命である。

この主張は非常に冒険的なものであった。それは遊撃隊のレベルをまったく考慮していない、無謀で主観的な見解であるからだ。それは将来の目標にはなりえても、ようやく第一歩を踏み出したばかりの遊撃隊が何ら準備もなしに、初めからそのような冒険を犯すのは自殺行為にひとしかった。

他のもう一つの見解は慎重論であった。慎重論者が唱えた論理は、次のようなものであった。我々の相手は強敵であり、我々は生まれたばかりの赤子にすぎない。もちろん今後我々が強大になるのは疑う余地もないが、いまは隠密に活動しながら、量的にも質的にもたゆみなく力を養うべきである。我々の闘争が長期化するのは必至なので、根気よく勢力を蓄積し、敵が弱体化する機会を狙って一気に攻撃し、打ち倒すべきである。

この見解は、きわめて生ぬるく時間のめどがつかない、漠然としたものであった。

以上のような三つの主張を巡って繰り広げられた論争をまとめながら主席は、遊撃戦の運営方式に関する基本的な戦略戦術について明らかにした。当分の間は中隊を基本単位にして遊撃戦を展開しなければならない。やがて部隊が拡大すればより大きな単位で活動することになろうが、いまは中隊単位で行動するのがもっとも理想的だ。抗日戦争は何回かの戦闘で終わるような短期戦ではない。したがって小兵力でスタートをきった後、戦闘を重ねるなかで武力を不断に蓄積して拡大し、時至れば全人民の武装蜂起と噛み合わせた決戦によって、最後の勝利を勝ち取るのだ。軽装備で巧妙かつ縦横無尽に機動しながら、集結した敵は分散させ、分散した敵は各個撃破し、大敵は避けて小敵は掃滅するといった戦法で、戦略戦術的優勢をつねに確保し、絶え間ない消耗戦によって日帝を打ち倒さなければならない。……このように解説して隊員を納得させたのである。

遊撃隊の戦略戦術に関して見解が十人十色だったのは、遊撃隊員のほとんどが新たに参軍した人であったからだ。この問題は卡倫会議と明月溝会議当時に明白になった問題であった。このような実態を見抜いた主席は、部隊内における思想の唯一性、行動の一致性、慣習の統一性を保障する組織および政治活動に、とくに関心を寄せなければならないと痛感した。これによって遊撃隊の戦術的原則や重要な路線上の問題を理解するうえで、意志の一致を保障するための対策が立てられた結果、遊撃隊は思想意志的な側面からも、戦術的意図の側面からも、一つに堅く結束した隊伍として成長していった。

回顧録ではまた、武装闘争の障害と曲折を克服するうえで持ち上がった重要な問題点の一つとして、独立軍部隊との統一戦線を形成する前途に横たわっていた難関について指摘している。

明月溝会議の決定にそって遊撃隊創建後、抗日遊撃隊には遊撃根拠地を設営する課題が提起された。そのため安図、延吉、汪清、和龍、琿春の山岳地帯である牛腹洞、王隅溝、海蘭溝、三道湾、小汪清、嗄呀河、腰営口、漁郎村、大荒溝、煙筒拉子をはじめとする各地に遊撃根拠地が次々と設けられた。

根拠地がつくられたからといって、それに依拠して自己保存のみを考え、ひと所に居座りぐずぐずと過ごすのは、武装闘争を発展させようとする本義に反することであった。産声を上げたばかりの遊撃隊を実践闘争の中で鍛え、部隊を質量的に急速に拡大し強化することが重要であった。

金日成主席はこの問題を解く突破口が、遊撃隊主力部隊による南満州遠征にあるとみて、この遠征を一九三二年の主要な年間戦略に設定したのである。

南満州遠征を選択した目的について、主席は次のように指摘している。

「南満州遠征の主な当面の目的は、鴨緑江沿岸で活動している独立軍部隊との連携を保つことであった。南満州の通化地方には梁世奉司令の指揮する独立軍部隊が駐屯していたが、我々は彼らと共同戦線をはろうと考えた」（回顧録『世紀とともに』第一部　抗日革命二巻　三二五頁）

梁世奉の管轄下にあった独立軍勢力は数百人におよんだ。この部隊を朝鮮革命党軍とも呼んでいた。南満州にはまた、共産主義者である李紅光、李東光が指揮する遊撃隊が駐屯していたが、それは組織されたばかりの部隊であった。

一部の人は、反共主義者の梁世奉との合作は不可能だとの悲観論を吐いていた。しかし主席は、梁世奉との合作が成功する余地があると見た。それは彼が、主席の父である金亨稷先生と深い親交があったという縁故関係を重視したことにもよるが、中国の救国軍とも共同戦線を結んだ遊撃隊が、反日という共同の目的の下に、同じ血を引く者同士が手を握れない訳がないという、大義をより重視したからであった。主席が独立軍部隊との統一戦線をなんとしても成功させるべきだと決心し、遊撃隊の初の進軍先として南満州を選んだのは、主席が抗日武装闘争期から民族主義勢力との連合を一貫して重視したことを証明している。

安図から通化への遠征の道すがら、遊撃隊の歴史に特筆すべき出来事が起きた。それは安図―撫松の県境で起きた日本軍との遭遇戦で、輝かしい勝利をおさめたことであった。

主席は、この戦闘での勝利の意義を次のように分析している。

「歴史家は安図―撫松県境戦闘を、遭遇戦を巧みに反撃戦へと転換させて一個中隊の敵を完全に掃滅した、勝利の戦いであったと評価している。もちろん、それは疑う余地もない勝ち戦であった。この戦いの意義はただ単に、幼年期にあった反日人民遊撃隊が一個中隊の正規軍を完全に掃滅したことにのみあるのではなく、遊撃闘争史上はじめて、天下無敵を誇る日本軍の神話を粉砕したというところにもあるのである」（回顧録『世紀とともに』第一部　抗日革命二巻　三七〇頁）

遊撃隊はこの戦闘を通じて、日本軍が強敵ではあるが決して無敵でも不敗でもないということと、遊撃戦の特性を生かした戦法を巧みに駆使して戦うならば、少人数の勢力をもってしても、強大な日本軍にいくらでも勝てるという自信を得たのである。

一ヶ月におよぶ厳しい行軍のすえ通化に到着したとき、梁世奉は遊撃隊の通化入城に歓迎の意を表し、主席と梁世奉は感激的に出会い、互いにその間の安否をたずねた。しかし合作のための統一戦線の道は塞がれた。そこには深い訳があった。

最たる理由は、既成世代の共産主義者が内外で犯した極左冒険主義の誤謬が、後遺症として大きな傷跡を残していたためであった。良心的な民族主義者も、共産主義者を暴力、反民族と同一の概念で理解していた。

金日成主席は、梁世奉との談話を通じて受けた自身の所感を、次のように指摘している。

「彼が嘲笑し非難したのは、一部の共産主義者の運動方式や闘争方法であって、共産主義理念そのものではなかった。だが、方法に対する立場や態度は、理念に対する認識や観点に影響をおよぼさないはずがない。初期の共産主義者が大衆運動を指導するうえで犯した極左的な誤りは、遺憾ながらも新思潮にあこがれていた多くの人に、共産主義に背を向けさせる嘆かわしい結果をまねいた。私は梁世奉司令との対談を通じて、満州地方で初期の共産主義者が犯した過誤の後遺症がどれほどに大きなものであったかを、いまさらのように痛感せずにはいられなかった」（回顧録『世紀とともに』第一部　抗日革命二巻　三八四頁）

梁世奉部隊の参謀だった悪質な反共分子は、梁司令に誤った反共意識を系統的に注入したばかりでなく、腹心の部下とともに遊撃隊を武装解除する陰謀まで企てた。このために合作の努力は実らなかった。

既成世代の共産主義者が残した後遺症の傷跡がこれほどまでに深かったため、独立軍との統一戦線形成に立ちはだかる難関を克服するためには、遊撃隊が自らの実践闘争を通じて、共産主義者こそ真の愛国主義者であることを示す必要があった。

のちに、日帝の誘引計略に引っかかり、非命に倒れた梁世奉は、臨終に際して自身の生涯をふりかえり、反共ではなく連共だけが真の人生であることを悟るようになる。

主席は梁司令の人生転換を高く評価し、次のように指摘した。

「共産主義に対する無理解と本意ではない敵対感情に囚われ、我々との合作に踏み切れなかった梁司令が連共へと方向転換したのは、彼自身の生涯はもちろん独立軍の闘争史においても特筆すべき出来事であった。

日本帝国主義者は梁世奉の部隊が我々と手を握るのを何よりも恐れた。朝鮮人民革命軍と独立軍が合作するということは、我が国の民族解放運動において、共産主義者と民族主義者の政治的・軍事的統一が実現することを意味した。それは敵にとって大きな脅威であった」（回顧録『世紀とともに』第一部　抗日革命二巻　三九一頁）

梁司令は臨終の床で、「わしは死んで抗日ができないが、おまえたちは生きて金日成司令のもとへ行くのだ。生きる道はそれしかない！」と遺言を残したが、それは彼の一生の総括でもあった。梁司令の過失は、愛国愛族を信念としながらも、敵の奸計を見抜けなかったところにあった。

回顧録は最後に、武装闘争初期の障害と曲折を克服するうえで持ち上がった問題の一つが、創設していくばくもない遊撃根拠地を、圧倒的に優勢な敵の包囲と攻撃から守り抜くことであったと指摘している。

一九三三年二月に入り、豆満江流域の東満州の各県にかけて、遊撃根拠地の創設が基本的に完了した。遊撃根拠地は抗日武装闘争の策源地となった。

南満州遠征から戻った金日成主席は、汪清遊撃根拠地に活動拠点をうつし、根拠地に依拠した武装闘争を指揮した。

遊撃根拠地を設営して、それに依拠して積極的な武装闘争を展開することは、明月溝会議で決定された中心課題の一つであった。

主席が活動拠点をうつした汪清は、韓国近代史と縁が深いところであった。ここは間島省の県のなかでも、早くから反日独立軍運動がもっとも盛んなところであった。義兵長洪範図が日本軍の「討伐隊」を大敗させた戦場もここにあり、徐一、金佐鎮、李範奭などが率いる北路軍政署独立軍の活動拠点もここにあった。李東輝はこの一帯で独立軍の人材養成に心血を注いだ。

独立軍運動が凋落の段階に入り、独立運動家が沿海州地方とソ満国境一帯へ姿を隠したあとから、汪清地方での民族解放運動の主流も、民族主義運動からしだいに共産主義運動へと転換していった。汪清は反日闘争の歴史も深く、大衆的基盤もしっかりしていた。祖国の六邑地区とも距離が近く、間島地方の文化啓蒙運動の中心地である延吉、竜井地区とも隣接しており、いろいろな面から都合が良かった。

我が国の共産主義者は、武装闘争の策源地が創設された有利な条件を利用して、根拠地で遊撃隊伍を拡大し、党、共青はもとより反帝同盟、農民協会、反日婦女会、児童団、赤衛隊、少年先鋒隊などの各階層別組織と半軍事組織を結成することによって、全民抗争の礎を築いた。

根拠地では、かつて我が祖父母が一度も味わえなかった民主主義的権利と自由が民衆に与えられ、民衆の利益を擁護し代弁する革命政権が遊撃区域ごとに誕生し、民衆の桃源郷が建設され始めた。

区政府は農民に土地を与え、労働の権利を保障し、無料で学び治療を受ける権利を与え、歴史上初めて万民平等の理念が実現された社会、互いに助け合い尊重する高尚な倫理が支配する社会が誕生した。

敵のいかなる挑発や攻撃にもびくともせず、東方の一角に毅然と姿を現した遊撃根拠地は、祖国の各階層民衆の賛嘆と憧憬を呼び起こす楽園、地上の天国となった。我が民族はその居住地と理念に関わりなく、共産主義者の血で積み上げられたこの城砦を、祖国解放の灯台と仰ぎ心から支持して声援をおくった。

豆満江を挟んだ我が国の北部地帯と地つづきの地に、民衆の新しい世界が誕生するや、これに驚愕した日本帝国主義は、ここに攻撃の矢を集中した。そのため遊撃根拠地を維持するという朝鮮革命の戦略的課題は、抗日武装闘争を揺籃期に抹殺しようと狂奔する日帝の無差別的な「討伐」によって厳しい試練にさらされた。

敵の恒常的な封鎖と「討伐」のなか、東満州の遊撃根拠地は初めから二重三重の試練を乗り越えなければならなかった。多量の血を流し、多くの犠牲者を出し、耐えがたい飢えにもさらされた。このような中でも堅忍不抜の精神を発揮して闘いはつづけられ、戦闘の中で中隊を統轄する大隊がいくつも編成され、遊撃活動の本格的な活性期が準備されていった。

敵との熾烈な血戦は一九三三年の秋から始まった。日本の軍部は、抗日遊撃隊の攻撃で傷だらけになった間島臨時派遣隊の一部を朝鮮に撤収させ、その代わりに膨大な関東軍精鋭部隊を東満州各地に投入した。合わせて一万数千名に達する兵力に、飛行機まで動員し間島の遊撃区を包囲し、冬季「討伐」を開始した。敵は遊撃隊の指揮部がある小汪清遊撃区に攻撃の矛先を向け、二個中隊の遊撃隊を相手に関東軍、衛満軍、警察、自衛団などで構成された五千余名の武力を投入したのである。

遊撃戦術上の原則から見れば、このような大敵を相手にした対決は避けるのが上策であった。しかしこの対決を避ければ、敵は一撃で豆満江沿岸の全ての遊撃区を飲み込んでしまう恐れがあった。遊撃区を守り切れなければ、根拠地の住民は厳冬の中で餓死、凍死するか、銃で撃ち殺されるしかなかった。武装闘争は自らの策源地を失ってしまうのであった。

東満州の遊撃根拠地が存亡の危機におかれたとき、小汪清の馬村に指揮所を定めた金日成主席は、敵との対決で勝利する妙策をあみ出したのである。

主席は、これから始まるであろう小汪清防御戦闘は、遊撃区の老若男女が残らず立ち上がる全民抗争になるべきだと明示した。主席は、敵軍が分散している時は力を集中し襲撃、掃滅し、敵が大兵力で侵入して来る時は、分散して至る所で敵の背後を攪乱するという従来の戦術的原則を再確認し、小汪清の住民に全民抗戦を呼びかけた。根拠地設営後の二年間、あらゆる試練を克服する過程で鍛えられ、生まれて初めて人間らしい生活をいとなんだ全民衆の力が動員されるとき、恐るべき力を発揮すると見たのである。

軍民が力をあわせ、波状攻撃で執拗に攻めてくる敵を根拠地に深くおびきいれ、伏兵戦、狙撃戦、宿営地襲撃戦、たき火爆弾戦などの千変万化の戦法を駆使して、敵を守勢に追い込んでは連続打撃を加えた。また、落石戦法も敵に多大な損害を与えた。

敵が満身創痍になり疲労困憊しながらも、執拗にしがみついて長期戦を企てる構えを見せた。戦局を決定的に転換させずには、遊撃隊と遊撃区の民衆を救うことができなかった。長期戦は一種の罠であった。

このような事態を見抜いた主席は、遊撃区の防衛戦とともに、敵の後方深くに進入して強力な攪乱戦を展開する戦術を用いて、勝利の道を切り拓いていった。この戦術に巻き込まれた敵は、遊撃区を締めつけていた包囲網をとき、九〇日前の作戦開始地点にまで退却した。

馬村作戦と呼ばれた小汪清根拠地防御戦闘は、遊撃隊の勝利の内に終わった。

馬村作戦を通じて遊撃隊は、不撓不屈の我が民族の意志と気概を遺憾なく発揮した。敵は軍事的にも政治的にも甚大な惨敗を被った。

遊撃隊はこの作戦を通じて、遊撃戦法の骨格となりうる新たな戦法を数多く編み出し、次第に大部隊活動へと移行することができる、軍事組織的、戦術的な基礎をととのえていった。抗日遊撃隊は、敵のいかなる侵攻をも撃破できる、豊富な経験を有するようになった。

(四) 朝鮮人民革命軍への改編

敵の冬季討伐を撃破する防衛戦の全過程は、各地方に散在していた遊撃部隊が隣接部隊との協同連携や援助がないまま、孤軍奮闘の戦いであった。遊撃区ごとに「討伐」時期が異なる状況において、各県と区域にある遊撃部隊を統一的に動かせる単一指揮体系と参謀機構さえととのっていれば、全ての遊撃隊が相互協力という強力な武器をもって、より効率的に戦えることを示唆した。

遊撃隊にとって、県と区に分散している武装部隊を一つの体系に結集できる画期的な対策が必要になった。この要求を速やかにみたす道は、遊撃隊を統合して大部隊に改編することであった。

このような措置は遊撃隊の自己発展の要求でもあった。小規模な勢力で抗日長征の第一歩を踏み出した遊撃隊が、いまや間島のすべての県で連隊規模に発展したのである。したがって各県に組織されている遊撃隊の連隊を一つの軍に統合するのは、遊撃隊の戦闘力を高め、敵の大規模な攻勢により能動的に対処することができる画期的な措置であった。

こうして金日成主席は、一九三四年三月に、反日人民遊撃隊を朝鮮人民革命軍に改編する方針を提示した。これにより、まず全ての遊撃隊大隊を連隊に改編する措置が取られ、次に二個師団と一個独立連隊を編成する措置が取られた。この改編過程で、朝鮮人民革命軍党委員会が新たな党指導機関として誕生した。朝鮮人民革命軍党委員会は、軍内の党組織に対する指導と、地方の党組織に対する指導を同時に担当する重責を担うことになった。

後には朝鮮国内運動に対する指導まで行うことになった。このような改編過程は一九三四年三月～五月までのごく短い期間に行われた。この改編は遊撃隊に、敵のより大規模な攻撃をも撃破し、大部隊活動へと移行できる可能性を与えた。

金日成主席は、この改編が実務的な改編ではなく、政治軍事的に大きな意義を有する改編であったと次のように指摘した。

「反日人民遊撃隊を人民革命軍に改編することは，単なる名称の変更や実務的な再編を意味するものではなかった。それは抗日遊撃隊が歩んだ戦闘の道程を総括し、その成果と経験を生かしていく方向で遊撃隊の指揮体系を改善し、隊伍を質量ともに強化する軍建設の新たな段階を意味した」（回顧録『世紀とともに』第一部　抗日革命三巻　三三七頁）

主席は、この改編が軍づくりにおける画期的な新たな段階になるので、民族解放闘争において大きな意義をもつと指摘した。朝鮮人民革命軍の誕生は、武力抗争によって必ず祖国解放をなし遂げようとする、我が民族の意志を内外に強く誇示した出来事であった。これに力を得た民衆は、朝鮮人民革命軍の編成から、祖国解放の前途を一層はっきりと確信するようになった。

主席は、この改編はまた、日帝に反対する我が国と中国民衆の共同闘争、とくに中国東北地方での抗日武装闘争を発展させるうえで大きく寄与したと指摘している。

改編の過程は、我が国と中国の抗日武力の連合を確固としたものにする過程であった。朝鮮人民革命軍は、時には東北人民革命軍という名で活動したのだが、東北という名称は、ある国を意味する国号ではなく、あくまでも地域的な概念として通用していた。主席が組織した人民革命軍が、「満州人民革命軍」とか「中国人民革命軍」ではなく、東北人民革命軍という名で活動したのは、「反満抗日」を闘争目的に掲げていた中国側にとっても適切なことであった。結局、東北人民革命軍は朝鮮人民革命軍としての使命とともに、中国共産主義者の反満抗日の偉業に寄与する革命武力としての使命も遂行したのである。両国の抗日武力の確固たる連合が実現することによって、朝鮮人民革命軍は間島と東辺道一帯、白頭山を中心とした朝鮮半島全域におけるもっとも強大な武装力に発展していった。

当時の出版物は、間島で組織された人民革命軍を東北人民革命軍としてではなく、朝鮮人民革命軍と書いた。例えば一九三五年に上海商務印書館が発行した『東方雑誌』は、東北におけるパルチザン闘争にふれ、間島に朝鮮人民革命軍が三千人いると指摘し、それはフランスのパリにある救国出版社が発行した『東北抗日烈士伝』にも転載された。日本人も満州、とくに間島で組織されたパルチザンを、「朝鮮人純血パルチザン」と呼んだ。

主席は最後に、この改編は世界史的に見ても貴重な経験になると指摘した。すなわち、植民地および半植民地国家における反帝抗争武力は、最初は小規模の勢力で武装隊伍を組織し、それを母体にして隊伍を拡大していき、条件が熟したとき部隊を統合する方法で軍を創建するのが、普遍的で妥当な発展経路であることを証明した初めての事例であったといえる。

朝鮮人民革命軍への改編が有する正当性と生活力は、日帝が包囲攻撃作戦という新たな戦術で遊撃根拠地に対する攻撃を敢行した時、それを成功裏に撃破したことと、我が国と中国の連合勢力が、日帝により大きな惨敗を味わわせたところからも、はっきりと証明された。

(五) 主体路線を貫く途上に横たわっていた難関

韓国近代史の基本潮流は民族解放闘争であり、抗日武装闘争が民族解放闘争の主流になった状況で、抗日武装闘争がおのれの歴史的任務に符合した、民族解放のための武装闘争、自国民衆のための武装闘争になるには、主体路線を貫かなければならない。この問題は近代における我が民族の運命にかかわる重大な問題として提起された。

主体路線を貫くということは、民族解放問題をあくまでも民族の自力で解決し、全ての事柄を自分自身で考え、自国の実情に合わせて解決していくことを、確固たる原則として堅持することを意味する。

主体路線はひとりでに貫かれるものではない。それは事大主義と教条主義、大国主義と民族排他主義、そしてセクト主義に反対する闘争過程を通じて、主体路線を貫徹していく過程で実現されるのである。抗日武装闘争の全過程は、主体路線を貫くための闘争の歴史であり、主体路線を貫徹する途上に横たわる幾重もの難関を乗り越えていく、峻厳な闘争の歴史であった。

主体路線を貫徹する途上に横たわっていた難関はとくに、抗日武装闘争の初期（一九三〇年代前半）にもっとも顕著に表れたのだが、その代表的な難関は、遊撃根拠地での極左的ソビエト路線を克服するための闘争であり、もう一つは、極左的に行われた反「民生団」闘争で生じた革命の歪曲を克服するための闘争であった。

ソビエト問題が大きな争点として浮かび上がった直接的な契機は、遊撃根拠地に樹立された政権機関の施策に起因していた。解放地区形態の遊撃区を保持し運営していくには、遊撃区内の民衆を経済的にも文化的にも導く役割を担える政権づくりが不可欠であった。国家の縮小版ともいえる遊撃区に政権がなければ、民衆の生活を保障することもできず、彼らを闘争に奮い立たせることも不可能であった。当時、内外の共産主義運動家の間では、ソビエトは労働者階級が樹立すべき唯一の政権形態であるとされ、遊撃区に樹立された政権はソビエトであった。ソビエト路線を支持し、それを実践で無条件に受け入れるのは国際共産主義運動において疑う余地さえない常識とされていた。

しかし実践でのソビエト路線は、遊撃区の実情には適応しないことを示しており、民衆は日増しにソビエトを敬遠し始めた。それは区政府が社会主義の即時実現という極左的なスローガンの下に、私有財産制度の撤廃を宣布し、土地と食糧から釜、手グワのような農機具に至るまで、個人が所有する一切の動産、不動産を共同所有に変えてしまったからである。財産の共有化を一気に強行したあと、老若男女を問わず共同生活、共同労働、共同分配の新秩序のもとでの生活を強要したのであった。そして大地主、小地主、親日地主、反日地主の区別なく、すべての地主と富農の土地を無償で没収し、牛馬や食糧に至るまで一律に収奪した。

いかなる考慮もなく排斥すること、手当たり次第に清算し打倒し葬り去るのが徹底した階級性とみなされ、前衛的な革命家の表徴とされる、常軌を逸した政治風土が蔓延していた。

このような常軌を逸した現象は、政策を施行するうえでの単なる過ちでもなく、特定の個々の共産主義者の単なる過ちでもなかった。原因は路線にあり、路線を作成した人の思想的な未熟さにあった。実情に疎い人らがトップの座を占め、マルクス―レーニン主義の一般的な原則とこれに先立つ経験を丸ごと鵜呑みにした、現実性のない指令を乱発し強要したため、実践においては無理が生じたのである。

この結果二つの側面で大きな蹉跌をきたした。その一つは、反日愛国勢力の団結にひびが生じたことである。抗日武装闘争を開始して以降、全ての愛国勢力を一つの政治勢力に団結させる路線が貫かれた結果、国内と満州地方では多くの群衆を結集させることができた。そのなかには、愛国的な聖職者、商工人、下級官吏もおり、なんと地主までも含まれていた。ところがソビエトの施策は彼らを一律に排斥してしまったため、それまでは革命を支持あるいは同情してきた彼らをして、革命から目をそむけさせるとか、反対するまでに追いやってしまったのである。

もう一つは、朝鮮人と中国人の関係を再び悪化させたことである。清算された地主の大多数が中国人地主であったので、五・三〇暴動の時のような葛藤が再燃したのである。反日部隊は以前のように再び、我が国の共産主義者を敵対視し始めた。

東満州地方の遊撃区においては、ソビエトが実情にそぐわない政権形態であることが生活を通じてはっきりした以上、政権の形態を変える決断を下さなければならなかった。しかし、遊撃区の運命を担った人は、政策転換を断行する決心をくだせずにいた。東満特委（中国共産党満州省党傘下）が指導機関として存在していたが、コミンテルンの方針に修正を加えるだけの代案をもっていなかった。ソビエト路線によって混乱した時局を収拾すべきであると認める人も、ソビエトに代わる政権形態については、古典にもなくコミンテルンの指示にもないので不可抗力であると強弁した。

このような事態を洞察した金日成主席は、ソビエト路線を止揚し人民革命政府路線という新たな形態の政権づくりを提示することで、革命の危機的な局面を打開していった。

主席は人民革命政府路線を選択しなければならない理由について、次のように指摘した。

「私が朝鮮人住民の多い東満州地方に適合した政権形態として人民革命政府を選択したのは、それが反帝反封建民主主義を目的とする朝鮮革命の性格に符合し、人民の要求にもかなった、もっとも理想的な形態であると考えたからである。私は政権形態の基準を、人民の要求に求め、人民の利益をいかに擁護し徹底的に代弁するのかに求めた」（回顧録『世紀とともに』第一部　抗日革命三巻　七八頁）

主席は一九三三年三月一八日、汪清県嘎呀河で行われた人民革命政府の誕生を告げる式典で、「この政府は、世界政権史上はじめての真の人民の政府」（回顧録『世紀とともに』第一部　抗日革命三巻　七九頁）になると、その大きな意義を明らかにした。

人民革命政府路線の正当性と生命力は論議の余地なく証明され、その年の夏には人民革命政府路線にもとづいてソビエトを人民革命政府に改編し、全ての遊撃区でソビエト路線の極左的な過ちを一掃する闘争が繰り広げられた。こうして、抗日武装闘争において主体路線を貫くための闘争は、歴史的な勝利を収めたのである。

主体路線を貫徹する途上に立ち塞がったより大きな難関は、極左的に繰り広げられた反「民生団」闘争がもたらしたものであった。

金日成主席が第一次北満遠征から遊撃根拠地に戻って来た時、革命が革命を打倒するという悲劇的な反「民生団」闘争に関する話を耳にし、猛々しい暴風雨が吹きまくっていることを感知した。では「民生団」とは一体何であり、反「民生団」闘争はどのように行われた極左暴力だったのか。

「民生団」は、日帝の植民地統治の知能化が生んだ産物であった。武断統治を「文化統治」に換えてもうまくいかず、「内鮮一体」や「同祖同根」を唱えてもだめなので、同族同士の骨肉の争いによって革命勢力を粛清し、治安維持上の頭痛の種を取り除こうとした陰険な計略の所産であった。

九・一八事変以後、満州における革命情勢の急激な高まりに驚いた朝鮮総督斎藤実は、間島視察団のメンバーとして東満州地方に派遣した、「毎日申報」副社長の朴錫胤、延辺自治促進会の巨頭である全盛鎬、延吉駐在満州国軍の軍事顧問である朴斗栄、反共特務の頭目である金東漢をはじめとする親日的な民族主義勢力をおだてあげ、一九三二年二月に延吉で「民生団」なる組織を作った。「民生団」は、表向きは「民族としての生存権の確保」、「自由楽土の建設」、「朝鮮人による間島自治」などを標榜したが、実際には、我が民族の反日感情を麻痺させ、我が国の共産主義者を陥れて人民から孤立させ、韓中人民の間にくさびを打ち込み、民族解放闘争の革命隊伍を内部から瓦解させることをその目的とした。

日本当局は、「民生団」の看板を民族主義的に装い大々的に宣伝したが、その団体の頭目らが竜井の日本領事館裏口から足しげく出入りしているのが明白だったので、東満州の闘争組織は高度の警戒心を抱いて反「民生団」闘争を進めた。この結果、一九三二年二月に組織された「民生団」は、その年の四月には解体されたのである。

しかし、「民生団」復活策動は秘密裏に進められ、一九三四年九月にその亜流組織である「間島協助会」が組織された。

ここで日本の陰険な謀略家が、共産党と抗日遊撃隊を対象にした思想謀略工作で注目したのは、東満州抗日遊撃隊の組織構成と指揮体系における特殊性であった。彼らは、人民革命軍が韓中両国共産主義者の共同の武力である、という点を本質的な弱点とみなした。彼らは自分らなりに、中国人幹部が朝鮮人を信用せず常に監視しているため、両者間に対立が存在するであろうとみなし、その特殊性を悪用して両者を離間させ漁夫の利を得ようとしたのである。謀略家は、朝鮮人が満州で血を流すのは中国のためであって自国の解放のためではない、それなのになぜ必死になって闘うのか、勢力上優勢な朝鮮人がなぜ中国人に服従して無意味な闘いで血を流しているのか、早く覚醒しろ、帰順の道はひらかれている。……このような思想の吹き込みを、「民生団」思想謀略工作の宣伝要綱とした。

日帝は特務と手先を使って、遊撃区に「民生団」員が数多く潜入したかのような噂をながし、堅実な指揮官と革命家を陥れ、彼らをして互いに相手を疑い敬遠するように企てた。

このような驚くべき謀略によって、反「民生団」闘争が極左的な方向に進んだのである。極左の方向へ進ませたもう一つの理由は、満州省委や東満特委、各県党と区党組織の責任ポストについていた一部の左翼日和見主義者と分派事大主義者の不純な政治的野望に起因していた。

左翼日和見主義者は、闘争隊列内で指導的な地位を占めて、自分らの政治的野望を実現にしようと企て、派閥の悪習から抜け出せないでいた事大主義者は、彼らの指示と黙認の下に、自派の目的達成に邪魔になる人物を隊伍から容赦なく排除し、自派の勢力拡大のためにこの闘争を逆利用しようとしたのである。

日帝が流した「民生団」浸透説は、党と大衆団体、軍隊の重要なポストを自派一色で固めようとしていた者たちにとっては、覇権主義的で出世主義的な欲求に火をつける引火物のようなものであった。彼らが「民生団狩り」の名の下にあげた途方もない「粛清実績」は、遊撃区の革命勢力を抹消せんと企てた謀略家には、底知れぬ利をもたらした。

結局、敵と味方が「協力」して遊撃区を押し潰すはめになった。このような奇妙な結託は、世界の革命戦争史においても見られない奇怪千万な出来事であった。

一九三三年は、東満州地方の遊撃区で「民生団」に関わる粛清が、もっとも猛々しく強行された年であった。「民生団」の濡れ衣を着せられた少なからぬ朝鮮人の軍・政指揮官と革命家が、この年に殺害された。一九三四年が過ぎ、一九三五年に入っても、「粛清」の嵐はさらに激しく吹きすさんだ。

反「民生団」闘争が犯した途方もない無謀な殺戮によって、汪清の川と古洞川の水は鮮血に染まり、間島のすべての谷間では慟哭の絶える日がなかった。老若男女すべてが動揺した。

極左分子の無分別な「粛清」運動によって、我が国の共産主義者が苦しい闘争を通じて積み上げた革命の礎がほとんど崩れ落ちた。敵の文献には、「民生団」員はわずか七〜八名であったという記録が残っている。その七〜八名を摘出するために、「粛清」運動は二千余名の味方に「民生団」の濡れ衣を着せ虐殺したのである。これは世界の共産主義運動史上に前例のない稀代の大悲劇であり、愚昧と無知と非常識の一大極致であった。

革命は危機に追い込まれ、民族の運命開拓の道には暗雲がたれこめた。主体路線の貫徹は前例のない厳しい難関に突き当った。この重大な危機局面に身の危険もかえりみず、民族の前途を切り拓いた人が金日成主席その人であった。

回顧録には、反「民生団」闘争で極左的な偏向が表れた当初から、主席と東満州党指導部との間で行われた深刻な論争過程が詳細に記されている。それによると、私的な場で自然発生的に行われた論争は、論争に終わり、問題の解決には至らなかった。公式の場で公式的な決定を採択することによってのみ、問題は解決されるということが明白になった。

そのために主席は、反「民生団」問題を解決するための会議の招集を、東満州党指導部に提起した。一方、相手側も共青満州省委の巡視員の資格で間島地方の状況を調べにやってきた人が、東満州にいる朝鮮人の七〇％が「民生団」だという、途方もない報告を省党組織に提出したので、その収拾策を講じるためにも会議の招集が必要となった。このようにして一九三五年二月に、大荒葳会議が行われたのである。

この会議は歴史的な会議であった。会議の名称に関して、金日成主席は次のように指摘している。

「このだだっ広い建物の事務室で、中国人側が東満党団特委連席会議と名づけた会議が開催されていた。我が国ではこの会議を大荒葳会議と呼んでいる。ひところ一部の歴史家が、朝鮮人民革命軍軍政幹部会議とも言っていたが、それは正確な名称とはいえない」（回顧録『世紀とともに』第一部　抗日革命四巻　四六頁）

会議は昼夜の別なく一〇日ほどつづけられた。参加者の大部分は中国人であり、我が国の代表は金日成主席のほか数名に過ぎなかった。会議での論争が熱気を帯び始めたのは、報告で東満州にいる朝鮮族の七〇％、革命家の八〇％～九〇％が「民生団」か、でなければその被疑者であり、遊撃区が「民生団」の養成所になっているという見解を再びもち出した時からであった。

会議の雰囲気は報告を支持する方へと傾きかけた。ある者は粛清工作委員会を強化して、闘争をより一層苛烈につづけるべきだと発言し、またある者は「民生団」の粛清は、革命による隊内の反革命を包囲殲滅する特殊戦だと言ってのけた。

金日成主席はこの時、彼らに向かって決然とした態度でいくつかの質問を投げつけた。主席は、まず次のような質問を投げかけた。

「東満州で活動している朝鮮人革命家の大多数が民生団であるというなら、この会議に参加している私と他の朝鮮の同志もみな民生団だということになるのだが、だとすれば、あなたがたはいま民生団と向かい合って会議をしているのか？　我々が民生団であるならば、獄にいれるなり殺すなりせず、なぜここに呼んで政治問題を論じ合おうとしているのか？……

この会議場の警護にあたっている第一中隊の八〇％ないし九〇％も民生団とみなすのか？」（回顧録『世紀とともに』第一部　抗日革命四巻　四七～四八頁）

この質問が投げ出されるや、ざわめいていた会場は急に冷え冷えとした静寂に包まれた。誰もが答えられずにただ座っているだけであった。

主席は、自らそれに対する回答として次のように述べた。

「周知のごとくどのような物質であれ、本来の構成要素とは異なる要素が八〇%～九〇%以上占めるようになれば、その物質は他の物質に変化してしまう。これは科学である。

東満州に住む朝鮮人の七〇%が民生団だということは、老人と女子、子供を除いた朝鮮人の青壮年全員が民生団だということに等しいが、だとすれば東満州では民生団が革命をしており、民生団が自分の主人である日本を相手にして血戦を展開しているとでもいうのか?

朝鮮人革命家の八〇%～九〇%はおろか、その一〇分の一の八%～九%だけでも民生団だとしたら、我々はここで心置きなく会議を開くこともできないであろう。なぜなら、いまこの会議場の周辺には、朝鮮人で編成された第一中隊が、完全武装して我々を警護しているからだ。この場には数年前から敵が掃討できずに手をやいている東満州地方の名だたる革命家と指導中核がみな集まっている。あなたがたの主張が正しいとすれば、第一中隊のメンバーもほとんどが民生団であるはずだから、彼らが銃を手にしながらも、我々を襲撃して一網打尽にしないというのはおかしいではないか?」(回顧録『世紀とともに』第一部　抗日革命四巻　四八～四九頁)

朝鮮人のほとんどが民生団だと強弁していた主唱者は、この質問にもやはり口をつぐんだままであった。

主席は、東満州の大多数の民衆に「民生団」の烙印を押すのは朝鮮人に対する冒瀆であり、このような見解はこの会議で直ちに正されてしかるべきであると断固と主張した。直ちに正されてしかるべきであるとの主張にブレーキをかけようとした一部の人に対して、主席は次のように峻烈にさとした。

「同志の皆さん、これ以上人間の運命を弄ぶのはもうやめなさい。人には人として接し、同志には同志として接し、民衆には民衆として接しなさい。我々は人間愛と同志愛、民衆愛を武器にして、この世を改造し変革するために立ち上がった闘士ではないか。この愛という武器がなければ、我々はブルジョアジーや馬賊と何一つ変わるところがないではないか。これ以上『粛清』の名を借りて人びとを愚弄するなら、人民は永遠に我々に背を向けるであろうし、後世の人は我々を容赦しないであろう」（回顧録『世紀とともに』第一部　抗日革命四巻　五五～五六頁）

会議ではその他の多くの懸案も討議されたが、なかでも主体路線の貫徹に関連して提起された重要な問題は、我が国の共産主義者が掲げている民族解放を内容にしたスローガンに対する評価であった。

この問題での争点は、中国領内で活動している我が国の共産主義者が掲げている祖国解放のスローガンが、コミンテルンの一国一党の原則に合致するか否かという点と、そのスローガンが「民生団」が標榜していた「朝鮮人による間島自治」のような反動的スローガンと本質上同じなのかどうかという問題であった。

少なからぬ中国人幹部は、我が国の共産主義者が掲げている民族解放のスローガンは、「民生団」がつくり出した「朝鮮人による間島自治」のスローガンと同じものであり、コミンテルンの一国一党の原則にも矛盾すると思っていた。これが会議でもそのまま反映されたのである。大国主義者の立場は結局、朝鮮の共産主義者は朝鮮革命のためにではなく、他国の革命のために彼らの小間使いか、国際軍の一部隊としての役割を果たして当たり前であるということになる。

主席は、朝鮮革命をただ単に大国の革命の付属物としかみなさない見解を、容認することができなかった。

主席は、民族解放のスローガンが「間島自治」のスローガンとは縁もゆかりもないということ、朝鮮の共産主義者は我が祖国を解放し、我が民衆の自由と幸せのために闘う神聖な権利を絶対に放棄することはできないと、断固と宣言した。

金日成主席が大荒葳会議で堅持した原則的かつ正当な立場によって、我が国の変革運動の運命を籠絡しようとした大国主義者の策動が阻止され、抗日武装闘争において主体路線を貫き、我が国の変革運動に迫っていた危機を打開していくことができる明るい前途がひらかれた。

大荒葳会議で論じられた争点は、同年三月に開かれた腰営口会議でも再び取り上げられた。会議に参席した多くの人が金日成主席の主張を支持し、自分らの誤りを認めた。しかしこの会議でも意見の相違が完全には解消されず、未解決のまま残った。

結局二度にわたる会議で核心的な争点になっていたいくつかの問題は、コミンテルンに提訴することにして、それに対する結論を得るために満州省党委員会書記の魏拯民をモスクワへ送った。

この問題の正しい解決は、朝鮮革命の運命に関わる重大な問題であった。

これについて、主席は次のように指摘している

「腰営口会議の決定にしたがって、魏拯民がコミンテルンに提訴することになっていた基本問題は、表面上は東満州で数千名の朝鮮共産主義者を排除した『民生団』問題であったが、内容的には我が国共産主義運動の主体性に関する問題であったといえる」（回顧録『世紀とともに』第一部　抗日革命四巻　二一三頁）

コミンテルンが存在し、一国一党制の原則に反することができなかった当時においては、このような提訴が必要であり、我が国革命の主体性を守るうえで不可欠なことであった。

腰営口会議では、「民生団」に関した問題では、意見の相違を完全には解消することができなかったが、金日成主席が提議した遊撃根拠地の解散問題は、該当する決定をくだして意義ある措置が取られた。

抗日武装闘争をスタートさせた時、遊撃区に与えられた使命と任務は、革命勢力を保存し育成することにあり、これ

とともに武装闘争を拡大し発展させるため、軍事面と政治面、物量面と技術面でしっかりとした土台を築くことにあった。一九三五年にはいり、豆満江沿岸に設営された遊撃区は、自己に課せられた使命を全うしたと言えた。それは武装闘争の熱波のなかで、革命勢力が不死鳥のごとく成長したからであった。

当時の実情からして、解放地区形態の固定した遊撃区に居座り、膨大な軍事的潜在力をもつ強敵を相手に、これ以上一対一の正面対決をつづけるというのは、自滅をもたらす冒険主義以外の何物でもなかった。情勢の変化に目を背けて遊撃区死守に執着するのは、現状維持に満足し、今後の発展を拒否する態度としか見ることができなかった。

したがって主席が提示した遊撃区解散方針は、当時の主客観的な情勢からしてもっとも正当であり、武装闘争の新たな発展を促す画期的な方針となった。

腰営口会議で決定した、根拠地を解散して広大な地域に進出し、積極的な大部隊活動を繰り広げる方針にしたがい、朝鮮人民革命軍は一九三五年六月下旬に、第二次北満遠征に発った。この遠征途上で迎えた一九三六年二月、我が国の反日民族解放運動は新たな転換期に入るのであった。

(六) 白頭山根拠地

金日成主席が北満遠征を行っていた時は、我が国の革命が新たな転換期を迎えつつあった歴史的な時点であった。主席は、次のように回顧している。

「抗日大戦の最初の銃声が上がってから、いつしか四年の歳月が過ぎ去った時であった。

……………波乱と逆境を乗り越えてきた抗日革命は、明らかに新たな転換期に向かって力強く疾走していた」(回顧録

（『世紀とともに』第一部　抗日革命四巻　二二三頁）

主席は、新たな転換期が迫りつつあるという問題意識を、次の四つの点に絞りながら分析している。

第一、我が国の抗日革命の主体的な勢力が、軍事的にも政治的にも大きく成長し、武装闘争をより一層拡大させうるしっかりした土台がととのったことだ。

第二、一九三三年にドイツでヒットラーが政権を掌握し、日本ではファッショ化が進んだ結果、侵略と戦争の危険が急激に増した国際情勢は、反帝闘争の一層強力な推進を求める新たな状況を生み出した。

第三、コミンテルンに提訴するためモスクワに行った魏拯民が、全ての懸案に対してコミンテルンが金日成主席の見解を全面的に支持賛同したとの結論を携えて帰還することにより、我が革命の主体性を固守する闘いに明るい展望が見え始めた。

第四、ロシア人であるジノビエフやブハーリン、マヌイルスキーに代わって、ブルガリア人のディミトロフがコミンテルンの首座を占めてから、コミンテルンの活動が活性化され、とくにコミンテルン第七回大会（一九三五年）が反ファッショ人民戦線戦術を提示することにより、全世界の共産主義者らは反ファッショ闘争で新たな戦術に移行することが求められていた。

国際的にも国内的にもこのような衝撃的な変化が相次いだ転換期の要求を深く洞察した主席は、一九三六年二月の南湖頭会議で、新たな転換期に対応する全般的な民族解放闘争の課題を提示することになった。

満州第一の景勝地鏡泊湖の南側湖畔に、南湖頭という小さな村がある。南湖頭とは湖の南側の先にある村という意味だ。湖に流れ込む小家琪河の川沿いを上流に数里遡ると、深い渓谷のとある山の斜面に建てられた丸太小屋があるが、その丸太小屋で歴史的な会議が開かれ、一九三〇年代後半の抗日革命の始原が切り拓かれていったので、歴史家はその小屋を「小家琪河の丸太小屋」と呼んでいる。

一九三六年二月下旬に軍政幹部らが参席して開かれた南湖頭会議では、「反日民族解放闘争を強化発展させるための共産主義者の任務」と題した、金日成主席の報告が行われた。

報告では一九三〇年代前半期に、豆満江沿岸で抗日遊撃隊が展開した軍事政治活動の経験が総括され、闘争の新たな転換期を迎えた時期に、反日民族解放闘争を強化発展させるための、共産主義者に課せられた主要な任務と、その実行のための新たな戦略的な方針が提示された。

すなわち、朝鮮人民革命軍主力部隊を国境地帯と白頭山地区に進出させ、闘争舞台を徐々に国内へと拡大する方針、党創建準備作業を積極的に推進する方針、共青を反日青年同盟に改編する方針など、抗日武装闘争とそれを中心にした我が国の全般的な変革運動を、一大高揚へと押し上げるための新たな方策が提起され討論に付された。

討論者らは、報告で提示された諸方針に対する絶対的な支持と賛同を表明した。一つの方針を巡って互いに甲論乙駁し、口角泡を飛ばすようなことはほとんどなかった。

白頭山と国内の奥深くに進出することは、抗日革命の主体的な勢力を強化し、全ての勢力を総動員して、我が民族自らの力で日帝に打ち勝つための決定的な闘争路線であった。白頭山に進出して主力部隊を強化し、まず手始めに国境地帯を掌握して、徐々に武装闘争舞台を国内に奥深く拡大させていくという報告の趣旨は、会議参加者らの絶対的な支持賛同を得た。

抗日遊撃隊が白頭山地区に根拠地を設営して、国境地帯と国内で武装闘争を活性化するならば、日帝の野蛮なファッショ統治下で苦しんでいる我が民衆に、祖国解放の希望を与え、革命軍を一日千秋の思いで待ちわび、その姿を一目だけでも見たいと願っている二千万同胞に勝利の確信を与えることができる。

会議では全国的版図で祖国光復会を組織し、共産党創建事業を推進するという、朝鮮革命の戦略的な方針が採択された。

金日成主席は、南湖頭会議が有する歴史的な意義について、次のように指摘した。

「南湖頭会議を分岐点にして、朝鮮革命は新たな高揚期を迎えるようになった。その意味で南湖頭会議は、一九三〇年代前半期と一九三〇年代後半期を区分けする、朝鮮革命の分水嶺だと言える。南湖頭会議で採択された決定により、朝鮮の共産主義者は、抗日武装闘争を中心とする全般的な朝鮮革命を、より高い段階に発展させることができる新たな道標をもつようになった。

南湖頭会議は一言で言って、朝鮮の共産主義運動と反日民族解放闘争史において、初めて主体を完全に確立させた会議だったと言える。この会議で採択された一連の決定は、その後、各段階の革命で朝鮮の共産主義者をして主体的な立場をしっかりと堅持し、どのような逆境の中でもそれを民族第一の生命として、変わりなく固く貫くことができるようにした。

南湖頭会議はまた、勝利者の祝宴だったとも言える。この勝利は、朝鮮の共産主義者が祖国と人民、歴史と時代に惜しみなく捧げた、無数の犠牲と血と労苦の代価として達成されたものであった。初期共産主義者らの派閥闘争と朝鮮共産党の解散、反「民生団」闘争で犯した左傾日和見主義者らの過誤により、コミンテルンからも兄弟党からも敬遠され、部分的にではあるが我が国の人民からも敬遠された朝鮮の共産主義運動は、南湖頭会議を契機にして過去の過ちを拭い取り、勝ちに乗じて長駆することができるようになったのである」（回顧録『世紀とともに』第一部　抗日革命四巻　二四八頁）

南湖頭会議を終えて小家琪河を出発し、白頭山地区に行く行軍路の途中には、迷魂陣という所があった。ここでは朝鮮人民革命軍の改編問題が論議された。将来白頭山地区を朝鮮革命の中心的な策源地にして、南北満州と国内の奥深くにまで、大部隊による軍事的な攻勢と政治活動を行うことによって、我が国の反日民族解放闘争と共産主義運動を一段階より高く昇華させようとするならば、朝鮮人民革命軍の主力師団になりうる、新しい師団の創設が緊急に求められていたのである。抗日連軍第二軍内にいる我が国の青年らを呼び集めて師団を編成する安易な方法ではなく、新しく師団を編成する方法を選んだのは、東北革命の全般的な勢力を弱化させることなく、朝鮮革命の切実な要求に応じることができる方針であったからである。新しい師団は、初めは三師として編成されたが、後に六師になった。主席は、朝鮮人民革命軍の主力師団としてのこの師団を、その任務の重大性から、「朝鮮革命の先頭機関車」と呼んだ。新しい師団の誕生によって朝鮮人民革命軍の主力部隊が強化されたことは、全般的な反日民族解放闘争を高揚させるうえで、突破口になった。

新たに編成された朝鮮人民革命軍の主力部隊が白頭山に進出する道程は、正に歴史的な道程であった。この当時、抗日遊撃隊が抱いていた意志と信念について、主席は次のように記している。

「…祖国が我らを呼んでいる。白頭山が我らを待っている。一時も早く白頭山を手に入れて、党建設も力強く推し進め、祖国解放の希望も大きく膨らませ、決死的な全民抗争で日帝侵略者を打倒しよう！祖宗の山、白頭山で民族再生の鐘を打ち鳴らし、朝鮮人すべてが愛国に目覚め、救国に一身を捧げるようにしよう。信念を失い座り込んでしまった我が人民に、我らが勇気を与え奮い起こそう！

これが白頭山に進出する時に、我々が抱いていた意志であり信念であった」（回顧録『世紀とともに』第一部　抗日革命五巻　一四五～一四六頁）

白頭山は我が国の祖宗の山であって、我が国の象徴であり、五〇〇〇年におよぶ悠久の歴史を誇る民族史の発祥地でもある。白頭山に対する崇拝は、取りも直さず我が国に対する崇拝であり、祖国に対する愛国の情であった。

主席は、幼い頃より白頭山を祖宗の山としてとくに愛し崇拝してきたのは、民族の一員としての自然な感情の発露であったと述べている。高句麗の領土拡張時代の扶芬奴や乙豆智（二人ともに高句麗の武将：筆者註）に関する話を聞き、南怡将軍[11]が作詞した雄渾荘重な詩句を口ずさみ、尹瓘（高麗時代の文・武人：筆者註）や金宗瑞（李朝時代の忠臣：筆者註）（五人ともに領土保全および拡張に功績があった：筆者註）の輔国開拓の話を聞きながら、白頭山に染み込んでいる愛国烈士らの愛国魂に感動し魅惑されたのには、それなりの理由があると述べている。そして物心がつくにつれて、自己の心の中で徐々に高く聳え立った白頭山は、祖国の象徴であると同時に、光復大業の象徴になったことを感慨深げに回顧している。

主席が白頭山に進出したのは、白頭山が祖宗の山であったからではなかった。本質的には、抗日大戦の勝利を確保するための、戦略地帯であったからである。

これについて、主席は次のように記している。

「私は祖先たちのように、白頭山頂が天に通じる道であるとは思わなかった。その代わりにそれを、祖国への大門、祖国の人民の中に入っていく橋頭堡とみなした。白頭山は、西間島と国内と北間島を結ぶ三角地点に位置した重要な戦略的な拠点であった。

白頭山を支配下に置くということは、即、国内の人民と西間島の愛国志士、北間島の共産主義者を一つの帯紐で結ぶということを意味し、国内の革命運動と西間島の独立運動、北間島の共産主義運動に対する、我々の指導の一元性が保障されるということを意味した。白頭山を掌握すれば、祖国の大地を足場にして、日本とも連係を保つことができ、山海関越しの中国本土の抗日運動との連帯もでき、北間島を経由して北満州とソ連沿海州にいる共産主義者や反日独立運動家と

の合作も実現させることができた」（回顧録『世紀とともに』第一部　抗日革命五巻　一四一頁）

白頭山地区進出が有する歴史的、戦術的な意味に鼓舞された主力部隊が長白の地に到ったのは、季節的にはまだ夏が終わっていなかったが、高山地帯の広葉樹は赤く染まり、涼風が吹く時であった。多谷嶺を越えた部隊は、国境地帯の住民と国内の同胞を朝鮮人民革命軍の銃声で鼓舞し、日帝侵略者を恐怖に陥れるため、鴨緑江沿岸をぐるりと回りながら行った大小さまざまな戦闘で大いなる勝利を博し、白頭山に入って行った。抗日遊撃隊が「昇天入地」し、「神出鬼没」するという噂は、この頃より広く伝わり始めた。

白頭山根拠地設営のための闘いがはじまった。

金日成主席は、まず白頭山根拠地の概念を正確に理解する必要があると、次のように指摘している。

「かつてある人は、白頭山根拠地を指して長白根拠地と呼んだが、これは適切な表現だとは言えない。ややもすれば、白頭山根拠地の領域上の意味を、長白地方をはじめとする西間島一帯に限定させて理解するような混乱をもたらす恐れがある。白頭山根拠地は、長白地方に局限された根拠地ではなく、白頭山一帯を中心に、松花江上流と鴨緑江の北側沿岸に位置している西間島のいくつかの県、国内の広野を包括する大根拠地である」（回顧録『世紀とともに』第一部　抗日革命五巻　一三三頁）

白頭山根拠地を、中国側の領域だけを念頭に置いて、長白根拠地とか西間島根拠地と表現することになれば、その領域と意味を縮小解釈することになる。

白頭山根拠地を設営する過程は、密営の設営と組織づくりという、二つの内容を含んでいた。すなわち、白頭山地区に密営を設営することと、白頭山麓の住民地帯に地下革命組織をつくる過程であった。

主席は、「一九三〇年代前半期に我々が東満州に創設した遊撃区と、後半期に白頭山に来て新たに設営した白頭山根拠地の間には、内容からしても形態上からしても、相当な差異があった」（回顧録『世紀とともに』第一部　抗日革命五巻九六頁）と述べながら、その差異を次の三つにまとめた。

第一、一九三〇年代前半期の東満州遊撃区は、固定した遊撃区を遊撃活動の本拠地にする根拠地であって、目に見える公然の革命根拠地であったが、後半期に新たに設営された白頭山根拠地は、隠蔽された密営と地下革命組織に依拠して軍事政治活動を繰り広げた、目に見えない革命根拠地であった。

第二、前半期には根拠地内の民衆が、人民革命政府の施策の下で暮らしたが、後半期には地下組織網に網羅された民衆が、表面上は敵の統治を受けたが、内実は遊撃隊の指令と路線に従い動いた。すなわち、白頭山根拠地を、北間島でしたような完全遊撃区にはせず、半遊撃区にした。半遊撃区とは、昼間は敵が治めるが、夜になると民衆の世の中になる所を言う。

第三、前半期には遊撃区を死守する防御戦に大きな力を注いだが、後半期にはその必要がなくなった。白頭山根拠地のこのような特性からして、遊撃隊は遊撃活動を広大な地域で繰り広げられる可能性を有するようになった。言い換えるならば、根拠地の形態を変えることにより、主動的な攻撃者の立場に立てるようになったのである。したがって根拠地を拡張すればするほど、遊撃隊の活動領域がそれだけ広がるという、関数関係が生じるようになった。

白頭山根拠地を創設しながら主席が練った構想は、白頭山密営を中心にして、長白の広大な地域と、将来的には白頭高原、蓋馬高原、狼林山脈方面に足を伸ばして、根拠地を国内奥深くにまで拡張し、さらに武装闘争の炎を朝鮮半島の北部から中部を経て南部に至る全国的な版図に拡大すると同時に、党組織づくりと統一戦線運動を拡大発展させ、全民抗争のための準備も力強く推進することであった。

当面する一次的な緊急課題は、白頭山密営網を設営することにあった。

白頭山根拠地の中心は白頭山密営であり、密営の設営は半遊撃区形態の根拠地を創設するうえで、一次的に行わなければならない重要な課題であった。

主席は、小白水谷にある密営候補地を自ら踏査し、その位置を確定した。小白水谷から西北方向に四里ほど行った所に白頭山が聳えており、二里ほど離れた所に鮮奥山、東北方向に一・五里ほど離れた樹林の中に間白山が、それぞれ聳え立っている。小白水谷の後ろに長く横たわっている山を獅子峯と呼ぶ。小白水谷は千山万岳を率いた白頭連峰の一支脈にある谷間だけに、谷も深く山も雄大である。小白水谷に密営がつくられた時から、この密営には抗日革命戦の司令部が入ることにより、白頭山密営の心臓部、全般的な民族解放闘争の中心的領導拠点となった。後日、金正日総書記が誕生し由緒深い聖地となった歴史的な場所である。

司令部が置かれた小白水谷密営は、最大限の安全と秘密を保障するために、司令部直属部署の隊員らと警衛隊を含めた一部の骨幹部隊のみが駐屯し、出入りも厳しく制限された。

主席は、小白水谷密営を設営した時のことを感慨深げに回顧しながら、次のように記している。

「その時、私とともに小白水谷に入った人は、自分らが過ごした幽谷が後日、大勢の人が訪れる有名な史跡地になるなどとは夢にも思わなかった」（回顧録『世紀とともに』第一部　抗日革命五巻　九四頁）

密営をつくる時は、獣の足跡さえもまれな原始林であった。しかしいま、ここ小白水谷を訪れる内外の踏査者は、当地が半世紀前まで、いかほどに太古然とした、寂寞たる深山であったか想像すらできない。観光バスと踏査者らが列をなして歩く立派な舗装道路、高級ホテルと比べても遜色がない踏査宿営所と宿営所村、四季を通じて絶えることがない行列と歌声、これらすべてを考える時、正に驚嘆を禁じることができない。

小白水谷の密営以外にも、白頭山周辺にはいくつもの密営が衛星のようにつくられ、白頭山密営網を形成することになる。白頭山密営網に属した密営は、我が国にも中国側にもあった。

獅子峯密営、熊山密営、鮮奥山密営、間白山密営、無頭峰密営、小臙脂峰密営などは、我が国の側につくられた密営であり、熊谷密営、地陽渓密営、二道崗密営、横山密営、鯉明水密営、富厚水密営、青峰密営など、撫松地区のいくつかの密営は西間島側につくられた密営であった。主席は、必要に応じてあちこちの密営を行き来しながら、全ての密営を利用した。

密営の建設とともに、白頭山周辺の至る所に作られた革命組織は、新たに設営された根拠地の頼もしい政治的な地盤となった。

朝鮮人民革命軍主力部隊の西間島進出、密営網建設と地下組織網づくりからなった白頭山根拠地の創設は、歴史家らが抗日革命の全盛期と表現した、偉大な時代を切り開いた歴史的な里程標であった。

（七）祖国光復会

韓国近代史において、祖国光復会の創立と活動は、大きな歴史的意義を有する。それは抗日民族解放闘争史において、初めて民族の総力を組織的に結集させ、解放闘争を強力に推し進める時期を切り拓いたためである。

一九三〇年代後半期に入り、朝鮮人民革命軍が一層強化されたことは、武装闘争を国内に奥深く拡大させ、各界各層の愛国勢力を一つに団結させる共産主義者の活動を、軍事政治的に支える強力な推進力となり、卡倫会議以降力づよく繰り広げられてきた統一戦線運動に、画期的な転換をもたらす広い展望を開いた。

金日成主席が指導した統一戦線運動は、南湖頭会議以降、汎民族的な統一戦線体を組織する活動に集中した。一つの常設的な統一戦線体をつくり、その傘下に広範な反日愛国勢力を結束させるのは、革命発展の視点からしても、内外情勢の要求から見ても、遅らせることのできない切迫した課題として提起された。

常設的な民族統一戦線体として祖国光復会を創設し、統一戦線運動を画期的に発展させることは、民族大団結にもとづいて民族解放を実現させようとする、主席の民族大団結思想を具現したものであった。

金日成主席は、次のように指摘している。

「自主独立をなし遂げるもっとも確実な道が、民族大団結にもとづいた全民抗争にあり、民族大団結が自主独立の成否を左右するカギになるということは、私が早くから主張してきた思想であった。

統一戦線は、主体確立とともに抗日革命闘争の初期から堅持してきた、もっとも重要な理念の一つであった」（回顧録『世紀とともに』第一部　抗日革命四巻　四三一頁）

汎民族的な統一戦線体としての祖国光復会を創立する準備作業は、南湖頭会議以降に始まり、三月下旬に行われた迷魂陣会議で具体化され、ついで祖国光復会創立準備委員会が結成された。準備委員会は、朝鮮人民革命軍の優秀な指揮官らと、名望ある愛国人士らで構成された。創立大会の予定地としては、西間島への行軍途上にある東崗が選ばれた。

金日成主席は静かな書斎とか研究室ではなく、南湖頭から東崗に到る険路の行軍途上で、戦闘を連日組織指導しながら、祖国光復会の綱領と規約、創立宣言を完成させていった。

これにもとづいて主席は、一九三六年五月一日から一五日まで、撫松県東崗において、朝鮮人民革命軍の軍政幹部会議を開いた。一般に東崗会議と呼ばれているこの会議が、歴史的な祖国光復会創立大会であった。

会議では、常設的な反日民族統一戦線体であり、有力な地下革命組織としての祖国光復会を創設し、南湖頭会議で提示された戦略的な方針を貫徹する問題が討議された。

金日成主席は会議で、「反日民族統一戦線運動を一層拡大発展させ、全般的な朝鮮革命を新たな高揚にみちびこう」という、歴史的な報告を行った。報告では祖国光復会が、全民族を祖国光復戦線に一つに結集し組織動員することができる大衆的な革命組織であるという性格上の特徴が闡明され、この会議の審議に付された綱領が、労働者階級をはじめとする各界各層の広範な大衆の利害関係を総体的に反映していることについて具体的に分析され、全民族を一つの政治勢力に結集するうえで提起される諸般の課題について言及された。

主席は、民族史の画期的な出来事になった祖国光復会創立当時を振り返りながら、共産主義者がなぜ民族の利益の代表者として、全民族大団結を掲げるようになったのかという問題について、新たに原理的かつ深奥な解明をくだしているが、これは主体の民族観、民族主義観、統一戦線観を正しく理解するうえで、本質的に重要な意義を有する。

主席は、この問題について次のような前提を設定している。

「その当時は確かに、我が国で似而非（エセ）マルクス主義的な見解が広く伝播していた時期だった。自分を共産主義者だと称していたほとんどの人は、あたかも共産主義が民族的な理念とは相反する思想であるかのごとく思い込み、共産主義者は狭い民族主義的な理念から脱却し、徹底して階級的な原則と国際主義的な立場を固守する時、労働者階級と全人類を搾取と圧迫から解放することができると力説した」（回顧録『世紀とともに』第一部　抗日革命四巻　四四九頁）

主席は、共産主義と民族的なものを対置するこのような間違った態度は、我が国が置かれている歴史的条件と具体的な現実を見ようとしない教条主義の産物であると批判し、問題を新たな次元から考察した。

「植民地隷属国においては、共産主義者が祖国解放と愛国主義の旗を掲げることは、すなわち宗主国のブルジョアジーに反対することになり、このようにすることにより、彼らは民族革命と階級革命、そして国際革命偉業にも同時に寄与することができるのである。

このような明確な真理を悟ることができず、『プロレタリアには祖国がない』という命題を無条件に絶対化し、愛国主義、民族主義を共産主義の敵であるかのごとく考えて排斥したところに、似而非共産主義者、似而非マルクス主義者の理論実践的な錯誤があった」（回顧録『世紀とともに』第一部　抗日革命四巻　四五〇〜四五一頁）

主席はこのような批判的な立場から出発して、社会主義革命が民族国家単位で行われている新たな歴史的条件の下では、植民地国家においては真の民族主義と真の共産主義の間には、事実上深い溝がないということ、一方では民族性により多くの力点を置いており、他方では階級性をより強調している違いがあるだけで、外国勢力に反対し民族の利益を擁護する愛国愛族的な立場は同じであると新たに明らかにした。

主席は、このような観点から次のような命題を定立させた。

「真の共産主義者も真の愛国者であり、真の民族主義者も真の愛国者であるとみなすのは、私の変わりのない信条である」（回顧録『世紀とともに』第一部　抗日革命四巻　四五一頁）

主席はこのような信条から出発して、終始一貫して愛国的な真の民族主義者との合作を重視し、彼らとの同盟を強化することに全力を尽くしたこと、祖国光復会創立を準備する過程と創立大会では、この問題に対する同志全員の見解を一致させるために、多大な時間と精力を費やしたこと、主体的な統一戦線観を指針にして、長期間にわたる犠牲的な闘いを繰り広げてきた結果として、誇らしい結実を生むようになったのが、取りも直さず祖国光復会であったことを感慨深げに回想している。

創立大会では、次に祖国光復会一〇大綱領が満場一致で採択された。その全文は次の通りである。

一、朝鮮民族の総動員で広範な反日統一戦線を実現し、強盗日本帝国主義の統治を転覆し、真の朝鮮人民政府を樹立すること。

二、在満朝鮮人は朝中民族の親密な連合により、日本およびそのカイライ「満州国」を転覆し、中国領土内に居住する朝鮮人の真の民族自治を実行すること。

三、日本軍、憲兵、警察およびその走狗の武装を解除し、朝鮮独立のために誠心誠意戦うことができる革命軍を組織すること。

四、日本国および日本人所有のすべての企業所、鉄道、銀行、船舶、農場、水利機関および、売国的親日分子の全財産と土地を没収して、独立運動の経費に当て、一部でもって貧しい人々を救済すること。

五、日本およびそのカイライの人民に対する債権、各種税金、専売制度を取り消して大衆生活を改善し、民族の工・農・商業を障害なく発展させること。

六、言論、出版、集会、結社の自由を勝ち取り、日本の恐怖政策の実現と封建思想の奨励に反対し、すべての政治犯を釈放すること。

七、両班、常民その他の不平等を排除し、男女、民族、宗教などの差別のない人倫的平等を実現し、女性の社会的待遇を高め、女性の人格を尊重すること。

八、奴隷労働と奴隷教育の撤廃、強制的な軍事教育および青少年に対する軍事教育に反対し、我が国の言葉と文字で教育し、義務的な免費教育を実施すること。

九、八時間労働制の実施、労働条件の改善、賃金引き上げ、労働法案の確定、国家機関が労働者の各種保険法を実施し、失業している勤労大衆を救済すること。

一〇、朝鮮民族に対して平等に待遇する民族および国家と親密に連合し、我々の民族解放運動に対して、善意と中立を表す国家および民族と同志的親善を維持すること。（『金日成全集』一巻　三〇四～三〇五）

主席は回顧録の中で、祖国光復会一〇大綱領の内、もっとも重要な意義をもつ内容を次のいくつかの点に要約して説明を加えている。

第一に重要なのは、主権問題の解決を提示したことだという。

綱領の第一項には、我が民族構成員全員の力で祖国光復をなし遂げ、東満州遊撃根拠地で樹立したような、真の人民の政府を樹立する問題が定式化されている。綱領では、主権問題の解決が我が民族に課せられた一次的な課題であると提示して、全ての民衆に民主的な自由と権利を保障し、社会の民主主義的発展をなし遂げる課題と、海外同胞の民族的権利を擁護する課題をはじめ、いろいろな政治的課題が提示されている。

第二に、綱領では革命的な軍隊の創設課題が提示されている。

第三に、経済分野では、日帝と売国的親日地主の土地を無償で没収し、日本国家、日本人所有のすべての企業所、鉄道、銀行、船舶、農場、水利機関と、売国的親日分子の全財産を没収して貧しい民衆を救済し、民族的な工・農・商業の自由な発展を保障して民族経済を復興させる問題をはじめ、反帝反封建民主主義革命段階で解決すべき経済的な課題が明らかにされている。

主席は、民族経済問題でとくに留意すべき問題点について具体的に説明している。すなわち、民族的な工・農・商業の自由な発展を保障したうえで民族経済を興すという綱領の思想は、民族資本と買弁資本の差異を厳格に区別して、愛国的な民族資本は奨励し、民族資本家は打倒せず、むしろ積極的に支持して反日共同戦線に組み入れるという、主席の終始一貫した方針と路線によるものである。反日的な民族資本家までも含めて資本家は皆、同じ打倒対象であると主張する似而非共産主義者と、ブルジョアジーの部類には入っているが、愛国を志向し実践的にも反日的な、すべての民族資本家を革命の動力だとみなす真の共産主義者との差異がまさしくここにあるということを指摘している。

第四に、社会文化分野での課題と、対外関係分野で提起される課題についても、全面的な解明が与えられている。

主席は、一〇大綱領の総体的な意義を次のように概括している。

「私は一〇大綱領の中で、一九三〇年代の革命情勢と我が国の社会経済的条件、階級相互間の関係などを正確に分析したうえで、朝鮮革命の性格と任務、戦略戦術的な原則を規定し、労働者、農民をはじめとする勤労人民大衆の利益と、愛国的な各階層人民の共通する利害関係を考慮して、朝鮮革命の前途を明確にした」（回顧録『世紀とともに』第一部抗日革命四巻　四五四頁）

次に主席が作成した祖国光復会創立宣言は、会議参加者全員の心を激しく揺り動かした。とくに民族構成員全員が、お金のある人はお金を出し、食糧がある人は食糧を出し、技能と智恵のある人は技能と智恵を捧げて、二千万民衆が一つにまとまり、行動でもって反日祖国光復戦線に参加するならば、国の独立は必ずやなし遂げられるであろうという確信を表明し、全員が祖国光復会に網羅されて熱烈に闘うことを訴えた部分は、会議参加者の心を激しく揺さぶったのである。

創立宣言が採択された後、この宣言を誰の名義で発表すべきか、という問題を巡って討議が行われた。

会議の参加者は全員が、それを主席の名で発表しようという意見を出した。彼らは、祖国光復会を創立する案を最初に発議したのも主席であり、創立準備委員会の仕事を主管したのも主席であり、綱領と創立宣言も主席が作成したので、議論の余地もなく主席の名で発表すべきであると主張した。

しかし、主席は考えを異にしていた。祖国光復会は、全民衆の反日勢力を総結集させる、民族的な形式を帯びなくてはならない。したがって発起人としては、過去の義兵闘争とか三・一運動の時から独立運動に積極的に身を投じた、名望があり年齢も相当な愛国の志士が良いとの意見を述べた。

主席を会長に推戴せんとする会議参加者らの一途な思いから、討議は熱を帯びながらつづいたが、会議場の雰囲気を考慮して出した主席の新たな提案に、皆が賛同する形で決着するに至った。すなわち、主席が発起人の一人にはなるが、金東明という仮名を使い、発起人としては金東明、李東伯、呂運亨の共同名義にすることで意見がまとまった。

五月五日に発表された祖国光復会創立宣言は、その後国内のいろいろな所に発送されたが、ある所ではそれを自分なりに複製して発表し、各々自分らの地方で影響力をもつ人物とか著名人の名前に変えて発表したりした。主席は実情によって融通性をもたせたのである。祖国光復会の名称自体も、東満州では東満朝鮮人祖国光復会とつけ、南満州では在満韓人祖国光復会と呼んだ。発掘された祖国光復会宣言文に時たま、呉成侖、呉洙明、李相浚（李東光）、安光勲などの名前が見られるのは、そのような事情にもとづいている。

会議では主席が作成した祖国光復会規約が採択された。本条項八章十一ケ条と付則三ケ条からなる規約は、祖国光復会の組織および活動規範を全面的に規定した。

主席は、会議参加者らの総意により、祖国光復会会長に就任した。

会議は最後に主席の提議により、祖国光復会機関誌として『三・一月刊』を発刊することになり、その編集委員会を選挙した。『三・一月刊』は、祖国光復会一〇大綱領の旗の下に全民族を団結させ、抗日革命闘争への参加を呼びかけることを使命とする月刊政治理論雑誌であった。

このようにして、我が国の反日民族解放闘争史上で初めての常設的な反日民族統一線戦体が誕生した。

我が国における初めての反日民族統一線戦体としての祖国光復会の創立は、反日闘争の群集的基盤を強化するうえで画期的な出来事になった。祖国光復会が創立されたことにより反日民族統一線戦運動は、抗日武装闘争と密接に結びついて、全国的な規模でより組織的かつ体系だって急速に発展するようになり、全ての反日勢力を解放のための闘いに組織動員することができるようになったのである。

祖国光復会の創立は、民族解放運動発展の要求と時代の流れに沿ったものとして、内外の大きな支持と反響を呼び起こした。内外の各地から賛同の声が高々と上がった。まず初めに反応を示したのは、独立軍部隊であった。

祖国光復会創立が宣布された直後、朝鮮革命軍参謀長であった尹一坡は、主席に書信を送り、祖国光復会の創立を祝い、今後も反日戦線で緊密な連係を保つことを希望してきた。

また上海で活動していた民族主義運動家の朴某なる人は、千里の道も遠しとせず満州にまで訪ねて来て、祖国光復会の南満州代表に会った。上海、北京、天津など中国の関内で長い間独立運動に携わってきた愛国者として、民族主義運動家らに相当な影響力を行使していた彼は、これからは国内と海外を包括する広い領域で、祖国光復会の活動を展開していくことを約束し、将来的に全民族的な武装勢力としての「独立革命軍」を結成する問題を巡っても、大いに議論して帰った。

『三・一月刊』創刊号に、「天道教上級領袖某氏！　我が光復会代表を自ら訪問」と題した記事にも書かれたように、天道教道正であった朴寅鎭も祖国光復会が創立されたとの嬉しいニュースに接して、主席に会うため白頭山密営を訪れ、天道教青年党に属する一〇〇万党員を、祖国光復会会員にすることを約束した。

李昌善、李悌淳、朴達など、多くの人が相次いで白頭山密営を訪れ、祖国光復会組織の拡大に積極的に寄与した。

短期間内に数十万の会員を擁する、汎民族的な組織に拡大発展した祖国光復会の発展については、何冊の本をもってしても語りつくすことは難しいであろう。

だからここでは、祖国光復会の組織を全国的な範囲に拡大発展させるうえで、経験的な意義を有するいくつかの問題を中心に、祖国光復会の沿革を概括することにする。

主席は、祖国光復会組織の拡大強化に有利な条件と環境をつくるため、一九三六年末から一九三七年初めにかけて、朝鮮人民革命軍主力部隊が国境沿岸で敵を軍事的に制圧し打撃を加える数多くの戦闘を展開し、これに広範な民衆を覚醒、教養するための政治活動を緊密に結びつけるようにした。

各地に派遣された政治工作員と朝鮮人民革命軍隊員らの積極的な活動によって、至る所で祖国光復会の下部組織が雨後の筍のように生まれた。とくに長白地区で、祖国光復会の組織づくりが活発に展開された。

長白地区で祖国光復会組織を拡大し堅固にすることは、将来的に祖国光復会組織網を全国的な規模に拡大強化することができる、重要な拠点をつくることになった。すなわちこの地区には朝鮮革命の司令部が置かれており、普天堡、恵山、新坡などを通じて国内に入っていく通路に位置した拠点になっていた。長白地区には三つの革命組織区（上江区、中江区、下江区）にしたがって祖国光復会組織網が稠密に組織されており、数多くの支会、分会に対する整然とした組織指導体系を打ち立てるために、祖国光復会長白県委員会が設けられた。長白地区につくられた組織を拠点にして、東満州をはじめ満州の広い地域に祖国光復会組織が急速に拡大されていった。政治工作員らの積極的な活動により、東満州の汪清、和龍、延吉などの県、南満州の磐石、樺甸、通化、輯安、桓仁、濛江、寛甸、輝南などの県、北満州の方正、勃利、湯原、饒河、寧安、密山、額穆などの県に、祖国光復会組織が数多くつくられた。

祖国光復会組織を拡大する主な努力は、あくまでも国内に向けられた。朝鮮人民革命軍の政治的な指導がもっともたやすくおよぶ北部国境地帯の鴨緑江沿岸から始まり、国内に奥深く拡大させる方向で組織がつくられていった。

甲山、三水、豊山地区が、組織づくりの主要地域として設定された。国内に祖国光復会組織が拡大されていく過程で、甲山、恵山地区で活動していた国内の革命家、朴達が主席の指導を受けるようになった。彼が指導した反日運動団体の甲山工作委員会は、祖国光復会の国内下部組織として、朝鮮民族解放同盟に改編された。

主席は、朴達(12)を志操堅固で有能な革命家に育てるため、労苦と時間を惜しまなかった。これは、国内の革命運動をより高い段階に高めるためには、反日民族解放闘争と共産主義運動の中心的指導勢力として登場した朝鮮人民革命軍の活動と、国内革命運動が一元化されなくてはならないという、自らの構想を実現するために捧げた、主席のたゆまぬ努力の一端を示すものである。

回顧録には一九三六年一二月に白頭山密営で行われた、主席と朴達の会見の内容が詳細に記載されているが、これは抗日武装闘争史と祖国光復会活動史を研究するうえで、大変貴重な史料となる。とくに談話の中で、朝鮮人民革命軍の構成上の特徴について明らかにされた部分は、その示唆するところが非常に大きいと言わざるをえない。なぜならば、韓国の抗日武装闘争史研究家らのなかで、この問題について朴達が抱いていた疑問と似た疑問を抱いている人を時たま見かけるからである。

会見の場で朴達は主席に、「いま、国内の革命家らの中で、金日成将軍は朝鮮人ではあるが中国革命に従事している人で、金日成部隊は朝鮮人で構成されている部隊ではあるが、東北抗日連軍に所属している部隊だという話が出回っていますが、これをどのように理解したら良いのでしょうか？　将軍の口から直接お聞きしたいのですが」と質問した。

主席は、この質問に具体的な説明を加えながら答えている。主席は、「出版報道界が、私が引率している部隊を指して、東北抗日連軍第二軍第六師だと称しているので、国内の革命家らがそのような疑問を抱くのは当然なことだ」と前置きした後、次のような点を強調している。

私が引率している部隊を、完全な中国の軍隊だと認定するのは、大変な間違いで事実とは異なること、東北抗日連軍というのは文字通り中国東北地方で活動している各種抗日遊撃部隊の連合軍を意味すること、そこには共産党系列の中国人遊撃部隊、救国軍系列の中国人反日部隊と、我が国の共産主義者らが組織指導する朝鮮人抗日遊撃隊などが網羅されていること、それは反日抗戦で共同歩調を取るために結束した一種の国際的な連合軍であること、連軍体系はあくまでも自発性の産物であって、抗日連軍は各民族軍の自主性と独自性を尊重していること、朝鮮人民革命軍は連軍の看板を出して中国革命を手助けしてはいるが、祖国解放を根本的な使命にしている民族軍としての形を完全に備えて、朝鮮革命に力を注ぐ独自の活動を行っていること、我が軍隊は創建の初めから、我が祖国の解放と我が民族の自由のために闘っている我が国の民族軍隊であることは、満州で暮らしているすべての同胞が皆知っていること、我々は中国人が多く住んでいる地方に行っては抗日連軍と言い、我が同胞が多く住んでいる所に行っては朝鮮人民革命軍と名乗っているということを強調した。

会見ではこのほかにも、朝鮮革命の最高綱領と最低綱領に関する問題、国内運動家らの思考方式における弱点、階級運動と民族運動の相互関係など、朴達がまだ正確に会得することができないでいた難しい理論問題について、虚心坦懐に意見の交換が行われた。そして朴達は祖国光復会を拡大するうえでの、朝鮮民族解放同盟の任務と具体的な方法をはじめ、国内に党組織を拡大する問題、身辺の保護に関する問題など、多くの問題について教えを受けた。

祖国光復会の組織網を国内に拡大する仕事は、朝鮮民族解放同盟のたゆまぬ力づよい努力によって、早いスピードで進捗していった。祖国光復会組織は咸鏡南道北部地方から、遠くは城津、吉州、端川、洪原をはじめ東海岸一帯の主要地帯に広がっていった。

（八）党創建のために

抗日革命の主力を受けもっていた朝鮮人民革命軍は、党創建の組織思想的な準備を推し進めるうえで主導的な勢力になった。

朝鮮人民革命軍内の党委員会の領導的役割と機能が高まる中で活発に展開された党組織づくりは、武装闘争を中心とする全般的な反日民族解放闘争を政治的に力づよく支えると同時に、抗日革命に対する党の領導と大衆的な地盤を強化して、武装闘争を中心とする全般的な抗日革命を一大高揚期へと押し上げる強力な推進力になった。

抗日武装闘争に直接参加している共産主義前衛闘士らによって推し進められた党組織づくりは、一九三〇年代後半期に至り、朝鮮共産主義運動の押しも押されもせぬ主流を形成し、確固たる正統性を代表するようになった。朝鮮共産主義運動の正統性を代表することになる、党組織づくりに関連した歴史的な過程が、韓国における抗日武装闘争史研究では空白状態になっている。したがって韓国における抗日武装闘争史研究は、回顧録のこの部分を指針にして、そして回顧録に織り込まれている豊富な史料を活用して、この部分の空白を一日も速く埋めるべきであると思う。

党創建という視点から見た一九三〇年代半ばの我が国の状況について主席は、「共産党が存在しない国で党を再建しようとする全ての試みが、すべて水の泡のように消え去り、そこに捧げられた闘士らの涙ぐましい努力と熱情が、鉄窓の中のうら悲しい追憶としてのみ残っている国、大分前に既に結社の自由が法により禁じられている国」と特徴づけた。（回顧録『世紀とともに』第一部　抗日革命五巻　二八六頁）

このような状況の下で党組織を国内奥深くにまで拡大し、党組織づくりを全国的な版図に拡大する決定を下したのは、一九三六年五月の東崗会議においてであった。会議では、国内に党創建のための組織思想的な枠組みを本格的にととのえる課題が上程され、その対策として国内党工作委員会を組織して、革命運動の中核らで前衛的な党組織を拡大する問題が協議された。

この時から始まる一九三〇年代後半期の党創建運動は、これ以前の党再建運動とどのような関係に置かれているのか？

これに関して主席は、次のような結論をくだしている。

「これは、朝鮮共産党が解散された後、いくつかに分かれて行われた党再建運動の単なる延長とか反復ではなかった。国内党工作委員会の指導の下で行われた国内での党組織づくりこそ、コミンテルンが直接主管した党再建運動とか、また国際赤色労働組合（プロフィンテルン）が赤色労働組合を通じて達成しようと試みた党再建運動とは本質的に区別される、徹頭徹尾自主的な党再建運動、党組織づくりの準備作業であった」（回顧録『世紀とともに』第一部　抗日革命五巻　二九四頁）

党再建問題が朝鮮共産主義者の自主権に属する問題だと認識したうえで、徹頭徹尾自主的な立場に立って行われた党組織づくりの準備作業であったという点で、それは先行した全ての党再建運動とは本質的に区別されるものであった。それが自主的な立場に立って行われた党再建運動であったがゆえに、朝鮮人民革命軍党委員会の主導の下で進められた。それはまた、独自的な判断にもとづいて創設された国内党工作委員会によって推進された党創建準備作業でもあった。主席は、これについて次のように指摘している。

「国内の党組織は朝鮮人民革命軍党委員会に所属し、またその委員会の指導を受けることになります。朝鮮に共産党が存在しない現在の特殊な状況の下で、朝鮮人民革命軍党委員会は、朝鮮革命全般に対する領導的機能を担う参謀部の役割を果たしています。我が党委員会の活動は、武力によってしっかりと保護されています。日帝の野蛮な憲兵警察統治は、朝鮮における党再建の全ての可能性を剥奪してしまいました。党を再建するために東奔西走した闘士らは、いま大部分が鉄窓の中に閉じ込められております。敵の魔手にかからず無事でいるのは、唯一武力によって保護されている朝鮮人民革命軍党委員会だけです。朝鮮人民革命軍党委員会が朝鮮革命全般に対して、領導的機能を遂行するようになった理由がここにあります。

朝鮮人民革命軍党委員会が朝鮮革命の参謀部的役割を充分果たすようになったのは、我が国共産主義運動発展の必然的な帰結でした。歴史が我々に、そのような使命を遂行するよう求めました。これから組織される国内党工作委員会は、朝鮮人民革命軍の軍事的保護を受けることになります」（回顧録『世紀とともに』第一部　抗日革命五巻　二八八～二八九頁）

主席は回顧録で、朝鮮人民革命軍党委員会の主導の下に推し進められたのは、朝鮮の共産主義運動発展の必然的な帰結であったことを、既存の党再建運動に対する歴史的概括を通じた分析によって論証するために、先行した共産主義運動に対する評価をいくつかに分けてくだしている。

日帝の極悪な植民地統治が継続し、革命運動に対する弾圧が一層苛酷になる中にも、国内の共産主義者は、あれこれの形態で党再建運動を綿々と持続させてきた。咸鏡南・北道における共産党事件、朝鮮共産主義者同盟事件、朝鮮共産党再建コミンテルン路線レポート事件、朝鮮共産党再建準備委員会事件などは、この時期国内のいろいろな地方で起きた再建運動の一部である。

中国を根拠地にした再建運動もあった。ＭＬ派とソサン派（ソウル・上海派）は、中国の吉林一帯を中心に、党再建準備委員会、党再組織中央幹部会、党再建同盟、党再建整理委員会などを組織し、党再建運動を展開した。

日本でも東京を拠点にした党再建運動があった。

一九二〇年代末から一九三〇年代半ばまで、全国的な版図で繰り広げられた赤色労働組合、赤色農民組合運動も党再建運動の一環であった。初期の合法的な形態から地下運動形態の非合法形態に転換した赤色労働組合と赤色農民組合の基本的な闘争目的は、共産党再建にあった。

国内と海外で展開された党再建運動は、その大部分が既成の古い運動形式と事大主義的な傾向、派閥観念から抜け切っていない上層部の運動に留まっていた。

主席は、このような実態を分析したうえで、新たな党創建作業は再建運動の延長線からではなく、新たに出発しなければならないということを明らかにすると同時に、欠陥を含んではいるが、既存の再建運動が積み上げた成果を無視してはならないと述べた。言い換えるならば、過去の赤色労組、農組の線を探して、そこに我々の党組織をつくるための努力をしなければならないということだ。

主席はまた、新たな党創建作業は、コミンテルンの助力に対しても主体的に対応して、自主的な立場に立って党創建方針を貫徹しなければならないとも述べた。

コミンテルンは一九三〇年代に入り、我が国における民族解放闘争、とくに党再建運動について少なからぬ関心を寄せ始めた。それはヨーロッパでのファシズムに劣らず、日本軍国主義が危険な勢力として台頭していたことと関連している。

コミンテルンでは、我が国における共産党再建問題を巡って、クーシネンをはじめいろいろな人が自分なりの見解を提出した。その代表的なのが、コミンテルン第七回大会以降に論議された、朝鮮民族革命党組織に関する提案であった。これに関するコミンテルンの意向を詳細に明かしたのが、コミンテルン機関紙「共産主義インターナショナル」紙上に、満州における反帝統一戦線について書いた楊松の論文であった。

彼は、間島における現局面は、中国共産党組織を拡充するために、革命的な中朝の労働者、農民をより多く党内に吸収するとともに、朝鮮革命党を樹立することを求めていると主張した。その党は、性格上反日統一戦線的な党になるべきであるとした。このような主張は、コミンテルンの見解とコミンテルンに派遣されている中国党代表団の見解を代弁するものであった。

しかし主席は、我が国における党組織づくりと統一戦線結成問題を、独自的な判断と決心にもとづいて解決した。主席は、党組織づくりと統一戦線結成問題を同時に推し進めながらも、それが互いに交じり合わないようにした。それは、党が統一戦線を代表することができず、また統一戦線体組織が即、党にはなりえないからであった。

その当時一部の独立運動家らの間では、民族唯一党なる名称で、左右のすべての政治勢力を包括する中国国民党のような政治組織をつくろうとする試みがあった。

しかし主席は、国内党工作委員会を組織して党組織づくりを推進する一方、反日民族統一戦線体としての祖国光復会を結成する方法で、民族大団結を実現した。

もちろん、コミンテルンはこれ以前にも、我が国における党再建をいろいろな方向から試みた。

コミンテルンの指導下にあった国際赤色労働組合執行局が、一九三〇年九月に発表した「朝鮮の革命的な労働組合運動の任務に関するテーゼ」（世称九月テーゼ）は、共産党を再建するうえで、主に革命的な労働組合組織を必須的条件として提示していた。我が国の共産主義者はこの九月テーゼを拠り所にして、革命的な労働組合（赤色労働組合）を組織することに力を入れ、それを大衆的な地盤として共産党の再建を推進した。

その翌年の一〇月に、プロフィンテルンの傘下組織として上海にあった汎太平洋労働組合書記部も、「太労一〇月書簡」として知られている、「朝鮮の汎太平洋労働組合書記部支持者らに送る緊急檄文」の中で、革命的労働組合を組織して、それを大衆的な基盤にして共産党を再建するよう促した。

国際赤色労組系統のこのような文書は、一九三一年五月に発表されたコミンテルン執行委員会のクーシネン意見書として知られている「朝鮮の共産主義運動に関する意見書」とともに、内容的には我が国における共産党再建問題を直接扱っているものだと言える。

一九三四年六月にモスクワでは、朝鮮共産党発起者グループなる名義で、「朝鮮共産党行動綱領」が発表されたが、これもまた我が国における、共産党再建のための一つの努力であった。

コミンテルンのこのような試みは、これといった成果を産むことなく、挫折を味わっていた。このような状況は、朝鮮人民革命軍党委員会の指導の下で、党創建準備作業を新たに強化することを求めていた。

朝鮮人民革命軍党委員会は一九三六年一二月に、主席を責任者とする国内党工作委員会を組織するという画期的な措置をとった。

主席は、国内党工作委員会の地位と任務について、次のように指摘している。

「…………国内党工作委員会は、国内の革命闘争を統一的に指導し、国内の党組織づくりを受けもつことになる地域的な指導機関である。

統一的な領導機能を遂行する参謀部が存在しない状況の下で、国内運動は今、分散性と自然発生性という、二つの致命的な弱点を克服できないでいる。国内で分散的に活動している愛国志士と共産主義者を一つの勢力に結集し、彼ら同士が直接的な連係を結ぶようにさせるためには、それを受けもって遂行するだけの能力を有する指導機関がなくてはならない。そのような指導機関が、ほかでもない国内党工作委員会なのである」（回顧録『世紀とともに』第一部　抗日革命五巻　二九〇～二九一頁）

主席は、国内党工作委員会の仕事を助ける使命を帯びた政治工作隊を派遣する措置をとった。一九三七年の夏と秋に、朝鮮人民革命軍の指揮官を兼ねている優秀な幾人かの国内党工作委員を含む政治工作隊が、朝鮮北部地方の数ヶ所に派遣され、党組織づくりと大衆組織づくりを行った。この工作隊を北鮮政治工作隊と呼んだ。

国内に派遣された政治工作員らは労組、農組をはじめ、既成の組織や個々の共産主義グループの中に深く入り込み、党組織づくりと祖国光復会の組織網を拡大する活動を積極的に繰り広げた。彼らの精力的な活動によって、「白頭山颪（おろし）」は強い力となって国内の広範な民衆の間に吹き込んでいった。

これにより、国内の広い地域には党組織が急速に拡大していった。甲山、新坡、豊山をはじめ咸鏡南・北道と陽徳地方、そして平壌、碧城郡など西朝鮮一帯の鉱山、炭坑、工場、農村、漁村および都市に、革命組織が続々と生まれた。過去の労組、農組が再組織、再編成される過程は、そのまま党組織がつくられる過程と一致した。

党組織網と祖国光復会網は、朝鮮半島北部一帯の領域から、遠く離れたソウルをはじめとする半島の中部一帯、慶尚道と全羅道の南端にまでおよび、済州島と玄海灘を越え日本にまで拡大していった。

国内における党組織づくりは、長白と臨江一帯での党組織づくりと密接な連係の下に行われた。長白、撫松、臨江一帯の同胞居住地域にも党組織が根を下ろした。東満州と南満州一帯でも党組織が拡大していった。

全国的な版図と全民族的な範囲で、党組織づくりが力づよく推進される過程を通じて、分散的に活動していた共産主義者が組織的に結束され、全般的な反日民族解放闘争に対する党の領導が一層強化されることになった。

すべての党組織が、朝鮮人民革命軍党委員会の統一的な指導の下に動く、全国的な範囲の強力な党組織体系が樹立された。最高指導機関の朝鮮人民革命軍党委員会から基層組織である細胞に至るまで、党組織指導体系が整然と打ち立てられたことにより、党創建の組織思想的な基礎づくりには画期的な転換が起こった。

主席は、この画期的な成功が有する意義を、次のように指摘している。

「これは抗日革命闘争で我々が勝ち取った大きな成果であり、我々が白頭山に進出した後、鴨緑江と豆満江沿岸地区で得た軍事作戦での勝利に勝るとも劣らない政治的な勝利であった。党組織づくりに傾けた我々の血のにじむ闘争は、祖国解放を早める力強い推進力になったのみならず、自主的な党創建を輝かしく完成させる有力な礎となったのである」（回顧録『世紀とともに』第一部　抗日革命五巻　三〇九頁）

（九）韓国近代史が生んだ進歩的な文学芸術

金日成主席は、東崗会議を終えて白頭山に向け行軍していた時、白頭山の西側衛星区域である撫松県の南端にある漫江という山村に数日間留まったことがあった。朝鮮人民革命軍の漫江滞留期間中に、演劇「血の海」が主席の手によって創作、公演されたのは、抗日武装闘争史と我が国の文学芸術史において特記すべき出来事になった。

主席は回顧録の中で、「血の海」公演を行うようになった動機と、革命において文学芸術が果たす大きな役割について強調しながら、韓国近代が生んだ進歩的な文学芸術の成長過程を歴史的に概括している。

この歴史的な概括は、韓国近代文学芸術史の本質が何であるかを語っている点と、歴史的な成長過程の枠組みを科学的に規定している点で大きな意義をもち、韓国近代史の重要な一部分をなす近代韓国文学芸術史の研究において、指導的な指針になるという意味からも重要な意義を有する。

主席は「演劇『血の海』を創作するようになった動機は、『間島討伐歌』にあったと言えます」（回顧録『世紀とともに』第一部　抗日革命五巻　四二頁）、と記している。

主席は、幼い頃に父親から「間島討伐歌」を習い、「間島討伐」に関する話もたくさん聞いた。そして安図で遊撃隊を組織した後、部隊を率いて東満州に行ってみると、その地方の人々は日本軍警による「討伐」によって、筆舌に尽くし難い試練に耐えていた。「討伐隊」の軍刀と銃剣で一日に数十名、果ては数百人もの人が虐殺されるという、大惨事が敢行されている間島は文字通りの血の海であった。

主席は、その血の海を目にする度に、父親が教えてくれた「間島討伐歌」を思い出し、「間島討伐歌」を思い出す度に、我が民族が強いられている辛苦と受難に、鬱憤を禁じることができなかった。

しかしながら驚いたことに、間島で暮らしている絶対多数の人々が、そのような残酷な運命には従順に従わず、逆に銃と棍棒を手にして憤然と立ち上がり、抗争で立ち向かっているという事実であった。この民族挙げての抗争には、三綱五倫と三従之道（女性蔑視の儒教道徳：筆者註）によって縛られていた女性や、その女性のスカートの陰に隠れて遊んでいた子供までがみな参加した。主席を感動させたのは、正にそのような彼らの姿であった。そして主席は、その革命の主人公らに対して、限りのない尊敬と愛情を抱き、彼らを支持し同情を寄せる過程で頭の中に、殺害された夫の後を継いで闘争の道に入って行く一人の女性とその子弟に関するストーリーが浮かび、女性を主人公にした作品を創作する衝動に駆られた。この衝動を文字に移す直接的なきっかけになったのは、東崗会議が終わった後、ある隊員がある村からもってきた一冊の新刊文芸雑誌だった。

その雑誌には、刑務所暮らしをしているある社会運動家の妻を扱った小説が載っていた。夫が獄に繋がれるやその妻は、幼い子供を他人に預けて他の男性に嫁いでいくという筋書きの小説であった。

主席は、そのような個別的で偶然な現象は真実にはなりえず、自分が知っている我が国の女性は絶対多数が夫にも子供にも、国にも忠実な女性であったことを、改めて切に感じるようになる。もし真の姿を見ることができず、李光洙のように革命家の妻を冒瀆するならば、真実を反映させる文学の本道を踏み外すことになると主席は切実に感じた。真実を反映して読者を崇高な世界に導いていくのが、文学と芸術の本当の使命であるというのが、主席の揺ぎない美学観である。

主席は、自身が構想を練った、革命家に成長していく主人公の魅力的な姿を思い浮かべながら、自分自身も知らないうちに興奮を覚え、三文小説を書く人に刺激を与えるためにも、作品を書かなければならないとの衝動に駆られ、ペンを走らせたのである。

主席が演劇公演のための創作に心血を注いだ理由は、大衆を革命化するうえで、それが大きな役割を果たすからであった。これと関連して、主席は次のように記している。

「しからば白頭山に向けて南下行軍している厳しい途上で、なぜ私が演劇創作を日程に入れて、それを是非とも実現するために根気づよい努力を傾けたのか。

私は大衆を意識化するうえで、演劇芸術が果たす非常に大きな牽引力と効果に、大きな期待をかけていました。当時としては、演劇以上に大衆の心を揺さぶる芸術は、これといってありませんでした。…………演劇は芸術の中で、何物にも比べられないほどの、大きな感化力をもっていました」（回顧録『世紀とともに』第一部　抗日革命五巻　四六頁）

主席は、手にした新刊文芸雑誌を通して、国内の文学芸術界の実態を分析した後、我が国で成長していた文学芸術運動を高く評価した。

主席は、次のように記している。

「当時の進歩的な文学芸術は、その内容と形式において、たいていが日帝の民族文化抹殺政策から民族的なものを擁護固守し発展させようとした、愛国愛族的なもので一貫されていた。

日帝の統治時期、我が国の進歩的な文学芸術は、愛国愛族の精神と自主独立の思想で人民を啓蒙し、演劇、映画、音楽、美術、舞踊をはじめすべての芸術の発展方向を誘導し、そこに盛り込まなければならない内容を提示するうえでも、先導的な役割を果たしました」（回顧録『世紀とともに』第一部　抗日革命五巻　五〇頁）

主席が指摘しているように、植民地支配下の文学芸術は、植民地現実の非理を暴露し、帝国主義支配に対する抵抗精神から出発した自主独立的、愛国愛族的な思想で大衆を先導する民族の文学芸術、闘争の武器にならなくてはならない。

文学芸術がそのようなものを志向する過程で、「新傾向派」文学と呼ばれる、進歩的な作家らによる文学運動が起こり、それは一九二三年に至り朝鮮プロレタリア芸術同盟（略称＝カップ）を生むことになった。

「カップ」が創立された時から我が国の進歩的な文学は労働者、農民など勤労大衆の利害関係を代弁し擁護する、プロレタリア文学芸術の発展に寄与するようになった。李箕永、韓雪野、宋影、朴世永、趙明熙をはじめとする優秀な「カップ」作家らにより、我が国の文壇では『故郷』、『黄昏』、『面会は一切拒絶せよ』、『山燕』、『洛東江』など、民衆が愛読する傑作が数多く創作された。

日帝は植民地統治を批判する進歩的な文学芸術の発展を防ぐため、苛酷な弾圧を加え始めた結果、二次にわたる検挙旋風により、「カップ」は創立一〇周年に当たる一九三五年にその姿を消すことになった。

日帝が強要した「国民文学」（転向文学）を創作するのか、もしくは完全に筆を折ってしまうのかの岐路においても、大部分の「カップ」出身作家らは、進歩的な文人としての良心を守り通した。李箕永は内金剛の幽谷に入り、焼畑農業で命をつなぎながらも、祖国と民族を限り無く愛する良心的な知性人、愛国的な作家としての節操を守り抜いた。韓雪野や宋影もやはり、辛うじて生計を維持しながらも志操を曲げなかった。

日帝は、「カップ」を解散に追い込むことはできたが、我が国文学の終始一貫した抵抗精神と、愛国愛族を母体にして芽生え育ったその文学の命脈は断ち切ることができなかった。

「カップ」出身の文人らが、獄に繋がれるか山間僻地に身を隠していた時、抗日革命隊伍にいた知識人とともに、北部国境地帯にいた作家、中国本土の赤色区域や社会主義ソ連で活躍していた朝鮮の亡命作家らは、我が国共産主義運動と民族解放偉業に積極的に寄与する戦闘的な革命文学を創作した。

彼らは、白頭の峻嶺と満州広野で血戦を繰り広げている抗日闘士を、民族の寵児として称え、彼らに対する愛と同情を惜しみなく表した。

後日「人間問題」の作者として広く知られる女流作家姜敬愛は、龍井で間島民衆らの援軍運動を描いた、『塩』という中編小説を書いた。

詩人李燦と金嵐人が、国境地帯で繰り広げた創作活動は遊撃隊の注目を浴びた。李燦は、朝鮮人民革命軍が西間島に進出した後、鴨緑江対岸の三水と恵山鎮で、遊撃隊に対する限りない憧憬を込めた、「雪降る宝城の夜」のような立派な抒情詩を書いた。

金嵐人は祖国光復会が創立された年の一一月に中江鎮で、表紙に赤旗を描いた同人文学雑誌『詩建設』を創刊し、抗日武装闘争を憧憬して民族の独立を祈願する革命的な詩を創作発表した。彼は自分が経営する印刷所で、秘密裏に「祖国光復会一〇大綱領」を二千部刷って、遊撃隊に送った。

朝鮮人民革命軍の戦闘成果に鼓舞され、参軍を試みた作家もいた。小説家金史良は、参軍を決心して満州の広野をさまよったが、抗日遊撃隊を結局探すことができず、延安に行き長編紀行文『駑馬千里』を書いた。

我が国の愛国的な芸術家や先覚者は、日本も映画産業を発展させているのに、朝鮮人とて映画をつくれない訳があるかとばかりに、我が国も先進国なみに映画をじゃんじゃんつくって民衆に奉仕しよう、そして映画芸術部門でも自立する能力があることを万邦に示そうと、腹を括って映画芸術創作の険しい道を切り拓いていった。羅雲奎をはじめ良心的な芸術家らは、「アリラン」をはじめとする民族的な香りの濃い映画を製作することによって、我が国芸術家の実力を示した。

一九二〇年代と一九三〇年代は、倭色倭風の濁流の中で萎れていった民族性を固守し、民族的なものを発展させようとする強烈なもがきが、文学芸術の諸分野で噴水のように吹き出た時期であった。

まさにこのような時期に、崔承喜は我が国の民族舞踊を現代化することに成功した。彼女は民間舞踊、僧舞、巫女舞、宮中舞、妓生舞などの舞踊を深く掘り下げ、その中から民族的な情緒が色濃く優雅な舞踊の動作を一つ一つ探し出し、現代韓国民族舞踊発展の基礎づくりに寄与した。

朝鮮人民革命軍が西間島に進出していた頃、国内では日章旗抹消事件なる衝撃的な事件が起こり、そのニュースが白頭山にまで伝わってきた。この事件の発端は、新聞「東亜日報」が、一九三六年八月にベルリンで開催された夏期オリンピック競技大会マラソン種目の優勝者である孫基禎の写真を紙面に載せる際に、彼の胸にあった日章旗を消してしまったことにあった。怒り狂った総督府当局は、「東亜日報」を停刊処分にしその関係者を拘束した。このニュースを伝え聞いた遊撃隊員らは、「東亜日報」編集局員の愛国愛族的な立場と勇断に、熱烈な支持と連帯の意を表したのである。

抗日革命闘争の炎の中で創作された抗日革命文学芸術は、韓国近代の進歩的文学芸術発展におけるもっとも高い段階、世界的な革命文学芸術の最高峰になる。

「思郷歌」、「反日戦歌」をはじめとする革命歌謡、「花を売る乙女」、「ある自衛団員の運命」などの抗日革命演劇などを中心にした抗日文学芸術は、主体思想の具現者、自主的な真の人間としての情緒豊かな主人公を輝かしく描いた。それらの作品は、高度な思想芸術性と戦闘性によって、近代韓国の進歩的文学芸術の水準を大きく向上させた。

抗日革命文学芸術は実践を通じて、大衆を革命と闘争に導くうえで、どれほど威力ある武器になりうるのかをはっきりと実証した。

主席は、これに関して次のように指摘した。

「実に一編の詩や演劇や小説が、万人の心を激しく揺り動かし、革命的な歌は、銃剣のおよばない所でも敵の心臓をえぐることができるというのが、抗日革命期の文学芸術活動を通じて私が得た真理である」（回顧録『世紀とともに』第一部　抗日革命五巻　五八頁）

抗日革命期に創作された抗日革命文学芸術は、金正日将軍によって、朝鮮文学芸術の革命伝統として、革命演劇、革命歌劇の始祖、始原として定立された。

主席は、回顧録の中で次のように記している。

「金正日組織書記は、私が抗日革命期に創作した作品を、我が国の革命演劇と革命歌劇の始祖、始原と規定し、それを映画や小説、歌劇や演劇に移し替える仕事を精力的に指導した。その過程で、私が書いた原作にもとづいた革命映画、革命小説、「血の海」式歌劇、「城隍堂」式演劇が創作され、抗日遊撃隊式芸術活動方式が新たに打ち立てられた」（回顧録『世紀とともに』第一部　抗日革命五巻　五九頁）

抗日革命期に創作された革命的な文学芸術の成功作が、我が時代の現代的美観にマッチした名作として、二〇世紀文芸復興大作として完成したことは民族共同の慶事であり、誇りであり、また栄光である。

（十）普天堡戦闘

普天堡戦闘は民族史に特記される歴史的な出来事として、当時から広く知られていた事件であった。

したがって主席は回顧録の中で普天堡戦闘部分を扱う際に、「普天堡戦闘の歴史的な側面に関しては、既に多くの人が充分に研究して書物に記しているが、この戦闘を直接組織し指揮した私としては、精神的な体験とか思い出が少なくない」（回顧録『世紀とともに』第一部　抗日革命六巻　一四三頁）と前置きして、精神的な体験とか追憶の中で核心的な意味をもつ問題点に限定して回顧している。

主席は回顧録でまず、普天堡戦闘の動機に重みを置いている。主席は、次のように記している。

「普天堡戦闘については、多くの人が興味をもった。敵側の損失とか被害程度などについては、戦闘直後に紙上を通じて紹介されたので、ことさら確認するまでもないが、その作戦の動機については、誰もが好奇心を抱いていた」(回顧録『世紀とともに』第一部　抗日革命六巻　一四三〜一四四頁)

作戦の動機は、民族史的、抗日武装闘争史的な視角から、そして作戦の目的から分析されなくてはならない。主席は、次のように分析している。

「私が普天堡戦闘を作戦し指揮した目的は、広義に解釈すれば民族再生の転機をつくろうとしたところにあり、狭い意味から見るならば、抗日革命闘争において決定的な段階、質的な飛躍をなし遂げようとしたところにあったと言えます」(回顧録『世紀とともに』第一部　抗日革命六巻　一四四頁)

普天堡戦闘の目的は、広義に解釈するならば、民族史の転機をもたらすところにあった。我が国近代の民族史は、日帝に強いられた血と涙で染められた歴史であると同時に、それに対する民族抗争の歴史でもあった。抗日武装闘争は血と涙の歴史に終止符を打ち、抗日の意志を貫徹するための選択であった。武装で民族再生の曙をもたらし、祖国光復をめざす民族史の転機をつくろうとしたのが、普天堡戦闘作戦の大義であった。

狭い意味から見た普天堡戦闘の目的は、抗日武装闘争において新たな質的段階を切り拓くことにあった。一九三〇年代前半期まで、抗日遊撃隊の主な活動範囲は満州地方であった。抗日遊撃隊創建と前後して、国内に何回か進出したことがあったが、それはあくまでも制限された活動であった。

また一九三〇年代前半期の活動は、主に勢力を蓄積する段階にあった。時が経ちいつしか武装隊伍は、いくつかの師団を編成するまでに成長した。それだけに武装闘争を国内奥深くに拡大して銃声を上げ、全般的な抗日革命を高揚させることは、状況と時代の要求になっていた。普天堡戦闘はこの歴史の流れの具現であった。南湖頭会議で闡明された路線の具現過程でもあった。

大規模に成長した武装部隊を率いて国内に進出するということは、大変大きな意義を帯びる出来事であった。白頭山にでんと居座り、狼林山脈にも一個師団、冠帽峰にも一個師団、太白山にも一個師団、智異山にも一個師団というふうに、四方八方に武装部隊を派遣して根拠地を設営し敵をつづけざまに討つならば、朝鮮半島を坩堝と化することができ、二千三百万我が民族を、全民抗争の場に残らず奮い立たせることができる。結果的には民族が自力で、祖国光復の宿願を達成する大路を開くことになるのである。

主席は、このような目的をもった国内進攻作戦の切迫性を切実に感じた。それは国内で、日帝による我が国の言葉と文字の抹殺政策が、危険水準を越えているとの情報が白頭山にまで殺到していたこととも大いに関連していた。

民族語には民族の魂が宿っており、民族語が抹殺されるということは、民族の精神が抹殺されることを意味した。事態は、手をこまねいて傍観できない状況にあった。

日帝は民族語抹殺政策を敢行する中、我が国の共産主義運動までが終焉したとの印象を広げるのに狂奔していた。主席は、これを李戴裕逮捕事件の報に接して、直感するようになった。

主席は一九三七年五月初めに、我が国共産主義運動の大物である李戴裕が逮捕されたという「毎日申報」特別号の詳報を手にした。それは四面をほとんど塗りつぶしての大々的な特報であった。そこには、いままで警察に六回捕まり、六回とも逃走した経歴をもつ李戴裕が、七回目に捕まった経緯と彼に関する紹介が、大袈裟かつ詳細に書かれていた。新聞は李戴裕を「朝鮮共産主義運動壊滅の最後の陣」とか、共産主義運動「二〇年史における最後の大物」などと書きたて、彼の逮捕により我が国の共産主義運動は、永久に終末を迎えたとまくし立てていた。

主席は、李戴裕が我が国共産主義運動における、有名な闘士であったことを評価している。主席は、「彼は三水の出身だった。日本に行き苦学した後、労働運動に飛び込み、帰国後はソウルを舞台にして共産主義運動を行ったのだが、主に太平洋労組組織を受け持って咸興一帯を行き来しながら、各地方の労組、農組運動を指導した」（回顧録『世紀とともに』第一部　抗日革命六巻　一五〇頁）と、彼の活動を紹介している。

しかし主席は、李戴裕の逮捕をもって、我が国共産主義運動が最終的に幕を下ろしたかのごとく誇張して宣伝するのは、共産主義運動も革命もいまや絶望的になったという嘘を信じ込ませるための、日帝当局の知能的な手練手管であるということを一目で見抜き、革命運動を救うためにも、国内進攻をこれ以上延ばすことができないと判断した。

一九三七年春に行われた西崗会議(13)では、国内進攻作戦に関する方針が決定された。恵山を攻撃するために五月中旬頃、長白県一九道溝地陽渓台地に到着した主席の親率部隊は、豆満江沿岸の北部国境一帯に進出することになっていた崔賢の四師部隊が、敵の完全包囲網に入ったとの驚くべき報に接した。主席は、包囲網に入った友軍を救援し、国内進攻の目的もともに達成するため、敵の勢力を誘い出すことにし、攻撃目標を恵山から普天堡に移す迅速奇抜な対応策を打ち立てた。

一九三七年六月三日の晩、主席の親率部隊は口隅水堰で鴨緑江を渡り、坤長徳に登った。口隅水堰を渡る時、堰を流れる騒がしい水の音が部隊の渡河を助けた。この時を思い出しながら主席は、「近代朝鮮の苦難の民族史が、その水音に凝縮され、諸事万端を囁いているかのように思えた」（回顧録『世紀とともに』第一部　抗日革命六巻　一六四頁）と、意味深く語っている。

六月四日、日が暮れるとともに部隊は坤長徳を下り、普天堡市街地に近づいて行った。街に入るや部隊は、いくつかの組に分かれて所定の位置についた。

主席は、街の入り口にあるドロの木の根元に指揮所を定めた。そこから主要な攻撃目標である、警察官駐在所までの距離はわずか一〇〇mそこそこであった。市街戦を戦う場合、指揮所と市街地との間がこれほど近い事例はほとんどなかった。これは、普天堡戦闘がもつ重要な特徴の一つであった。

二二時きっかり、主席は拳銃を高く突き上げて引き金を引いた。一〇余年の歳月、祖国の同胞らに語りたかったすべての事柄が、その一発の銃声に込められて夜の街に響きわたった。その銃声は、詩人らがうたうごとく、母なる祖国にまみえる遊撃隊員の挨拶であり、強盗日帝を懲罰の場に引きずり出す、呼び出しの信号音でもあった。

その銃声を合図に、四方から警察官駐在所や山林保護区事務所をはじめとする敵の機関を打ちのめすすさまじい射撃音が響き渡った。瞬く間に街中が上を下への大騒ぎになった。しばらくしてあちこちから火柱が上がりはじめ、敵の統治機関が一時に火炎に包まれ、街全体が煌々と明るくなった。

主席は雲集した群衆を見渡し、必勝の信念で貫かれた反日演説を行った。演説を終えた主席は、「皆さん、祖国が解放された日にまた会いましょう！」という言葉を残して、火炎が天を焦がす街を離れて行った。立ち去る心と見送る心が、別れを前にして声を押し殺して痛哭した。

普天堡戦闘は大砲も、飛行機も、戦車もなしに行われた小さな戦いであった。小銃と機関銃に扇動演説が加わった、平凡な襲撃戦であった。死傷者も多くは出なかった。遊撃隊側から見ると、戦死者は一人もいなかった。あまりにも一方的に行われた奇襲戦であった。

しかしこの戦いは、遊撃戦の要求を最高のレベルで具現した戦闘であった。戦闘目標の設定と時間の選択、不意をついた攻撃、放火を利用した衝撃的な扇動、活発な宣伝活動の配合など、全ての過程が一から十まで立体的に噛み合った、非の打ち所のない作戦であった。

これは軍事的な側面から見た作戦の考察である。しかし戦闘や戦争の価値が、軍事的な意義によってのみ規定されるものではなく、その政治的意義によっても規定される。このような角度から見るならば、普天堡戦闘はとてつもなく大きな作戦であったと言える。

普天堡戦闘は、民族史的な意味を有する波紋を呼び起こした。

主席は、次のように指摘した。

「日や月さえも光を失いかけていた祖国の大地、普天堡の夜空に燃え上がった炎は、民族の再生を予告する曙光であった」（回顧録『世紀とともに』第一部　抗日革命六巻　一六八頁）

我が民族再生の曙光が射し始めたことにより、民族の感激と興奮は全土を震撼させた。

「東亜日報」、「朝鮮日報」、「京城日報」をはじめとする国内の主要な新聞は、一斉に印象的な見出しをつけて普天堡戦闘のニュースを伝えた。

「東京日日新聞」、「大阪朝日新聞」など日本の出版報道と、「満州日日新聞」、「満州報」、「台湾日日新聞」をはじめとする中国の新聞も、この戦闘を大々的に扱った。ソ連のタスはいうまでもなく、「プラウダ」と「クラスノエ・ズナーミャ」も、この報道には紙面を惜しまなかった。

金日成主席は、次のように指摘した。

「普天堡戦闘が有するもっとも重要な意義は、朝鮮は既に死んだと思っていた我が人民に、朝鮮は死なずに生きているということを見せつけたのみならず、闘えば必ず民族の独立と解放をなし遂げることができる、という希望を抱かせた

ところにある」（回顧録『世紀とともに』第一部　抗日革命六巻　一七〇頁）

普天堡戦闘は、日本帝国主義の植民地支配に終止符を打ち、民族の独立と自主権を復活させようとする我が民族の力づよい意志と不屈の精神を内外に広く示威した。この戦闘を通じて我が国の共産主義者は、自らの活動の全路程で終始一貫固守してきた透徹した反帝的な立場と自主的な立場を遺憾なく発揮し、徹底した実行力と威力ある戦闘力を示威した。またこの戦闘を通じて、抗日武装闘争を主導している共産主義者こそ、祖国と民族をもっとも熱烈に愛する誠実な真の愛国者であり、民族解放偉業を成功裏に完成させることができる、もっとも献身的で責任感の強い闘士であることを誇示した。そして国内の民衆をして、武装闘争を主軸とする抗日革命の場に、民族挙げて駆けつけるようにする契機をつくった。

この戦闘が国内の民衆と各界の人々に言い知れぬ衝撃を与えたことは、夢陽呂運亨(14)が普天堡を襲撃したとのニュースに接して興奮のあまり、その足で戦闘現場に駆けつけたところからも充分に察知することができる。解放後に彼が平壌を訪れ主席と会見した席で、「遊撃隊が普天堡を襲撃したとの報に接するや、二〇余年の歳月を日帝の統治下で辱めを受けてきた亡国の民の悲哀が、瞬時に融けるのを覚えました。私はその時、普天堡に駆けつけてみて快哉を叫びました。これでいける、檀君朝鮮は死なずに生きていると思うと、我知らずに涙が流れ出ました」と言った。

白凡金九(15)の秘書（臨時政府時代）をしていた安偶生の証言によれば、金九も普天堡戦闘の報に接して、並み大抵ではない非常に大きな衝撃を受けたという。ある日金九は、新聞をめくっていて普天堡戦闘のニュースを知ったのだが、興奮のあまり窓を開け放しにして、倍達民族は生きていると何べんも叫んだという。

金九はそのとき安偶生に、いまは時局が厳しい時だ、日中戦争が逼迫しているので、運動をすると言っていた人らはみな裏通りに身を隠してしまった。このような局面で、金日成が軍隊を率いて祖国に進攻し、日本人を正面から打ちのめしたのだから、これ以上痛快なことがまたとあろうか。これからは我が臨政が金日成将軍を後援しなければならない。数日内に白頭山に人を送ろう、と言ったという。

このようなエピソードは、金九をはじめ内外の名望ある人士が普天堡戦闘を契機にして、抗日武装闘争を主導する共産主義者をいかほどに信頼するようになったかを示す端的な実例といえる。このような風潮は、反日民族統一戦線に各界各層の愛国的な人々を容易に結束させる有利な条件をととのえた。普天堡の夜空に燃え上がった炎は、我が国の愛国的なすべての人々に、生き甲斐のある人生の座標を照らす明かりになったのである。

（十一）日中戦争と全民抗争の準備の加速化

金日成主席が日中戦争の導火線になった蘆溝橋事件に関する衝撃的なニュースに接したのは、追撃してくる敵を完全に壊滅させた間三峰戦闘の直後である一九三七年七月中旬であった。

主席は激変する情勢を鋭く分析し、それに合わせて主動的かつ積極的な戦略戦術を作成した。

日中戦争は、日帝が華北地方を飲み込んで終わるような局地戦ではなかった。また満州事変のように、数ヶ月の間で速戦即決される類いの戦争でもなかった。この戦争は、それ自体が長期戦に移る火種を秘めており、地域戦争、さらには世界的な大戦に拡大する可能性を含んでいた。

そして日帝が緒戦において、中国の抗日勢力に生じた空白を利用して一時的な優勢を占めることができたが、早晩、恐ろしい陥穽に陥り、最終的には滅亡するであろうことは火を見るより明らかであった。

ここにおいて主席がとった基本的な戦略戦術は、真っ向からぶち当たっていく攻撃戦術であった。

主席は、次のように回顧している。

「革命発展のいろいろな段階で、我々が主に真っ向からぶち当たっていく攻撃戦術で闘ってきたのは、私個人の趣味とか性格から出たものではなく、複雑で試練に満ちた我が革命の求めに応じたものであった。日中戦争が勃発した後、世界を揺さぶった複雑な政局の嵐の中で、我々がもし防御とか後退、迂回する戦法にのみ頼っていたならば、我々の前に横たわっていた難局を打開することができなかったであろう」（回顧録『世紀とともに』第一部　抗日革命六巻　二九〇頁）

主席がとった、真っ向からぶち当たっていく戦術で核心となるのは、日中戦争に対処して革命の主体的な勢力を決定的に強化し、敵の背後で行う撹乱作戦を主動的に活性化させ、日帝の最終的な破滅を予見した全民抗争のための準備を促進することにあった。そのために当面は、白頭山西南部一帯と国内により多くの地下組織網を張り巡らせ、朝鮮人民革命軍の政治工作小グループが、狼林山脈を利用して根拠地を設営すると同時に、国内の至る所に生産遊撃隊と労働者突撃隊をつくり、政治工作員を多数派遣して反日民族統一戦線運動を拡大しなければならなかった。

敵背後の撹乱作戦は、大きく二つの方向で繰り広げることにした。一つは、狼林山脈を足場にして密営網を張り巡らし、国内の至る所に生産遊撃隊と労働者突撃隊をつくる方法で全民抗争の軍事的な基盤をととのえ、国内でいろいろな形態の大衆運動を起こしては日帝の後頭部に打撃を加えることであり、いま一つは、遊撃戦法で日本侵略軍の中国関内への機動を阻害し、その作戦を破綻させることにあった。

このような戦略戦術的な方針に沿って、朝鮮人民革命軍部隊の部分的な改編と、実情にマッチした活動地域の分担が行われた。抗日遊撃隊のこのような動きに対して、日本軍部は対応策を立てようと神経を尖らせたが、味方は大きな期待を抱いた。国共合作をめざした廬山会談では、周恩来と蒋介石の間で、朝鮮半島でも共産主義者による抗日活動が活発化するだろうとの期待が表明されたことが、組織のルートを通じて伝られえてきた。一方、孔憲永（往年の王徳林部隊の副司令、当時は東北義勇軍の総司令）の部下が南京政府の密使としてソ連経由で東北に来て、関内における闘争と東北での闘争を一つに結ぶ必要性を強調しながら、労農紅軍が国民革命軍の八路軍として改編された条件の下で、東北における抗日武装部隊の活動も、総合的な作戦構想の中に含まれてしかるべきではないか、と問題を提起してきた。

主席はこの問題に関連して、関内の実情と東北の実情の具体的な差異点と、東北地方における抗日武装闘争の相対的な独自性を説明しながら、相手が提起した問題に対して疑問を表明した。結局南京政府の密使は、主席の見解が妥当であると認めて自分の提議を撤回し、今後の密接な連係と協調に対する期待を表明した。これに対して主席は、日帝の背後を徹底的に打撃するという、抗日遊撃隊の方針を守るであろうと公約した。

朝鮮人民革命軍は日中戦争の初期から、国内進攻作戦で収めた勝利を固めながら、敵の背後を撹乱する作戦を果敢に展開していった。長白県一九道溝と一三道溝での戦いを手はじめに、輝南県城戦闘など数多くの背後撹乱作戦がつづいた。

これに関連して関内にあった民族革命党の機関紙「前途」は、朝鮮人民革命軍の背後撹乱作戦を取り上げて、「これは紛れもない、朝中両民族の偉大な連合戦線の第一石」と書いた。また米国で発行されている同胞新聞の「新韓民報」一九三七年九月三〇日付は、「天津からの通信によれば、その報道の詳細は下記のごとくである。韓中義勇軍の中でもっとも勇ましく戦さ上手の軍隊は、韓人　金日成将軍……統率下の武装部隊であるが、全員が韓人で編成された師団であるという。……ソ連軍事家の観測は、『万一、一朝にして日中両国が正式に宣戦するならば、日本が満州の片隅の義勇軍を相手にするだけでも、二〇万の軍隊を充てなくてはならない』という。この観測を信じるならば、彼らの実力が偉大なものでなくてなんであろう」と書いた。この資料は、金日成将軍指揮下の軍事力が、日帝の大部隊を関内侵攻から引きずり出すほどの、偉大な存在になっていたということを端的に示唆している。

一方金日成主席は、一九三七年九月に日中戦争に対処して、全朝鮮人民に訴えるアピール文を発表し、数多くの政治工作員を国内に派遣する措置をとった。

九月に発表されたので、九月アピールと呼ばれているそのアピール文は、大きく二つの問題に意義を付与した。九月アピールの中で提起された主な問題の一つが、日中戦争と我が国革命との相互関係を正しく認識することにより、我が民族が希望を失わずに反日闘争を強化していけるようにするためのものであった。

当時、新聞を読んでいた人の中には、日中戦争が進展して日本軍の戦果が拡大するにつれて、独立は不可能だと見る悲観論者が少なくなかった。その反映として同年八月初めから、崔南善、尹致昊、崔麟などは、内外の新聞に日帝との妥協を説教する寄稿文を立てつづけに発表した。主席は、その寄稿文にも注意を払ったと回顧録に記している。

崔南善は、日本の存在とその勃興はすなわちアジアの力の根源であり、東方の光だと言いながら、東方の諸民族は日本を盟主にして大同団結しなければならないと書いた。

三・一独立宣言文の起草者の一人でもある崔南善は、かつて白頭山を、東方万物の最大の意志、東方文化の最要の核心、東方意識の最高の淵源であり、東方大衆の原則でありその活動の主軸であると言った。そのような人が急変して、日本の存在がアジアの力の根源であり、東方の光だと言うのだから、まったくもって驚くべきことだった。

崔麟は内鮮一体で「国民的な赤誠」を発揮すべきであると力説した。三・一独立運動の発起者、三三人に属する人の発言としては、あまりにも背信的であり売国的であった。

尹致昊は、我が民族と日本民族は、同じ船に乗った運命共同体のようなものだと主張した。我が国の近代史に明るい人なら、旧韓国時代の高官であった尹致昊のことは良く知っている。彼は高位の官職についていた人であったが、「日韓合併」には頑なに反対した。それで獄中に繋がれもした。七・七事変が起きた時に彼は、七〇を超した高齢であった。このような老人が、何がしの栄達を望んだとか命が惜しくて、いまさらのように日帝に迎合したとは思い難い。この老人は解放を迎えるや、世間に顔向けすることができないと、八〇を超した老齢で自殺した。自決により自分の恥辱を雪ごうとしたことから察すれば、彼が良心の人であったことは間違いない。そのような人までが敵に転向するようになった因は、日本を過大評価したうえに、情勢の推移を誤って判断したところにあると見ることができる。

主席は、情勢の推移を近視眼的に見ると絶望に陥るが、巨視的に情勢の推移を考察するならば、独立戦争の絶望ではなく、明るい展望を見通すことができる、したがって後日、日帝との決戦を闘える、民族挙げての全民抗争の準備を急ぐようにと強調した。

九月アピールで提起されたもう一つの重要問題は、全民抗争を準備する戦略的な方法を明らかにすることにあった。

アピール文は、日中戦争が我が民族にとっては一つの有利な機会になるので、一旦有事が到来した暁には、断固とした行動をとる準備をととのえなければならない、銃後で武装暴動と破壊活動を行う前衛的な執行組織としての生産遊撃隊と労働者突撃隊を組織することが重要であり緊要である、全人民的な抗争時期が到来した暁には、朝鮮人民革命軍の軍事行動に合流し、日本軍を完全に打ちのめさなければならない、と強調した。

金日成主席は、九月アピールを自分自身に対する要求として受け入れ、全民抗争準備の突破口を切り拓くべく、護衛隊員だけを率いて直接国内に進出することにした。第一の目的地は咸鏡南道の新興地区、二番目の目的地は豊山であった。

国内進出の最初の目的地として新興地区が選ばれたのは、この地区が咸興、興南など我が国の労働者階級がもっとも集結している大きな工業都市に隣接していたからであった。赴戦嶺山脈の南側山麓に位置した新興地区の鬱蒼と茂った森の中には、既にいくつかの密営が設営されており、小部隊活動の拠点として利用されていた。

主席の新興地区進出は、極度の沈滞に陥っていた我が国の労組、農組運動を、日中戦争が勃発した状況に合わせて復活させ、路線上の転換を起こすうえで一つの契機となった。路線転換を起こすうえで、過去の労働運動の経験から学び、長所は取り入れ、弱点は退治する方法で労働運動の新航路を開拓することにより、痛恨の失敗を繰り返さずに済む新たな展望が開かれた。

次の目的地である豊山に到った主席は、天道教道正であった朴寅鎭と会い、祖国光復会組織に網羅されている天道教徒をはじめとする民衆を、全民抗争の準備に立ち上がるよう導いた。

新興を経て豊山に到る道は、地図上の直線距離でも三二〇㎞を超す路程であるが、その険しい道を切り拓いて行った主席の労苦のおかげで、全民抗争の準備が加速化され、歴史の新たな章がめくられたのである。主席は、「祖国の山野に秋が深まりかけていたその時、祖国光復の大綱を抱いて険しくも遠い道のりを踏破して行った私の祖国遍歴は無駄ではなかった」（回顧録『世紀とともに』第一部　抗日革命六巻　三六六頁）と回想している。

主席が新興と豊山地区を見て回った後、赴戦、咸興、興南、元山、端川、豊山、新興をはじめとする全国各地には、全民抗争勢力が急速に成長していった。

黄水院ダム建設工事現場で労働者突撃隊がつくられたのについで、厚峙嶺生産遊撃隊が組織され、幾多の工場ではつづけざまにストライキが決行され、人夫らの集団脱走事件が起こった。

咸興―新興区間の多くの工場、炭坑でも労働者突撃隊がつくられ、至る所でストライキとサボタージュ、爆発事故などを相次いで起こした。

咸興の萬歳橋の欄干と東興山の九千閣に、九月アピールに関連して宣伝文が張り出されたのもこの頃であり、金日成が咸興の街に現れ散髪をしていった、金日成が日本陸軍病院に入院した、などの噂が立ったのもその頃であった。

咸興、興南地区の工作員は、潜伏していた労組関係者を数百人も探し出し、彼らをすべて祖国光復会に吸収した。興南地区労組は労働者突撃隊の源泉地と化した。

我が国の産業地帯ではどこへ行っても祖国光復会の組織が根をおろし、その組織の影響下で労働者階級の闘いが力づよく繰り広げられた。これは日中戦争を引き起こし、我が民衆に対する暴圧と略奪に血眼になっていた、日帝に対する反抗の表れであった。

九月アピールが発表されてから五～六年が過ぎたある日、新聞紙上に我が国の青年学生に学徒出陣を勧める曺晩植の勧告文が載ったのだが、その勧告文は世間の人を驚かした。曺晩植までが転向するようでは、世の中の民族運動の指導者と称する人の中で、転向していない人は一体誰なのか、当時の人々はそのような疑惑を抱くようになった。

しかし労働者階級は、主席が打ち出した全民抗争の準備を急いだ。

全民抗争の準備を加速化させるためには、農民運動を再組織することが重要であった。

金日成主席は、次のように指摘している。

「日中戦争の開始は、我々に全民抗争の準備を加速化させる可能性をもたらした。この準備作業では、我が国人口の八〇％以上を占めている農民大衆を、どのように意識化し組織化するのかということが、非常に重要な意義をもっていた。労働者階級とともに国内の農民大衆を革命化することは、抗日革命を遂行するうえで、我々が真っ先に掌握していかなければならない重要な生命線であった」（回顧録『世紀とともに』第一部　抗日革命六巻　三一五～三一六頁）

国内の農民運動に対する朝鮮人民革命軍の指導は、いろいろなルートを通じて実現されたが、ここで中軸になったのは、朝鮮人民革命軍の主力部隊から選抜された政治工作員と、西間島地方の祖国光復会組織が育成した地下組織員であった。

朝鮮人民革命軍の政治工作員と堅実な農組指導者らの共同の努力により、農民運動には大きな変化が生まれた。国内の農組組織の動向で注目を引いたのは、吉州農組の新聞「赤い追慕」が編集した特集記事、「金日成部隊を積極的に支援しよう！」というスローガンを載せたことからも分かるように、抗日遊撃隊に対する熱烈な憧憬が普遍化したことであった。

農民運動に対する朝鮮人民革命軍の指導がおよび始めてから、国内の農民運動では画期的な路線転換が起きたが、階級闘争一面に偏っていた従来の方式から脱して、攻撃の主な矛先を日帝に向けるようになった変化、農組組織を拡大するうえで閉鎖主義が克服され、農組組織に結集する対象の幅を前例になく広げた変化、農組組織の活動においては独自性を保障したうえで、地方同士がお互いに連係を保ちながら、実情の通報から闘争方法の選択と闘争目標の設定に至るまで、すべての面で共同歩調がとられるようになった変化などは、もっとも重要な変化であった。

農組の革命的な改編と農組運動の新たな活性化により、咸鏡南・北道の幾多の地方では、これまでの農組組織を土台にした祖国光復会組織が数多くつくられるようになり、新義州支会をはじめとする多くの祖国光復会下部組織が、鴨緑江中流地帯の農民にまで影響力を拡大させていった。

これに止まらず平壌、南浦、鉄原、ソウル、仁川、大邱、釜山、全州、光州にある祖国光復会の組織を拠点にして、朝鮮半島中部と南部の農民の間でも、異なった名称をもつ革命組織がつくられた。

組織拡大とともに意識化させる活動も活発に繰り広げられ、「祖国光復会一〇大綱領」の趣旨が農民大衆の間に広く伝わっていった。白頭山の武装闘争に呼応して、全民抗争への決起を訴える宣伝活動もまた広く行われた。

我が国の農民運動は、抗日武装闘争と密着した新たな段階に入っていった。全国至る所で、祖国光復会の傘下に、数十数百万の農民大衆が結集することになった。

（十二）再び国内に

一九三七年は抗日革命の全盛期であった。朝鮮人民革命軍主力部隊の白頭山地区進出が巻き起こした波紋に乗じて、歴史的な転換期に突入した我が国の民族解放運動と共産主義運動は、前例のない幅と深度で高揚一路を突き進んでいた。

まさにこのような時期に、我が国の革命は猛々しい挑戦に直面し、いま一度試練を経ることになった。抗日遊撃隊が白頭山地区を離れ撫松、濛江県一帯で活動していた間に、白頭山地区に進出して一年余りの間につくっておいた地下組織が破壊され、幾多の革命家が犠牲になった。

朝鮮人民革命軍の主力部隊が白頭山地区を離れ、撫松、濛江県一帯に移動するようになった直接的なきっかけは、コミンテルンが下達した熱河遠征に関する指示にあった。

熱河遠征とは、簡単に言って、東北地方の抗日武装部隊が遼西と熱河地方に進出し、東征する八路軍部隊との連合作戦を行うことにより、関内に侵攻する日本侵略軍を制圧する作戦をいう。コミンテルンが追求したこのような戦略的目的は、北上して再び東征する八路軍と、西征する抗日連軍部隊が熱河境界線で合流することにより、中国関内と東北地方での抗日闘争の一体化を実現させ、全般的な革命運動において新たな高揚を呼び起こすところにあった。

主席は、国内革命を一大高揚へと導いていかなければならない重大な時期にもち上がった熱河遠征が、無謀な作戦であることを見抜いていた。主席は、「コミンテルンが遠征を強要したが、私ははじめからそれが無謀な作戦であるとみなした」（回顧録『世紀とともに』第一部　抗日革命七巻　七四頁）と言っている。

熱河への遠征計画はコミンテルンの指令として下されたが、それを作成し示達した人は王明であった。

一時中国共産党の指導的な地位にいた王明は、モスクワに逗留しながら中国の実情とは合わない路線を作成し示達していた。王明の路線の主な弊害は、「国際路線」という美名の下で強要した極左にあった。彼が作成した熱河への遠征計画もまた、左傾冒険主義的なものであった。

コミンテルンは熱河遠征に関する指令の中で、朝鮮人民革命軍主力部隊が、以前に抗日連軍一軍が占めていた海竜、吉海線方面に深く入り込み、長春を半月形に包囲する作戦に直接参加して、熱河方面に進撃する一軍の活動を積極的に支援することを求めてきた。この要求を飲めば、朝鮮人民革命軍は抗日革命の策源地である白頭山根拠地を出て、遠く西方に移動しなければならなかった。

この作戦は軍事的な側面から見ても、まったく非現実的なものであった。なぜならば、それが遊撃戦の戦術とは合わないものであったからである。遊撃隊が山岳地帯を出て広野に進出するということは、魚が水から飛び出て陸地に上がるのと同じように、危険極まりない冒険であった。抗日連軍部隊が本来の活動区域を出て、熱河や遼西にまで行こうとすれば、敵の要衝地が集結している南満州鉄道沿いの広い平原地帯を通過しなければならなかった。そのような開かれた平原で、大砲とか戦車のような重武器を保有している敵の正規軍と遭遇すれば、軽武装の遊撃隊は勝算のない戦いを強いられることになる。

冒険主義的な熱河遠征に関する指示が下された重大な局面で、金日成主席は主体性を固守しながらも、コミンテルンの意図に力を添えることができる原則的な立場をとった。主席はこれについて、「コミンテルンが出した指令の中には、現実とかけ離れたものもありました。にもかかわらず私は、そのつど指令に対して慎重に振る舞い、それを我が国の具体的な実情と関連させながら理解し、国際的な利益と民族的な利益の両者を結合させるため、用意周到に思索し鋭敏に行動するよう努めました」(回顧録『世紀とともに』第一部　抗日革命七巻　八四頁)

主席は、熱河遠征作戦が中国東北地方の変革運動の発展を害するばかりでなく、我が革命の立場から見ても非常に一面的でありかつ害をおよぼすものであることを看破しながらも、その執行においては慎重を期した。主席は当分の間、臨江、撫松、濛江一帯で流動作戦を展開しながら、我が革命を推進するための政治軍事活動を行い、適当な時期が来たら一軍が移動した方向にゆっくりと動くようにした。

しかし一九三八年春、楊靖宇が率いた一軍の部隊は、遠征を開始するや否や敵軍の包囲網の中で悪戦苦闘することになり、熱河への遠征計画は撤回された。これを打開するため、主席は一部の部隊を移動させて、一軍を包囲している敵軍を分散させる作戦を起こした。臨江、撫松、濛江一帯で朝鮮人民革命軍部隊が放った銃声は、一軍の苦しい境遇を改善するうえで決定的な力になった。

金日成主席は、熱河遠征作戦の失敗の原因を、教訓的な視角から科学的に分析している。

主席はその原因が、多くの研究家が指摘しているごとく、日満統治秩序の樹立と敵軍の圧倒的な優勢という、客観的な条件にあったことは事実であると指摘した。と同時に、それを客観的な条件のせいだけにしてはいけないとも指摘している。遠征の主体は東北抗日連軍の各部隊であり、遠征路線を強要したコミンテルンもまた、広い意味からすると遠征の主体であった。なのにコミンテルンは路線の作成と指導において主観主義を犯し、東北抗日連軍の各部隊はその執行と実践において盲目的であった。結局、コミンテルンの主観主義と冒険主義が、遠征失敗の基本的な原因になるのである。

主席が濛江県の大甲拉子密営に至った時、朝鮮人民革命軍主力部隊がしばし白頭山根拠地を留守にした間に、党組織拡大活動と祖国光復会拡大活動で甚大な損失があった旨の報告を受けた。「恵山事件」(16)の詳報を受けた主席は、言い知れぬ大きな憤激を押さえることができなかった。主席は即座に馬東熙などの工作員を派遣して、事態の収拾にかかった。

一九三八年秋に濛江県の南牌子(17)では、朝鮮人民革命軍と東北抗日連軍の軍政幹部会議が一〇余日間つづいた。会議では熱河遠征の左傾冒険主義的な本質とその結果が辛らつに批判分析され、遠征の深刻な後遺症を治癒する対策が論議された。

会議では敵の大規模な攻勢に対処し、朝鮮人民革命軍が白頭山を中心にした国境地帯に進出して軍事政治活動を積極的に繰り広げる問題と、破壊された祖国光復会組織を整備復旧し、大衆政治活動を積極化する問題などが討議決定された。

会議ではまた、朝鮮人民革命軍部隊を方面軍に編成し、その指揮官らを任命して部隊の活動区域を分担した。

南牌子会議の重要性に関連して、主席は次のように指摘している。

「歴史学者は、南牌子会議の政治軍事的な意義を、きちんと叙述する必要があります。南牌子会議は南湖頭会議とともに、朝鮮革命と東北革命の主体性を強化するうえで、大きな役割を果たしたと言えます。革命の主体性とは何を指しますか。独自的な判断と決心をもって、自国の特性と実情に合わせて革命を自主的に行うことを意味します。
南牌子会議を契機にして、朝鮮革命は質的に一歩飛躍したと言えます」（回顧録『世紀とともに』第一部　抗日革命七巻　九六頁）

我が革命の主体性を強化するうえで、一歩質的に飛躍した南牌子会議を契機にして、朝鮮人民革命軍の全将兵は大いなる励ましを受けた。この励ましがあったからこそ、彼らはこの時から始まった「苦難の行軍」のような、歴史に類例のない試練にゆうに打ち勝つ力をもつようになったのである。

一九三八年一二月から翌年の三月末まで、濛江県南牌子から長白県北大頂子に到る朝鮮人民革命軍主力部隊の行軍を「苦難の行軍」と呼ぶ。

「苦難の行軍」が行われた一九三八年末～一九三九年初めは、抗日武装闘争史の中でもっとも厳しい試練の時であったにもかかわらず、祖国に進攻するため鴨緑江沿岸へと行軍を断行したのは、戦いの途上に迫り来る逆境を順境に転換させるためであった。

腕組みして心配するだけでは、問題を解決することができない。もちろん、密営のような所に居座ってじっとしていれば、一冬を無事に過ごすこともできたし、勢力も保存することもできた。しかしそのような方法で現状維持に汲々としていては、直面した難局を打開することもできなかった。「恵山事件」により幾多の革命組織が破壊され、敵が人民革命軍は全滅したとの嘘の宣伝を繰り返している中、西間島地区と国内の民衆の士気が落ち込んでいるこの時、革命を再び高揚させるためには、「苦難の行軍」のような最大の試練を経ることがあっても、一日も早く国内に進出しなければならなかったのである。

南牌子から北大頂子までは徒歩で五～六日なら充分にいける距離だが、「苦難の行軍」は敵と戦いながらの行軍であったがために、百余日の日数を要する労苦を重ねなければならなかった。日帝は朝鮮人民革命軍の主力部隊に「討伐」戦力を挙げて集中させた。一軍はほとんど壊滅させいくらも残っていない、残っているのは金日成部隊だけだ、ここに全力を集中させろと騒ぎ立てた。南牌子を幾重にも包囲していた敵は、朝鮮人民革命軍の移動が始まるや、即座に追撃を開始した。追撃と包囲が執拗につづき、そのような状況の中で日常茶飯事のごとく戦わなければならなかったので、行軍は辛酸をなめ尽くす艱苦の内につづいた。加えて酷寒との厳しい闘い、極度に達した食糧不足との闘い、恐ろしい病魔との闘い、困難に打ち勝つための自分自身との闘いが複雑に入り乱れ、「苦難の行軍」は文字通り最初から最後まで、厳しい試練と難関が打ちつづいた苛酷な行軍であった。

「苦難の行軍」は単なる部隊移動のための「苦難の行軍」ではなく、一つの戦役に匹敵する大規模な軍事作戦であった。艱苦な抗日武装闘争の縮図そのものであったともいえる。この行軍過程で抗日遊撃隊員は、軍人として経るすべての苦痛に耐え、人間として体験するすべての試練に打ち勝った。

主席は、苛酷を極めた「苦難の行軍」を勝利の内に終えることができた要因が何かについて、いくつかの点を挙げて説明している。

第一の要因として挙げているのは、不撓不屈の革命精神、自力更生と刻苦奮闘の革命精神、革命的な楽観主義精神である。

このような精神的な要因が抗日遊撃隊員らをして、辛酸をなめ尽くす困難を経ながらも悲観することなく、勝利の希望を抱いて万難を克服させたのである。

第二の要因として挙げているのは、革命的な同志愛である。革命的同志愛は抗日革命の全路程を貫通している勝利の重要な要因の一つではあるが、「苦難の行軍」過程では、遊撃隊員の道徳・義理がとくに最大限に発揮された。

「一合のはったい粉」のようなエピソードは、その当時に生まれた数多い美談の内の一つに過ぎない。伝令兵は司令官用の非常食として、リュックに一合程のはったい粉を大事にとっておいたのだが、主席はそれを自分独りでは到底食べることができなかった。それで隊員らと分けて食べたのだが、この話が後世に伝説のような話として伝えられた。

隊員らは百余日にわたる行軍の全路程で、全員が一合のはったい粉を分け合う精神で生き、戦ったので、飢え死にするようなことはなかった。ぼろぼろになった服をまとい酷寒をついて行軍はしたが、いつも体はほかほかと暖かく、心は熱かった。遊撃隊員らが誰一人、飢え死にも凍え死にもせず不死鳥のように生き延びることができた秘訣は、ここにあったのである。

第三の要因として挙げているのは、遊撃隊に対する民衆の愛と支援である。行軍部隊は厳しい中でも、いつも民衆の愛と支援を受けた。米とか塩、履物とか布地のような緊要な物資を背負い、死線を超えて遊撃隊を訪ねて来た有難い人々に関する美談もまた伝説のように伝えられている。

最後の要因として挙げているのは、その時々の状況に見合った巧みな遊撃戦術を能動的に活用したことだ。執拗に追撃してくる敵の戦法には、ジグザグに路程を組む戦法を適用して、折れ曲がる道の要所ごとに敵を奇襲しては多大な損害を与える神妙な戦術、前後から食い下がる敵に同士打ちをさせる「昇天入地」戦術、集中行軍と分散行軍の組み合わせ、敵の砲射程範囲内に入る広野を白昼大胆に強行軍して抜け出る戦法などの巧妙な戦術を使って、あのような不利な状況下でも我が軍の行軍路を切り拓いていったのである。

抗日遊撃隊は「苦難の行軍」を通して、抗日武装闘争に立ち上がった共産主義者こそ真の祖国の子、民衆の子であり、民族と民族解放偉業にもっとも忠実な抗日の闘士であることを、いま一度世間に知らしめた。彼らは「苦難の行軍」を行いながら、自己の人格を高いレベルで磨いていった。この行軍の過程で形成された我が国共産主義者の美しい人間像は、我が民族の構成員全てが見習わなくてはならない共産主義的な人間像のモデルになった。これがまさしく「苦難の行軍」

が勝ち取った重要な成果であり、抗日革命がなし遂げたもっとも大きな業績の一つになる。

主席は「苦難の行軍」を勝利の内に終え、一九三九年四月に北大頂子において朝鮮人民革命軍幹部会議を召集して、「積極的な反攻撃戦で日帝侵略者に連続打撃を加えて祖国に進軍しよう」という演説を行い、南牌子会議で確定した祖国進出方針を再確認した。

朝鮮人民革命軍の政治軍事作戦におけるもっとも重要な指向点は、祖国への進攻にあった。すなわち、大小さまざまな軍事作戦を数多く行いながらも、その総体的な指向点は常に祖国への進攻と祖国解放という目的に置き、そこにすべての力を集中してきた。

加えて一九三九年五月という時点での祖国進出は、より重大な意味を有していた。当時は「恵山事件」の余波を受けて、西間島地方の革命組織とともに国内北部一帯の一部の革命組織が大きな被害をこうむり、生き残ったいくつかの組織も中核的な組織をほとんど失い、弾圧を免れた革命組織は萎縮した状態に置かれていた。それに加えて敵は、「恵山事件」後、朝鮮人民革命軍が全滅したとの宣伝ラッパを鳴らしつづけた。

このような状況の下で抗日革命を高揚させる最上の方策は、朝鮮人民革命軍の大部隊が国内に進出して敵を討ち、内外にその存在を示威するほかに方法がなかった。

祖国進出の切実性はまた、破壊された革命組織を復旧してそれを拡大する一方、党組織の拡大と統一戦線運動をしっかりと行い、民衆を全民抗争へと呼び起こすところにあった。

国内進攻の攻撃目標になった候補地としては、咸鏡北道の茂山地区が選ばれた。普天堡戦闘が行われた後、茂山地区は敵の悪質な守備隊武力が何倍かに増強された所であった。このような地区に大部隊が進攻することによって、国内の民衆に与える影響も一層大きくすることができたのである。

主席は北大頂子会議の後、朝鮮人民革命軍の主力部隊を自ら率いて遅滞することなく春季反撃戦に移り、鴨緑江流域の数ヶ所で敵を連続的に打撃する戦いを展開した。そして五月上旬には間白山密営で、祖国進撃作戦計画を完成すると同時に指揮幹部会議を招集し、祖国進撃作戦を行った後に白頭山東北部一帯に新たな根拠地を設営し、国内の各地で朝鮮人民革命軍の政治軍事活動を一層積極化する方針を打ち出した。

主席は一九三九年五月一八日、朝鮮人民革命軍主力部隊を率い、五号堰を通って鴨緑江を渡り、国内に進出した。

祖国での最初の夜は青峰で露営した。露営の準備を終えた隊員らは、政治宣伝をする目的で樹皮を剥がしてスローガンを書き込んだのだが、抗日闘士の意気込みが染み込んでいるこのスローガンは、今日まで大切に保存され、当時の闘士らの崇高な魂を伝えている。

次の日、部隊は乾昌に移動した。この時、敵は守備隊と警察隊を大々的に投入して、密林の中を隈なく捜索し始めた。隠密にことを進め、部隊の茂山地区への進出を保障することが、国内進攻作戦の成否を左右する問題となった。

部隊が乾昌を出発して枕峰に到った時、東側の原始林の中に新しくつくられた道路があることを探知した。その道路は「甲茂警備道路(18)」と呼ばれ、甲山と茂山の無人地帯を連結する非常用の警備道路で、完工検査を待つばかりであった。

主席はこの時、一行千里戦術（一気に千里＝日本の里数で百里を行く戦術・筆者註）を使って茂山地区に迅速に進出する大胆な行動方針を打ち出し、朝鮮人民革命軍主力部隊を率いて白昼に三池淵を経て一〇余里を堂々と行進し、豆満江沿岸の茂浦に到着した。

茂浦の露営地で主席は、これから大紅湍地区に進出するという行動計画を明かし、部隊が新四洞と新開拓一帯で軍事活動を繰り広げるようにした。

主席は五月二二日に新四洞に進出し、民衆を前にして「祖国解放を早めるために反日闘争に積極的に立ちあがろう」という歴史的な演説を行った。

朝鮮人民革命軍主力部隊は主席の指揮の下に五月二三日、遊撃隊の茂山地区進出を阻止しようと必死になっていた敵を、巧妙な誘引待ち伏せ戦術で全滅させ、大きな軍事的な勝利を得た。

主席は、大紅湍で放った銃声もまた大きな歴史的な意義を有すると、次のように指摘している。

「茂山地区戦闘は普天堡戦闘とともに、我々が国内で行った軍事作戦の中で、もっとも規模が大きく意義ある戦闘でした。普天堡戦闘が、朝鮮は死なずに生きているということを示威した戦闘であったとするならば、大紅湍戦闘は、敵が全滅させたと宣伝していた朝鮮人民革命軍が健在しているのみならず、むしろ一層強大な勢力に育ち、日本帝国主義者に連続打撃を加えていることを実際に見せつけた、歴史的な戦闘でした」（回顧録『世紀とともに』第一部　抗日革命七巻二二六頁）

茂山地区の銃声は意気消沈していた国内の民衆に、抗日革命がたゆむことなく勝利の一路を歩んでいるという希望を与え、「恵山事件」の余波で一時的にしろ萎縮していた国内の革命運動に、新たな活力を吹き込んだ強心剤のような役割を果たした。それはまた、朝鮮人民革命軍が全滅したと騒ぎ立てていた敵の宣伝が、完全な虚偽であることを天下に暴露した。茂山地区戦闘の後、国内各界各層の広範な民衆は、朝鮮人民革命軍が健在している限り、祖国光復の日は必ずや訪れるであろうという確信をもって、抗日革命の流れに身を投じるようになったのである。

主席は茂山地区進攻作戦の後、闘争舞台を白頭山東北部一帯に移し、この地区を革命の戦略的な基地に築き上げる活動を促進する一方、茂山、延社地区をはじめとする北部国境一帯と国内奥深くに、革命の砦を築く戦いを展開した。

白頭山東北部地帯と北部国境一帯に、隠れた強力な戦略基地が築かれることにより、当時のような厳しい状況の下でも抗日革命の根拠地はより広い地域へと拡大し、その基地を足場にして、日帝との最後の決戦を成功裏に推し進めることのできる準備が計画的にととのえられていった。

朝鮮人民革命軍の積極的な軍事政治活動に極度に慌てふためいた日帝は、一九三九年末から数十万におよぶ大兵力を動員して、「東南部治安粛正特別工作」なる大規模な「討伐」作戦を敢行するに至り、抗日革命の前途にはまたしても厳しい試練が迫ってきた。

主席はこの時のことを思い出しながら、次のように指摘した。

「我々が行った武装闘争の全期間中で一番苦しかった時がいつかと言えば、それは一九三〇年代末から一九四〇年代の初めまでです。『苦難の行軍』の時も困難を極めたが、日帝が『東南部治安粛正特別工作』なる名目の下で、東南部三省に対する大々的な『討伐』を敢行した時も苦労を重ねました。東南部三省というのは、吉林省、通化省、間島省を指します。段階ごとの闘いはすべてが苦しく複雑であったが、この時に経験した苦労は本当に忘れることができません」（回顧録『世紀とともに』第一部　抗日革命七巻　三〇三頁）

主席は敵の大規模「討伐」に対処して、白頭山東北部の広大な地域での大部隊旋回作戦を開始し、敵の「討伐」を撃破するようにした。

大部隊旋回作戦は主に密営を中心にして展開した従来の軍事政治活動とは異なり、大部隊があらかじめ決めておいた秘密ルートに沿って開かれた地域を休みなく旋回しながら、敵が予見することのできない所に不意を突いて現れ、敵を討ってはものの見事に姿を消し、敵が押し寄せてくれば迅速によそに移動して活動をつづける、神出鬼没な臨機応変の作戦であった。

大部隊旋回作戦は、朝鮮人民革命軍をして持続的に主導権を堅持し、数量的にも技術的にも優勢な敵をあちこちと引きずり回しながら打撃消滅する巧妙な作戦であり、朝鮮人民革命軍の力を最大限に保存しながらも敵の「討伐」攻勢を粉砕し、抗日武装闘争をたゆみなく拡大発展させるようにした作戦であった。

一九三九年一二月の六棵松戦闘と夾信子戦闘、一九四〇年二月に行った大馬鹿溝戦闘、三月に行った紅旗河戦闘は、この時期の代表的な戦闘であった。紅旗河戦闘は、日帝の悪名高い「精鋭部隊」として名をはせた前田部隊を全滅させて有名になった戦闘である。

一九三〇年代後半期における朝鮮人民革命軍の軍事活動で特記すべきことは、社会主義国家・ソ連に対する侵攻の機会を狙っていた日本侵略軍の背後を打撃した戦闘である。

主席は、一九三〇年代半ばにソ連当局が、在ソ連朝鮮族を中央アジア地域に移住させた処置を耳にして、亡国の民の悲しみを痛切に感じた。

主席は、次のように指摘した。

「一九三〇年代中葉、極東地域で暮らしていた朝鮮人を、中央アジア地域に集団的に移住させる措置が取られていました。ソ連人は、カザフスタンとかウズベキスタンへの朝鮮族の集団移動が、自衛のための不可避的な措置であったと説明したが、朝鮮人はその措置を快く受け入れませんでした。

私もまたその話を聞いて、亡国の民の悲しみを骨の髄まで感じ取りました」(回顧録『世紀とともに』第一部　抗日革命七巻　三七四頁)

しかし主席は大義のため、最初の社会主義国家であるソ連を武力で擁護しようというスローガンを最後まで掲げて戦った。

張鼓峰事件(一九三八年)当時に朝鮮人民革命軍が行った臨江一帯での敵背後撹乱作戦、ノモハン事件(一九三九年)

当時に大沙河、大醤河で行った戦いなどは、血をもってソ連を助けた代表的な戦闘であった。

朝鮮人民革命軍のソ連支援作戦は、民族革命と世界革命を輝かしく結合させた模範をいま一度披露した、意義深い出来事であった。

ソ連を積極的に助けた背後撹乱作戦は、ソ連を助ける戦いであったと同時に、自分自身のための戦いでもあった。なぜなら、ソ連人は我が国共産主義者の国際主義に、国際主義をもって答えたからである。

(十三) 韓国近代史に残した金正淑女史の歴史的な業績

一九三〇年代以降の韓国近代史は、金日成主席が領導した抗日武装闘争を主流にして展開された歴史であり、したがってそれは主席の領導によって輝く歴史であると同時に、金日成主席のもっとも親しい戦友として、抗日革命戦争の女将軍として、不屈の共産主義革命家として革命活動を繰り広げた、金正淑女史の偉大な業績によって輝く歴史でもある。

北朝鮮では金正淑女史を、金日成主席、金正日将軍とともに、白頭山三大将軍として崇めている。これは韓国近代史に残した歴史的業績の偉大性から、金正淑女史が白頭山を中心にした抗日武装闘争が輩出した、三大偉人の一人として親しまれていることを意味する。これは逆説的に、女史がなし遂げた業績の偉大さをそのまま物語っていることにほかならない。

韓国近代史の主流をなしている抗日武装闘争は、民族史の新たな章、韓国現代史の礎を特徴づける革命伝統になっている。民族の現代史は、韓国近代の中でもっとも困難であった時期につくられた、抗日革命の革命伝統を受け継ぐことによって、民族史の全盛期へと繋がっていったのである。

自主、独立、民族の繁栄として輝く韓国現代史は、事大と隷属に染められた南の社会ではなく、北の社会がその原動力となって開拓した歴史であり、白頭山の革命伝統を精神的な栄養素として取り入れてつくられた歴史である。

韓国近代史が残したもっとも偉大な業績である白頭の革命精神で中核をなすのは、革命の領袖に対する絶対的な忠誠心、領袖を命を賭して守り抜く精神、領袖が提示した路線と方針を無条件に、決死貫徹する精神などであるが、このような精神的な遺産をもっとも高いレベルで体現し、その崇高な模範を示したのがほかならぬ金正淑女史であった。これにより金正淑女史は、今日も民族構成員全員の鑑として輝いているのである。金正淑女史が韓国近代史に残した歴史的な功績の内、もっとも重要なものの一つがまさしくここにある。

金日成主席は回顧録『世紀とともに』の中で、金正淑女史の崇高な精神的風貌を物語る秀でた特質をいろいろと分析している。

民族の母、民族の鑑としての金正淑女史の精神的風貌で抜きん出ているのは、自民族の領袖に対する信念化した忠誠心、領袖に対する絶対的な忠誠心にある。

主席は、これに関して次のように記している。

「彼女は司令部の路線とか作戦的な方針とは異なる、誤った思想に対しては、寸毫の妥協もせず意を決して闘いました。彼女は徹底した思想論者でした」（回顧録『世紀とともに』第一部　抗日革命七巻　一八六頁）

金正淑女史は、自国の領袖の思想によってのみ革命が開拓され勝利するということを信念化した思想論者であり、領袖の思想がもつ正当性と真理性を揺ぎない信念とし、その思想から導き出される路線とか方針とは異なる、誤った思想に対しては微塵も妥協せず徹底的に闘い、それを擁護貫徹するためにすべてをなげうって闘った共産主義革命家の鑑である。

主席は、女史のこのような思想的な風貌を、一九三八年に青峰密営で起きた事件を事例として取り上げている。

「苦難の行軍」期に西間島にあった青峰密営では、密営の責任者である厳光鎬と金正淑女史をはじめとする女性隊員らの間で、南牌子会議の方針を巡って深刻な意見相違が露わになった。回顧録には、金正淑女史の思想的な原則性を物語る内容が収録されている。

分派の悪習から抜け切れないでいた厳光鎬は、次のような内容の発言をした。……いかなる革命でも、高潮期があると思えば退潮期も存在する。高潮期には高潮期に適応した戦略を打ち立てねばならず、退潮期には退潮期に見合った戦略を打ち出さねばならない。そのためには情勢の変化を見つめて、正確な診断を下さなければならない。そして退潮期の兆候が見えたのなら、退潮期が到来したことを素直に認めるべきである。それはそれとして、いま我が革命はいかなる段階に置かれているのか、退潮期に置かれている、見よ、熱河遠征も失敗し、「恵山事件」が起きた余波で革命組織も全部潰されたではないか、これが退潮期でなくて何なのか、このような状況の下では「一歩前進、二歩後退」の教訓を肝に銘じなければならない、言わば攻勢と全面対決は避け、有利な機会が到来するまで退却すべきである、これが革命を救う道である。…………

厳光鎬はこのような主張を、密営にいたすべての隊員に押し付けようとした。しかし金正淑女史は、厳光鎬の主張が司令部の方針とは異なることを看破して、彼の主張を要旨次のような内容で論駁した。

「客観的な情勢が革命闘争に大きな影響を与えるということは、もちろん我々も認めるところである。だからと言ってそれを絶対化してはいけない。革命家は情勢が不利であればあるほど、それに反作用して、禍を福に転じさせるために奮発すべきである。これは司令官同志の志である。朝鮮の共産主義者は、情勢が有利な時も闘ってきたし、不利な時にも闘争をつづけてきた。もしも朝鮮の共産主義者が、情勢が不利な時には隠れて過ごし、情勢が有利な時だけ闘ってきたのなら、朝鮮人民革命軍という常備の軍事力をもつことができたであろうか。そしてまた、銃剣が林立する国境を突き破って普天堡を襲撃するという、大胆な軍事作戦を実行することができたであろうか。マルクス・レーニン主義が共産主義の学説であるので、革命の活動と実践においてそれを指針にすることは、もちろん良いことである。しかし司令官同志が常々強調しているように、マルクス・レーニン主義も朝鮮の実情に合わせて創造的に適用すべきで、丸写しするようなことがあってはいけない。あなたは『一歩前進、二歩後退』の本質も取り違えているようだが、朝鮮革命が幾重もの難関を突き破って発展してきたことを認めないと言うのか。あなたはいまのような情勢の下では、退却だけが上策だと言うが、いったい我々に退却する銃後があるとでも言うのか。我々が退却してしまえば、一体誰が革命の高潮期をもたらしてくれると言うのか。南牌子会議で司令官同志が宣言したごとく、我々は困難な時ほど、難関を突き破っていかなければならない。そして逆境を順境に変えなければならない」（回顧録『世紀とともに』第一部　抗日革命七巻　一八六～一八七頁）

女史が厳光鎬に加えたこのような辛辣な批判がもっとも原則的な批判になるのは、領袖の思想と路線を徹底して守り通す時にのみ、革命は救われるということを確信する透徹した自覚から導き出されたものだからである。

領袖の思想に対する限りなき忠実性、それを守り通すうえでの高度な原則性、領袖の思想からの些細な離脱や偏差も許さない非妥協性は、金正淑女史の体質と化した思想的特質の一つであった。

民族の母、民族の鑑としての金正淑女史の精神的な風貌で抜きん出ているのはまた、領袖を決死擁護する革命精神にある。

金日成主席は回顧録の中で、領袖を決死擁護する女史の精神について、「金正淑は幾度も私を危機から救ってくれました。彼女は、私の身辺安全のためなら、いつ何時でも肉弾になる覚悟をもっていました」（回顧録『世紀とともに』第一部　抗日革命八巻　一六九頁）と遠慮がちに表現している。

つづけて主席は、領袖を決死擁護する革命精神を物語る数多くの事例の中から、大沙河戦闘と撫松県城戦闘の時にあった、二つの出来事だけを記している。

朝鮮人民革命軍の主力部隊が小哈爾巴嶺へと移動しながら、一九三九年八月に大沙河で戦闘を繰り広げた時、危険な局面が迫っていた。一群の敵が主席の身辺に隠密に接近していたのである。しかし主席は戦闘指揮に熱中していたあまり、そのような危機が目前に迫っていることを知るよしもなかった。この危急の瞬間、女史は自分の体を盾にして主席を守り、近づく敵をすべて狙い撃ちにして救ったので、主席は奇跡的に助かり健在することができた。一身をそのまま盾にして主席の安寧を守りきることによって、朝鮮革命の命脈は綿々と繋がれてきたのである。

金正淑女史の肉弾精神、決死擁護の精神を目にした遊撃隊員らはみな、感激の涙を流し、領袖の安寧を守る姿勢と立場の崇高な模範を見習うようになった。

主席は、「私が撫松県城戦闘で無事であったのも、金正淑のお陰だと言えます」（回顧録『世紀とともに』第一部　抗日革命八巻　一六三頁）と記しながら、次のような出来事を回想している。

一九三六年に行われた撫松県城戦闘は、非常に激しい戦いだった。女史は戦場から少し離れた窪地で、女子隊員らとともに朝食の準備をしていた。その窪地には御飯を炊けるほどの大きさの小屋が一軒建っていたのだが、煙を焚いてもよそからは見えないようになっていた。しかし敵が突如、女子隊員ばかりがいるこの窪地に襲いかかる突発的な事態が起きた。この窪地を失えば、部隊は前後から敵の挟撃を受けることになり、司令部の安全も保障することができなくなる。

危急な状況が目前に迫ったことを看破した女史は、ピストルを抜いて戦友らとともに猛烈な銃撃戦で対応した。女子隊員の強力な反撃にあった敵軍は、多くの戦死者を残したまま逃げ帰った。

戦闘の危険な瞬間を一身で防いだ、女性戦士としての女史の驚くべき胆力と智略は、戦友を危機から救い司令部の安全を命に代えて守る、崇高な決死擁護の精神からあふれ出る胆力であり智略であった。

この胆力と智略は、革命の心臓、革命の運命、団結の中心である革命の領袖の地位と役割に対する、高レベルの自覚と信念に淵源をおいたものであった。このような自覚と信念を胸に深く抱いていたので、領袖を命に代えて擁護することを最大の栄光、革命戦士としての本分であると心得、崇高な精神を発揮することができたのである。この崇高な革命精神が根を下ろして、次世代に綿々と引き繋がれることによって、我が祖国は領袖を高く戴き領袖を団結の中心にして前進する不敗の力、巨大な威力を有する国として、全世界の脚光を浴びるようになったのである。

民族の母、民族の鑑としての金正淑女史の精神的な風貌で抜きん出ているのは次に、領袖が提示した路線と方針を無条件貫徹する精神にある。

主席は、「私と金正淑との関係は、首領と戦士との関係、同志と同志との間の関係でした。……金正淑は常々自分を、首領の戦士であると言っていました」（回顧録『世紀とともに』第一部　抗日革命八巻　一七八頁）と記しているが、自分はいつでも首領の戦士であると心得ていた女史は、領袖を決死擁護することを自らの本分とわきまえていたのみならず、人生の瞬間瞬間を領袖の路線と方針の貫徹に捧げ、領袖から授かった任務を忠実に遂行し無条件に立派にやり遂げることを、人生そのものとみなしていた。

女史は、主席が提示した路線と方針を貫徹し、下達された命令、任務を遂行するうえで、限りない献身性と高度の責任感をもって、無条件完遂することを鉄則としていた。事の大小、条件が有利なものと不利なものを問わず、不可能を必ずや可能に変えてしまう、堅忍不抜の意志をもって臨むこともまた鉄則にした。これに関連した数多くのエピソードが伝わっているが、ここではそのうち一つにのみ言及してみる。

女史が祖国光復会組織を拡大するため、朝鮮人民革命軍の政治工作員、国内党工作委員会の委員という重責を負って、主席の統一戦線路線と党創建路線を貫徹するために発揮した決死貫徹の精神は、全ての政治工作員が見習うべき万代の鑑となった。

女史が祖国光復会の組織を拡大するため、最初に派遣されたのは桃泉里と新坡地区であった。

主席は次のように回顧している。

「金正淑は、桃泉里と新坡一帯で多くの仕事をなし遂げました。私が彼女の中に、革命家としての並み大抵ではない手腕と能力を見出したのは、まさにその時でした」（回顧録『世紀とともに』第一部　抗日革命八巻　一六五頁）

桃泉里は長白県下崗区地域の中心位置にあった。桃泉里と対岸の新坡を結ぶ地下組織線は、咸鏡南道の西部および南部地域と国内の内陸地帯に、遊撃隊の組織網を張り巡らすうえで重要なルートであった。また桃泉里は、下崗区地域は言うまでもなく、臨江県を含む南満州の広々とした地域に祖国光復会網をつくるうえでも、その組織網との連絡をつけるうえでも中心となる拠点であった。

桃泉里の対岸にある新坡は、我が国労働者階級の大集結地である興南工業地帯と連絡をつけるのに有利な位置にあり、東海岸の中部地域と内陸に奥深く遊撃隊の地下組織網を布石するうえで、絶好の足場になる地点であった。

司令部から受けた政治工作任務の重大性と、桃泉里―新坡地区の地理的な重要性を充分に認識した女史は、この地域を祖国光復会組織づくりの拠点に転換させるため、身を粉にして闘った。その結果、一九三〇年代初めまで独立軍の勢力圏内にあった桃泉里には、一九三七年初めに至っては隣接した下崗区のすべての村とともに、祖国光復会の組織網が張り巡らされるという奇跡が起きたのである。

桃泉里―新坡一帯における組織網づくりが、このように成功裏に開拓されたのは、女史が主席の意図どおりに、民衆に依拠し民衆を覚醒させていく過程で、全ての問題を解決したからであった。

女史は通りすがりに寄った家でも、そのまま辞することはなく薪を割り、水も汲み、杵を搗いた。一度はある部落の地主が、幼い女中を山中の小屋に放置したことがあったが、誰もが伝染病だと思って、その可哀想な女の子の面倒を見てやろうともしなかった。このような経緯を知った女史は、何はばかることもなく小屋を訪ね、少女と寝食をともにしながら看病して、とうとうその少女の健康を回復させたのである。

女史が民衆的な品性を、どれほどの崇高な高さで体現していたのかを物語る、五〇〇人良民証明書に関するエピソードは今日も我々の心を打つ。

主席は、次のように回顧している。


「彼女には群衆を感化し、覚醒させ、動員することのできる、秀でた手腕がありました。彼女が靖安軍に逮捕された時、桃泉里とその周辺の人々が警察に提出したという、数百人の連名からなる『良民保証書』は、金正淑に対する群衆の評定書だと言えます。

彼女がいかにして、人民からそのような信任を受けることができたのでしょうか。

それは、金正淑が一身を捧げて仕事した賜物なのです」（回顧録『世紀とともに』第一部 抗日革命八巻 一六五頁）

その時に区長をしていた工作員が、一三道溝警察署長を相手に釈放運動を起こした時、署長は五〇〇名分の良民保証書をつくってくれれば、女史を「良民」として認め釈放すると約束した。署長がそのような途方もない分量の保証書を要求したのは、それが実行不可能なことだと信じたからである。なのに五〇〇名の判と指紋が順に押された良民保証書が、署長の目の前に積まれるという奇跡が起きたのである。

二〇〇余戸しかない桃泉里村に、そんなに数多くの工作員がいるはずがなかった。いくら組織を動員したにしても、組織のメンバーの数倍におよぶ大勢の非組織員らが、他人のおだてに乗って危険千万な保証書にめくら判を押すとは考えられない。

その大勢の人々をして、良民保証書に躊躇せず判を押させたのは、女史に対する民衆の果てしない愛であり支持であった。言い換えるなら、強権や金銭よりも威力ある、民衆の絶対的な信頼と支持がそのような奇跡を生んだのである。

女史が桃泉里—新坡地区で行った革命活動は、組織づくりの第一歩であった。その後女史は豊山一帯で、祖国光復会組織拡大の政治工作を繰り広げた。

豊山地区もまた、戦略的に重要視された所である。豊山地区に祖国光復会組織網を張り巡らした日には、白頭山根拠地を蓋馬高原一帯に拡大することができ、厚峙嶺東側のいくつかの地方に、祖国光復会の組織をつくるための跳躍台を設置することになる。蓋馬高原一帯を手中にすれば、そこを跳躍台にして、反日統一戦線運動を国内に奥深く拡大することができたのである。

女史は桃泉里—新坡地区工作を進めながら、そこで育成した祖国光復会のメンバーを豊山地区に派遣したのだが、彼らの工作により一九三七年春には、祖国光復会褒上介徳支会が生まれた。

女史は一九三七年七月中旬と一九三八年九月下旬の二度にわたって豊山地区に行き、そこの祖国光復会組織の拡大活動を組織し指導した。豊山につくった組織線により、祖国光復会を礎にした組織拡大路線は、ソウルにあったコングループの金三龍にも伝えられ、東京にまでその工作線はおよんだのである。

豊山地区での工作を終えた女史は、東海岸一帯に沿って祖国光復会の組織づくりを指導することになる。端川地区に行っては端川農民暴動の関係者である李周淵に会い、利原に到っては旧韓国末期のハーグ密使として有名な李儁の子息李鏞に会い、農組運動に参加した農民を広範に結束させ、厚峙嶺以南一帯の農民を全民抗争に対処させる準備も積極的に繰り広げるように指導した。

女史はその後再び咸鏡北道の延社地区に行った。延社地区もまた、組織を拡大するうえで重要な意義をもつ所であった。それは一九三〇年代後半期に遊撃隊が西間島を離れた後、延社と茂山の対岸にあるオルギ川流域で主に政治軍事活動を行うようになり、国境地帯の解放運動に活力を吹き込むため、この地区に遊撃隊の小部隊と小グループが頻繁に派遣されたことと関連している。

女史が延社地区に進出して祖国光復会延社地区委員会をつくり、組織づくりと活動を指導したことは、朝鮮人民革命軍の白頭山東北部一帯での政治軍事活動を助けるうえでも大きな意義を有した。

女史はまた、桃泉里で工作を始めた時から、労働者が集結している地区での組織づくりに深い注意を払った。女史は興南地区に祖国光復会の組織を拡大するために、桃泉里で育成した祖国光復会メンバーを政治工作員として派遣した。一九三七年春に本宮化学工場の建設労働者の中に入っていった政治工作員は、興南地区で地下組織づくりを推し進めた。その地下組織メンバーは、同年の秋に新興地区に進出した主席から、地下組織網を拡大する任務を授かり、この地帯には祖国光復会の堅固な組織網が形成されるようになった。

北部国境地帯から東海岸の重要な地帯に至る広い地域で、金正淑女史が行った祖国光復会組織づくりと党組織づくりの革命活動とそこに積み上げられた大きな業績は、主席から授かった路線と方針を貫徹するうえで、女史が発揮した決死貫徹の革命精神が、どれほどに透徹し崇高なレベルにあったのかを如実に物語っている。女史は民族統一戦線事業を成功裏に推進するうえで、青史に末永く伝えられる功績を積み上げた。

抗日武装闘争の歴史は、領袖によって開拓された偉業が取りも直さず祖国の偉業であり、民族の偉業であるということを物語っている。したがって領袖を高く戴き、領袖を決死擁護し、領袖の偉業を一身を捧げて実現することは、民族の偉業を完成させる精神的な動力になり、この精神的な動力を創出し構成する革命家の姿の原型、典型、亀鑑をつくったところに、金正淑女史が民族史に残した大きな業績の一つがあるのである。

金正淑女史が民族史に残した歴史的な業績のもう一つは、抗日武装闘争の炎の中で白頭光明星を出産することによって、革命の明るい未来と民族の洋々たる前途を拓いたことにある。

金日成主席は、抗日武装闘争の炎の中で金正日将軍を未来の領導者として育てたことは、金正淑女史が民族史に残したもっとも大きな功績であると述べている。

主席は、回顧録の中で次のように記している。

「金正淑同志が我々に遺した遺産があるとすれば、それは金正日同志を未来の領導者として育て、党と民族の前に立たせたことです。同志らは私が金正日同志を後継者として育て上げたと言うが、実を言うとその礎は金正淑が積み上げておいたのです。彼女が革命に残したもっとも大きな功労が、まさしくここにあるのです」（回顧録『世紀とともに』第一部　抗日革命八巻　一八一頁）

主席が回顧しているごとく、金正日将軍を領袖の後継者として育て上げるための基礎は、金正淑女史が積み上げたのである。

金正淑女史の一生は、金日成主席に忠誠の一心で仕えた一生であると同時に、金正日将軍を主席の後継者、未来の領導者として育てるために捧げた一生でもあった。女史は臨終のその日にも幼い金正日将軍を呼び寄せ、父親である金日成主席にしっかりと仕え、主席の偉業を引き継ぎ完成させなくてはならないと念を押した。その遺言を遺した三時間後に、女史は息を引き取った。

金正淑女史は、白頭山時代からその遺言の中に込められている崇高な志で、幼い将軍を育てた。

女史は、戦友である抗日闘士らの熱望と二千万同胞の念願を胸にひしと感じながら、戦友と民衆の期待に背かないように、将軍の育成に自身のすべてを捧げたのである。

幼い白頭山の偉人が、その頃から三千里（朝鮮半島の全領域を指す言葉：筆者註）を視野に入れた遠大な抱負、物事を正確に観察する非凡性、将軍らしい豪放磊落な気性、大胆な性格、剛直で不屈な意志など、未来の領導者としての基礎を幼い頃からしっかりと身につけることができたのは、女史の隠れた努力の賜物にほかならない。

女史は、密営で歩みを覚え始めた子息を、強い意志と大胆さを身につけるように育て、革命の聖山、白頭山の偉容がそのまま授かるようにと、全力を尽くした。また女史は、幼い子息が幼児の頃より、名将としての風貌と智略を身につけるようにするためにも心を砕いた。

女史は、子息が身につけている非凡な天性と気質を大事にして、それを練磨し一層立派に輝かせるためにも多大な努力を傾けた。女史は、子息の群を抜く秀でた思考力と観察力、分析力を見抜き、それを啓発するため、そして観察力と探究心を高めるためにも力を注ぎ、不屈の革命精神、無双の胆力、鋼鉄の意志を身につけさせるためにも心血を注いだ。

女史は、子息教育の最終的な目標を、主席に対する限りない忠孝を育てるところに置いた。

女史は、子息が主席に対する絶対的な尊敬と欽慕を胸に深く抱き、主席の偉業を高く奉じて主席の偉業を揺ぎなく引き継げるように立派に育て上げることにより、領導の継承を輝かしく解決する基礎を積み上げたのである。

これは女史が、祖国と民族に残した永遠不朽の歴史的な業績である。

金正淑女史は民族の隆盛繁栄の礎を築くうえで不滅の業績を残した卓越した政治活動家、教育家、革命家であり、祖国の洋々とした未来を約束する向導星を世に出した、革命の偉大な母であった。

註

（1）　五・三〇暴動＝一九三〇年五月三〇日に、東満州で分派主義者たちが分派的目的達成のために起こした左傾冒険主義的暴動。

（2）　庚申年大討伐事件＝一九二〇年七月、日帝がロシア社会主義革命を絞殺する目的でシベリアに派兵し武力干渉をした。後方安全のため、当時この地方で活動していた朝鮮独立軍部隊に対する討伐も強化した。これに激怒した洪範図独立軍部隊が、汪清県で日本軍部隊を攻撃、一二〇名を全滅させた。これに対し日本討伐軍が、満州居住朝鮮人を野獣的に襲撃し約三万名を虐殺した。

（3）建設同志社＝金日成主席が一九三〇年七月三日、卡倫で組織した初の党組織の名称。建設同志社は党の基層組織を設け、拡大するうえで、母体としての意義をもつ組織であった。

（4）明月溝会議＝一九三一年一二月に招集された、党および共青幹部会議。ここで金日成主席は〈日本帝国主義に反対する武装闘争を組織し展開することについて〉という歴史的な報告を行った。日本帝国主義の満州占領による当面の情勢と朝鮮の反日民族解放運動の歴史的教訓を分析し、それにもとづいて遊撃戦によって抗日武装闘争を展開する方針をうち出した。

（5）抗日遊撃隊創建＝一九三二年四月二五日、安図県で創建された。主席は〈反日人民遊撃隊の創建に際して〉という報告を行った。そこで遊撃隊の性格と使命を明らかにした。〈反日人民遊撃隊は日本帝国主義者とその手先に反対し、祖国と人民を愛する労働者、農民および愛国青年で組織された、真に人民の利益を守る革命武力であります。人民遊撃隊の目的と使命は、朝鮮で日本帝国主義の植民地支配をくつがえし、朝鮮人民の民族的独立と社会的解放を達成することです。〉

（6）万宝山事件＝一九三一年七月に、日帝侵略者が満州に対する侵略の口実をつくる目的で、吉林省の万宝山地域で水争いを利用し朝鮮農民と中国農民との離間を策して衝突を起こさせた侵略的謀略事件。

（7）李奉昌＝京畿道ソウル出身の独立運動家（一九〇〇～一九三二）。金九が組織した韓人愛国団の団員。一九三二年一月、東京・桜田門外で天皇と満州国皇帝を手榴弾で攻撃。

（8）尹奉吉＝忠清南道札山出身の独立運動家。韓人愛国団団員、一九三二年四月二九日、中国上海の紅口公園で爆弾を投じ、日本軍部と政界の要人を多数殺傷。

（9）羅錫寿＝黄海道載寧郡出身の独立運動家（一八九二～一九二六）。日本帝国主義の搾取機関である東洋拓殖株式会社と殖産銀行に爆弾を投じ、警察と交戦中に自決した。

（10）姜宇奎＝平安南道徳川郡出身の独立運動家。満州で東光学校を創立し老人団に加入、老人団を代表して一九一九年九月三代朝鮮総督の斎藤實を殺害するためにソウル駅で爆弾を投じたが失敗し、死刑。

（11）南怡＝一五世紀中葉の将軍（一四四一～一四六八）。武芸に秀で軍事に通暁し、一七歳で武科に及第。二六歳で兵曹判書（国防大臣）に任ぜられ青年将軍として名声を馳せる。辺境を侵して西北国境一帯を騒がせた女真族を懲罰する戦いで偉功を立てた。〈白頭山ノ石ハ刀ヲ磨イテ尽キ／豆満江ノ水ハ軍馬ニ飲マセテ無シ／男児二十ニシテ未ダ国ヲ平（オサ）メエズンバ／後世誰カ大丈夫（マスラオ）ト称（イ）ワン〉という彼の詩は有名。

（12）朴達＝抗日闘士（一九一〇～一九六〇）。咸鏡北道吉州出身。日本帝国主義の朝鮮占領時期、金日成将軍の指導のもとに朝鮮民族解放同盟の責任者として活動。一九三八年九月、密告されて日本警察に逮捕、投獄される。解放（一九四五年八月）とともにソウル西大門刑務所から廃人同様の体で出獄し、病床にありながらも死去するまで執筆活動をつづけた。

（13）西崗会議＝一九三七年三月撫松県西崗で行われた会議。この会議で主席は、朝鮮人民革命軍部隊の祖国進軍に対する戦略的方針を提示した。〈我々は大部隊の国内進攻作戦によって日本帝国主義侵略者に痛撃を加え敵の牙城に火を放ち、人民に朝鮮人民革命軍は健在であり、祖国解放の正義の戦いで勝利しつづけることを明白に示すべきであり、人民革命軍が存在する限り、朝鮮は必ず独立するということを認識させなければなりません。〉

（14）呂運亨＝独立運動家（一八八六〜一九四七）。号は夢陽。京畿道楊平出身。初期に上海臨時政府と高麗共産党に関与して朝鮮の独立のために闘う。ソウルで『朝鮮中央日報』社長、朝鮮建国連盟委員長、勤労人民党首などを歴任。平壌で金日成将軍と会見し、ソウルへ帰って自主的な政治路線と連共・統一をめざして闘い、暗殺される。

（15）金九＝独立運動家（一八七六〜一九四九）。黄海道海州出身。初期には反日義兵闘争に参加。三・一人民蜂起後、上海臨時政府主席などを勤めながら韓国独立党を組織。日本帝国主義の敗亡後、南朝鮮に帰り対米従属に反対。一九四八年、平壌で開催された南北朝鮮政党・大衆団体代表者連席会議に参加。その後、ソウルで祖国分断に反対し連共・統一をめざして闘い、暗殺される。

（16）恵山事件＝一九三七年末〜一九三八年初、権永璧、李悌淳、馬東煕、朴達、その他数千名の共産主義者と人民を検挙し投獄した。これは朝鮮共産主義運動史上最大規模の事件であった。

（17）南牌子会議＝一九三八年一一月、軍事・政治幹部会議。この会議で二大闘争対策をうち出した。その一つは大部隊による包囲攻撃を企む敵に大部隊機動でせん滅的打撃を加えること、そのために三つの方面軍が編成され、それぞれ活動区域を分担した。この会議後、主席の指揮する主力部隊が白頭山周辺一帯と国内へ進出して武装闘争を拡大し、破壊された革命組織を立て直すために、主席の率いる主力部隊が白頭山に向けて行軍を開始した。これが有名な百日間の〈苦難の行軍〉である。

（18）甲茂警備道路＝普天堡戦闘で大きな痛手をこうむった日本帝国主義が、朝鮮人民革命軍の国内進出に対処し、特別予算を投じて甲山—茂山の処女林を切り開き設けた直線道路であって、現在もそのまま保存されている。

第四章　金日成主席と一九四〇年代前半期の韓国近代史

（一）自力解放戦略と国際連合軍

韓国近代史の一九四〇年代前半期を認識し研究するうえで、回顧録『世紀とともに』の出版は、特別に重要な意義を有する。それは韓国の近代史叙述において、この時期の歴史がほとんど空白になっていることと関連している。

我が国の歴史叙述でこの時期は、日帝のファッショ暴圧が絶頂に達し、彼らの民族抹殺政策の嵐が吹き荒れ、すべてが滞り足踏み状態に陥っていた受難の歴史、暗黒の歴史としてのみ扱われてきた。

絶望が蔓延した歴史としてのみ扱われてきたために、民族運動史の視点からの叙述は、自己の立地を完全に喪失している。重慶に移動した臨政（臨時政府）の動静に多少触れているのがすべてである有様だ。

一九四〇年代前半期の歴史に対するこのような自己否定的な視点は、歴史の真実とは異なる。我々は回顧録を通して当時の真の歴史を見出すことができ、回顧録に盛り込まれている生々しい豊富な資料に接して、この時期の歴史をありのままに復元することができる可能性に、喜びを禁じることができない。

回顧録に記載されている回顧資料は、一九四〇年代の我が国の歴史が、受け身の歴史でも沈黙の歴史でもなく、抵抗と闘争で一貫した栄光の歴史であり、自力解放の道を開拓し、ついに祖国解放の偉業をなし遂げた、勝利の歴史であったことを雄弁に物語っている。そして祖国解放偉業をもたらす方向に歴史を展開させていった力の源になったのは、抗日武装闘争が民族史のもっとも困難であった時期にも、変わりなく勝利の道を歩んできたところにあるということを物語っている。

したがって韓国近代史学会でのこの部分に関する歴史研究は、新たな出発点に立って根本的に見直す視点から行われなければならないと思う。

一九四〇年代前半期に入り、朝鮮半島を取り囲む国際情勢は、急激かつ深刻に変化する様相を呈した。日中戦争の泥沼の中に深くはまり込んでいった日帝は、ヨーロッパで世界大戦が勃発した情勢を利用して東南アジアに対する侵略戦争を敢行するに至り、独ソ戦争と太平洋戦争が起きるという衝撃的な事変が起きた。

日本はソ連との中立条約を締結した裏面で、銃後の安全を図るために、抗日遊撃闘争に対するもっとも大規模な「討伐」作戦を敢行するに至った。

金日成主席は、内外情勢のこのような変化が、当面しては敵の大「討伐」を撃破するための戦術的な対策を打ち立てるとともに、激変する情勢の要求に合わせて、新たな戦略路線を定立させることを求めている、ということを適時に洞察した。

主席は敵の大「討伐」により、情勢は非常に困難かつ不利になったが、主導権だけは握らねばならず、主導権を持続的に掌握するためには、従前のような大部隊旋回作戦を繰り返すのではなく、敵の部隊を分散させるために分散活動に移り、至る所で敵に打撃を与えなければならないと洞察した。これにより朝鮮人民革命軍部隊を小部隊に分け、至る所で果敢かつ巧妙な連続打撃、反復打撃、同時打撃を繰り広げるのが、一九四〇年代上半期の主な戦術となった。この小部隊分散活動は、遊撃部隊が大部隊活動から小部隊活動に移行するための試験段階、準備過程となった。

主席は次に、急変する情勢は、抗日革命を新たな戦略的な時期に突入させる必要があるということを洞察した。情勢の変化、とくにヨーロッパで起きた戦争を奇貨に、戦争を東南アジアへと拡大しようとする日本の可視的な企図は、日帝の最終的な滅亡を早めるであろうとみなし、祖国解放の歴史的な偉業をなし遂げる日が近づいているとの結論を下した。そして祖国解放の大事変を主動的に迎えるための戦略的準備を推し進めることのできる、主体的な勢力もととのっていると確信した。

南湖頭会議後、朝鮮人民革命軍は、政治思想的にも軍事技術的にも急速に成長していった。我が軍は、数の上では敵軍より少なく劣りはしたが、数十倍、時には数百倍にもおよぶ大軍との戦いで、常に主導権を握り常勝する軍隊に成長した。その過程で朝鮮人民革命軍は、どのような状況の下でも巧みに対処することのできる多様な戦法と戦術を所有した強い軍隊に成長していった。朝鮮人民革命軍は、全般的な抗日革命を遂行するうえで確固たる指導的な地位を占め、中核的な役割を持続的に増大させることができた。これは戦略的段階の課題を十分にこなすことのできる主体的な中核勢力が、しっかりととのったということを物語っている。

加えて民衆の意識化、組織化が促進され、民衆を政治思想的に準備させる側面においても目に見える成果が収められた。祖国光復会傘下に属する会員数が二〇余万を数えるに至った。国内にはまた、労働者突撃隊とか生産遊撃隊のような半軍事組織も多かった。そのような組織が母体になり、至る所に全民抗争のための武装部隊がつくられていた。非組織群集といえども、彼らの反日的な動向は非常に強かった。

これとは逆に日帝は軍事、政治、経済のすべての分野に表れた徴候からして、戦争を続行させる潜在力が枯渇していたことが明確になった。

これらのことをすべて鋭く見通した主席は、無謀な戦闘による損害を避けながら、主動的な行動で主体力量を温存蓄積することが、抗日革命のもっとも重要な戦略的課題になるべきであるとの結論をくだした。

祖国光復の大事変を主動的に迎えるための戦略的な方針は、一九四〇年八月一〇～一一日に行われた、小哈爾巴嶺会議で採択された。

小哈爾巴嶺は、敦化県と安図県の県境を横切る、哈爾巴嶺の尾の部分に位置する地点にある。

この会議は、抗日革命が試練を経ている時、我が国の民族解放闘争と共産主義運動が直面していた逆境を順境に転換させ、禍を転じて福にするために、主席が心血を注いだ労苦の所産であった。

会議で大きく論議された問題は、今後の戦略的段階を革命的な大事変の時期として規定することができるのか否か、という可能性に関する問題であった。主席はそのように規定することができる現実の主客観的な要因を科学的に、全面的に分析したが、それは会議に参加した人々から一致した支持を得た。

会議では次に、大事変の戦略的時期に実行すべき戦略的課題について討論し、祖国解放の大事変を主動的に迎えるための準備活動で、抗日革命の枢軸的勢力である朝鮮人民革命軍の勢力を温存蓄積し、遊撃隊員を有能な政治軍事幹部として育成することを、新たな戦術的な課題として規定した。

大事変は、味方の政治軍事的な潜在力が最大限に動員される最後の決戦を前提とするのだが、そのような決戦において勝利を得るためには、遊撃隊員全員が有能な政治軍事幹部にならなければならなかった。祖国が解放された暁には、ほかでもない彼らが中核となって、新しい祖国建設に取り組まなければならないのである。

会議では最後に、以上の戦略的な課題を成功裏に遂行するために、大部隊作戦から小部隊作戦に移行する新たな闘争方針が提示された。

金日成主席は、小哈爾巴嶺会議が有する大きな歴史的意義について、次のように指摘した。

「小哈爾巴嶺会議は、抗日武装闘争の重要な戦略的路線を提示した一九三一年一二月の明月溝会議、一九三六年二月の南湖頭会議とともに、我が革命が新たな転換期を迎えた時期に、戦略的路線の変更を決定した会議です。

我々がもしその時、大勢の流れを適時に見通すことができず、目前の成果にのみ汲々として大部隊活動をつづけていたならば、勢力の保存はおろか、自分自身さえも存続させることができなかったであろうし、殉国した烈士としてのみ歴史に記されていたであろう」（回顧録『世紀とともに』第一部　抗日革命八巻　二〇頁）

小哈爾巴嶺会議は、祖国解放の大事変を主動的に迎え、急変する国際情勢の中、我が革命を自主的に前進させて抗日武装闘争の難局を打開し、最終的な勝利の道へと導いていくことを確定づけた会議であった。

朝鮮人民革命軍の全部隊が小哈爾巴嶺会議の方針により、至る所で小部隊活動を繰り広げていた一九四〇年一〇月中旬に、金日成主席はコミンテルンからの連絡を受けた。実は南湖頭会議以後、コミンテルンからの連絡が途切れていたのだが、最初の連絡は一年前の一九三九年一〇月にあった。主席は回顧録の中で、この時期における朝鮮人民革命軍とコミンテルンとの接触過程について、概略的な説明を加えている。

第一次接触が行われたのは、朝鮮人民革命軍の主力部隊が、花拉子密営で大部隊旋回作戦を準備している時であった。死線を越え苦労の末、命からがらようやく密営にたどり着いたコミンテルンの連絡員（ソ連極東軍所属）は、コミンテルンからの次のような二つの連絡事項を伝えた。一つは、コミンテルンが召集する満州パルチザン（ゲリラ）指揮官らの会議に、代表を派遣してほしいということであり、もう一つは、東北の抗日遊撃部隊の大部隊活動を、当面の間中止して欲しいということであった。

主席は、敵の大「討伐」が目前に迫っているこの時期に、司令官が部隊を離れてソ連に行くことはできないということと、当時の状況では大部隊活動を中断することはできないとの立場を連絡員に伝えた。

主席は、朝鮮人民革命軍の活動にコミンテルンが急に関心を示し始めた理由について、次のような説明を加えている。

「東北革命とか朝鮮革命にどこかしら冷淡で関心を示さなかった国際党（コミンテルン）が、一九三九年になってなぜ連絡員を派遣し、私をソ連に招待するという異例の処置を取ったのでしょうか。

一言で言えば、このような変化は、日本のソ連侵略が既定の事実になっていた、ソ連の政治軍事的情勢の要求からなされたものだと言うことができます」（回顧録『世紀とともに』第一部　抗日革命八巻　五〇頁）

張鼓峰事件とノモハン事件後、日帝の対ソ侵略企図が可視化された条件の下で、コミンテルンではソ連を横と背後から武力で支援することのできる、同盟者問題が切実な問題として提起されていたのだが、そのような同盟者としては、朝鮮人民革命軍と東北抗日連軍しかなかったのである。コミンテルンとの新たな接触は、このような状況からなされたのである。

しかし金日成主席は、ソ連を武力で擁護する基本的な立場には変わりがなかったが、かといって、我が国の革命の実情を考慮することなく、コミンテルンの提議を鵜呑みにするようなことはしなかった。主席はコミンテルンの要求を保留し、大部隊活動を中止することもなく、またソ連にも行かなかった。朝鮮人民革命軍は、むしろ満州にそのまま居座りつづけ、既に設定されているスケジュールに従い、大部隊旋回作戦を果敢に繰り広げて、敵の攻勢を徹底的に叩きのめす勝利を得たのである。

二度目の接触でコミンテルンの連絡員は、一二月にコミンテルンがハバロフスクで召集する、東北の全抗日武装部隊の指揮官らが参加する会議に参加して欲しいということと、満州で活動しているすべての抗日武装部隊が、大部隊活動から小部隊活動に移行し、ソ連の極東地方に基地を定めて勢力を収拾し再編成するため、早急に来るようにと求めた。

コミンテルンが招集する会議は、東北抗日運動の発展方向を討議する重要な会議であったので、主席は朝鮮人民革命軍を代表すると同時に、東北抗日連軍第一路軍と南満省委を代表して、会議に参加することにした。そして小部隊活動に関連したコミンテルンの要求は、既に小哈爾巴嶺会議の決定と一致していた。この時期の政治軍事情勢は、一九三九年末～一九四〇年初めに大部隊活動を展開した時期よりも一段と厳しく、小部隊活動がもっとも効果的な闘争方法になりうる時期であった。

金日成主席は連絡員に、朝鮮人民革命軍は既に抗日武装闘争自体の要求から小哈爾巴嶺会議を開き、勢力の温存と小部隊活動に移行する方針を採択した旨を通知し、ソ連に入って来るようにとの要求についても、今後考慮してみるとの見解を述べた。

しかし主席は、ソ連に入って行くのを急がなかった。重要な問題であるだけに、熟慮に熟慮を重ねた。まずシベリア極東地方に行く場合、どのくらい滞留することになるのかというのが問題になった。しばらくしてから直ぐに出てくるのか、もしくは長らく逗留することになるのか、極東地方に基地を定めて長期的に逗留する場合、武装闘争をどのような方式で継続することができるのか、必要に応じて遊撃隊が国内や満州を自由に出入りすることができるのか、国内の運動に対する指導は今後どのようにするのかなどいろいろな問題があり、それに対するいろいろな対策が必要だったのである。

いろいろな場合を想定した対策が準備されていった。主席は、コミンテルンが召集しようとしている、朝・中・ソ三国軍事指揮官らの会議の趣旨が明確であり、また抗日東北連軍の他の指揮官らも既に到着した状況の下で、ソ連領内に行って会議に参加することを決心した。主力部隊の一部の隊員を連れて行くことにした。

主席が極東地方に行く準備を終え、車廠子の奥地を出発したのが一九四〇年一〇月末頃であり、ソ連領内に入ったのが一一月であった。

金日成主席が参加した、世間で言うハバロフスク会議は、一九四〇年一二月に召集され一九四一年三月中旬までつづいた。

会議は座談会の形式で進められたが、報告なるものも別になく、東北抗日連軍の各路軍代表らが自己の活動状況を通報する形式で、上程された問題の合意に必要な認識と理解をお互いに深めるようにした。主席は、第一路軍と朝鮮人民革命軍の活動状況について通報した。

会議の初めの段階では、東北抗日連軍と朝鮮人民革命軍、各省党委員会の指導的な幹部らが一堂に集まった条件の下で、各路軍と省委間の連係と、コミンテルンおよびソ連当局との関係で、共同歩調を取るための対策的な問題を巡って真摯な協議が数日間つづいた。その後一九四一年一月初めから、コミンテルンおよびソ連当局者らとともに、満州における抗日遊撃活動の将来問題と、ソ連極東軍当局との相互支持と協調の内容および方式問題を、基本的に協議することにした。すなわち、東北抗日連軍と朝鮮人民革命軍の将来の活動方向問題を中心議題にして議論された会議では、我が国と中国東北地方における遊撃闘争とソ連軍との相互関係をどのように結び、それを新たな情勢の要求に合わせて、どのように適応させ強化発展させていくべきか、ということを基本に協議することになったのである。

この問題に関連してソ連側はドイツ、日本、イタリアをはじめとするファッショ勢力が反共連合を形成しており、第二次世界大戦が引きつづき拡大している状況の下で、連合したファッショとの闘いで勝利を得ようとするならば、共同闘争を強化しなければならず、そのためには実際的な措置が必要となるが、そのような措置としては、東北抗日連軍が独自性を放棄して、ソ連軍と統合するのが望ましいという意向を表した。これは本質において、東北抗日連軍の指揮権に関する問題が上程されたことを意味した。この問題を巡るソ連軍側と抗日連軍側の相反する立場から、会議は重苦しい雰囲気の中で進められた。

ソ連側のそのような提議は、一年の間に急変した世界政治情勢と、極東で起きた軍事情勢の劇的な変化を背景にして出されたものであった。ソ連としてはどのようなことがあっても、ドイツと日本からの東西挟撃を受けるという、最悪のシナリオだけは避けなければならなかったのだが、事態はその最悪が成熟している形勢を見せていた。ソ連側が提出した協同案からは、情勢の緊迫感からくる、彼らのいらだつ心理状態を読み取ることができた。

その当時日本は、満州の抗日武装部隊が、あたかもソ連の使嗾と指令を受けて活動しているかのごとく宣伝しながら、ソ連に侵攻する口実を探していた。ソ連側が極東軍と東北抗日連軍を一つに合わせる軍事体系の創設を提案するに至ったのは、一方では日本にソ連侵攻の口実を与えないためであり、他方では対日作戦が行われるようになった場合、極東軍と協同作戦を行える同盟者をつくっておく、という目的があったのである。このような点を勘案するならば、ソ連側の提案にも、ある程度理解できる点もなきにしも非ずであった。

両軍の統合問題を巡って会議場の内外では、激しい議論が繰り広げられた。東北抗日連軍の指揮官らは、統合は絶対に容認できない、ソ連側は他人の事情などは眼中になく、自分の立場だけを考えている、彼らの立場は、各国革命の独自性を尊重するという、革命的原則を無視するものであるなどと主張し、ソ連側の提案を受け入れようとはしなかった。

双方の見解が対立するや、ソ連側はこの問題に関する金日成主席の意向を聞きたがった。

主席は彼らに次のような立場を表明した。あなた方の提案は、一理がある。そのような提案を出すようになった、あなた方の立場も理解できる。しかし、この要求は一方的であり、時期尚早である。日本軍がソ連侵攻の機会をうかがっているのは事実だが、戦争がいま直ぐに起きる兆候はまだ見えない。勝利した国の革命を守ることも重要だが、まだ勝利していない国の革命を推進させることも、それに劣らず重要だ。あなた方は東北抗日遊撃運動を軽視しているようだ。……

ことここに至るやソ連側は、主席にいかなる統合にも反対するのかと聞いた。

主席はこれについて次のように答えた。私が反対するのは、ある一方が他方を無視するとか、他方の独自性を認めない無理な統合である。朝鮮人民革命軍は、中国の同志らとともに抗日連軍を編成し、共同闘争をしながらも、自己の独自性をそのまま維持している。だから共同闘争を行っても、これといった問題が起きていない。私は朝鮮人民革命軍を抗日連軍に溶解させることにも、ソ連軍に配属させることにも反対だ。それは形式と内容において、我々の独自性を無視することになるからである。……

主席の主張を注意深く傾聴していたソ連側は、金日成同志は空転を繰り返していた我々の論争に終止符を打ち、会議をしめくくることのできる糸口を与えた、我々は今日、同志の話から大変重要なヒントを得たと言った。

一方、東北抗日連軍側を代表する周保中と張寿籛も、提起された問題に対する主席の見解を聞いた。

主席はこれについて次のように答えた。私は各自の独自性が認められるのならば、いろいろな武装勢力の国際的な連合に反対しない。問題はどのような形式の連合なのかにあるが、これについてはいま少し時間をおいて研究してみる必要がある。ソ連側の提案が一方的なものではあるが、たたき台にはなる。であるから、あたまから排斥するようなことはよそう。…………

金日成主席の主張は会議で支持を得た。会議の過程で示された主席の原則的な立場は、朝・ソ・中三国の革命武装勢力間の団結と協調を実現させるうえで、非常に大きな肯定的な作用をもたらした。

ハバロフスク会議では、勢力を温存蓄積し、大規模な遊撃闘争から小部隊活動に移行するという朝鮮人民革命軍の戦略的な方針が、このような新たな情勢の要求に合致した正しい路線であることを確認し、東北抗日連軍と朝鮮人民革命軍のすべての部隊が、勢力温存に重点をおいて小部隊活動を繰り広げる問題について真摯に協議した。

会議は論議の末に今後の基本行動を、小部隊活動、群集工作、組織づくり、実力培養におくことにした。これは、小哈爾巴嶺会議で討議決定された方針と一致するものであった。

ソ連側は会議の中で、ソ連領内に東北抗日連軍と朝鮮人民革命軍の活動基地を提供する用意があると言った。朝鮮人民革命軍は彼らが用意した基地を、もう一つの臨時基地にして、朝鮮と満州の広野で小部隊活動を展開することにした。

ハバロフスク会議の後、ソ連は極東地方に基地を二つ提供した。一つはウォロシロフ付近の南（B）野営であり、もう一つはハバロフスク付近に設営された北（A）野営であった。

主席はその当時、朝鮮人民革命軍司令官として南野営の責任をもち、しばらくして一路軍から来た一部の部隊を一つに統合させて第一支隊を編成し、その支隊長として、小部隊活動を活発化させる対策を立てていった。

朝鮮人民革命軍が極東地方に新たな臨時基地を設営した後、国内と満州を縦横に行き来しながら、小部隊活動を活発に繰り広げることができるようになったのは、抗日武装闘争史における一つの転換だと言える。もちろんこれはまだ暫定的な措置ではあったが、抗日革命の最終的な勝利をなし遂げる闘争を、より高い段階へと発展させることのできる重要な第一歩となったのである。

ハバロフスク会議の後、朝鮮人民革命軍は極東にある臨時の根拠地で軍政訓練を重ねながら、白頭山をはじめとする国内の数ヶ所に設営した秘密の根拠地を拠点にして、国内の武装闘争と革命運動を同時に推し進めることにより、祖国解放の日を早めていった。

この時期の朝鮮人民革命軍は、勢力を温存するために大規模な戦闘は避け、代わりに大衆政治工作と偵察活動に大きな力を注いだ。国内に数多くの小部隊と小グループ、政治工作員を派遣し、全民抗争の準備も推し進めた。

小部隊と小グループの人員は時と場合によって異なったが、小部隊の場合は普通一〇名から数十名程、小グループは数名程で編成した。武装は使命と任務に合わせて軽くした。

小部隊と小グループを編成した後、任務と活動地区が提示された。分担した任務により、政治活動を基本とする小部隊、小グループを派遣するとか、戦闘を基本とする小部隊、小グループを派遣するとか、偵察を基本とする小部隊、小グループを派遣した。かといって、分担された任務は固定不変のものではなかった。状況に従い、偵察小グループが政治活動を行う場合もあり、戦闘を基本とする小グループが偵察と政治活動を同時に行うというふうに、別の任務も兼ねて遂行する時もあった。

部隊の編成が終了した後、小部隊や小グループが身を寄せることのできる、臨時の根拠地設営に力が注がれた。小哈爾巴嶺会議以降に設営された主な臨時根拠地としては、延吉県の倒木付近にある基地、和龍県の孟山付近にある基地、安図県の黄溝嶺基地、汪清県の夾皮溝基地などがある。国内にも慶興、茂山、羅津から内陸部奥深くに到るまで、数多くの臨時の秘密根拠地がつくられた。これらの基地には、小部隊が身を寄せる秘密野営と通信連絡所、秘密会議場、倉庫などがつくられた。

小部隊、小グループの活動内容も非常に多様であった。国内と東北一帯で、破壊された党組織と地下革命組織を復旧して拡充し、残っている武装部隊を収拾して再編成する活動、全民抗争組織に対する体系的かつ統一的な指導を確立する活動を指導した。同時に積極的な襲撃戦と待ち伏せ戦、破壊戦で敵の銃後を撹乱して戦争能力を削ぐための闘争、敵の軍事施設と基地、要衛地に対する軍事偵察活動、敵の統治体系と敵軍の内部を混乱に陥れる闘争などを幅広く繰り広げた。

金日成主席は白頭山と極東の臨時基地を行き来しながら、国内と東南満州に対する小部隊活動を指導する一方、極東基地における軍政学習も同時に推し進めたのみならず、一九四一年四月～八月と九月～一一月には自ら小部隊を率いて、国内と東北地方に出向いて活動した。主席は小部隊と小グループに対する連絡体系をつくり、彼らを統一的に指導し、収集した偵察資料を総合するなどの業務をこなした。

この時、間白山に行った主席は、小部隊と政治工作小グループ、革命組織の責任者らを招集し、直面する情勢の要求に合わせて主体的な立場を堅持し、自力で抗日革命を完遂するべく、思想教育を強化するようにと諭した。そして国内と西間島一帯にいる優秀な青年らを選抜し、極東の基地に連れて行き訓練するための準備と、白頭山と間白山一帯で数多くの勢力を育成し、全民抗争の準備も推進するようにした。

東北地方全域と我が国の北部国境地帯は、小部隊と小グループの活動で沸き立った。

小部隊と小グループは、以前は主に我が国の北部国境地域と東北地方で活動を行ったが、この時期からは国内に奥深く入り込み、我が国の南端の軍事要衛地や遠く日本本土にまで活動地域を拡大していった。

「東南部治安粛正特別工作」と大規模な「討伐」作戦により、遊撃隊を全滅させたかのごとく虚勢を張っていた日満軍警は、朝鮮人民革命軍の巧妙な小部隊作戦の前に、窮地に陥り慌てふためいた。朝鮮人民革命軍の小部隊活動は、内外の革命軍が前日と同様に依然として健在であり、敵を打ちのめして勝利しているということ、革命軍の周りに全人民が団結して、全人民挙げての抗争を展開するならば、日帝にいくらでも打ち勝つことができ、祖国解放の希望の日を早めることができるということをはっきりと示した。

一九四一年に入り情勢はまたも急変した。一九四一年六月に独ソ戦争が勃発した。一二月には太平洋戦争が起きた。

これらに先立ち同年の四月にソ連と日本の間で中立条約が締結されていたが、二国間の根深い矛盾からして、それが戦争へと飛び火する可能性はいくらでもあったのである。

このような情勢の下で、日帝との最後の決戦に臨むために、自己の主体力量を強化すると同時に、国際的な反ファッショ勢力との連帯のためにも、相応の努力を傾けることが求められた。この問題は、ソ連の極東地方が、我が国とソ連、中国の三国抗日勢力の重要な集結場になっており、朝鮮人民革命軍の基本集団が東北抗日連軍とともに、極東の臨時基地を利用して戦っている条件の下で、重要な問題にならざるをえなかった。

金日成主席は、これに関して次のように指摘している。

「中ソ両国の武装力との協同をしっかりと行うことは、我が革命の主体を強化し、それを拡大するための国際的な環境づくりをするうえにおいても、必ず重視しなければならない戦略的な問題でした」（回顧録『世紀とともに』第一部抗日革命八巻　二三九頁）

朝鮮人民革命軍は、自らの独自性は独自性として維持しながら、中国の武装部隊とともに東北抗日連軍を編成して共同闘争を行ってきた立派な経験をもっていた。我が国と中国の武装力が極東にもう一つの基地を有しており、またソ連極東軍が我が革命軍の一翼にいる条件で、既に得た共同闘争の経験を発展させ、抗日共同作戦の幅と深度をより広く、深く、そしてより高い段階へと発展させなければならなかった。これは我が国の革命自体のためにも必要であったのみならず、中国とソ連の対日戦略とも一致するものであった。

ここで問題になることがあるとすれば、ソ連と中国の二国武装力との関係を、どのような形態で、どのように保つのかという問題だけであった。この問題を解決するため主席は、国際連合軍編成に関する構想を練っていった。

金日成主席は、次のように指摘した。

「私は、朝鮮、中国、ソ連三国の武装力の理想的な連合形態は、国際連合軍だと思いました」（回顧録『世紀とともに』第一部　抗日革命八巻　二四〇頁）

国際連合軍に関する構想は、ソ連側と中国側から、的を射た立派な代案になりうるとの反応を呼び起こすことになった。

主席は一九四二年七月二二日、周保中、張寿籛、アパナセンコ極東軍司令官との会合で、三国武装力の連合問題を最終的に討議し、朝鮮人民革命軍と東北抗日連軍の独自性をそのまま保存する前提の下に、国際連合軍を創設することにした。

三国関係者の協議に従い、国際連合軍に対する各種武器と軍事装備、衣服と食糧をはじめとする供給物資はソ連側が担当することになり、形式上国際連合軍をソ連極東軍八八旅団と呼ぶようにし、部隊の対外番号は八四六一歩兵特別旅団とした。国際連合軍は、その存在と活動の秘密を保証し偽装を徹底するために、縮小して編成する原則を打ち立て、旅団規模で組織するようになったのである。

主席は、朝鮮人民革命軍と東北抗日連軍一路軍部隊で編成された第一支隊の指揮を受けもつようになり、支隊は北野営に集結するようになった。第一支隊は、内容的には国際連合軍の我が国の部隊であった。

国際連合軍が編成されたことにより、極東における政治軍事情勢は、国際革命側に有利に転換した。

ソ連は、日本の侵略策動に主動的に対処できる政治軍事的な勢力を確保し、我が国と中国東北地方での軍事作戦を遂行するうえで、これに全面的に服務する新たな特殊部隊をもつに至ったのである。

国際連合軍の存在は、我が国の革命と中国革命にも有利な環境をつくり出した。朝鮮人民革命軍は、ソ連極東軍と活動をともにすることにより、正規軍の枠の中で、祖国解放作戦に必要な現代的な作戦遂行能力と装備をととのえることができるようになった。またソ連領内で、大事変が到来するまで祖国解放の課題を自力で遂行するに足りる、充分な政治軍事的な準備と実力を準備できるようになった。

主席は、世界のいろいろな出版物などに出回っている、主席の対独参戦説を事実無根のものと一笑にふし、次のように語った。

「世界のいろいろな国の人名辞典は、私が朝鮮人で編成された大部隊を率いてスターリングラード激戦に参戦し、その戦闘で勲功を立て赤旗勲章を授与されたと紹介しています。ある本は、私がベルリン攻撃作戦にも、第一線部隊として参戦したと記しています。

私はソ連政府から赤旗勲章を授与されはしたが、スターリングラード激戦やベルリン攻撃作戦に参加した覚えはありません。人名辞典の編者らが、どこからそのような資料を入手したのか、理解に苦しみます」（回顧録『世紀とともに』第一部　抗日革命八巻　二四六頁）

国際連合軍の存在は、我が国とソ連、中国の三国武装力の連合を恐れていた日本帝国主義者を戦慄させたが、これとは逆に我が国の民衆には、大いなる希望を与えた。

国際連合軍が編成された後、朝鮮人民革命軍隊員の小部隊活動は、一層活発に展開されていった。近づく対日最終作戦を視野に入れ、その遂行に力を添えることができる軍事偵察活動と全民抗争の準備に焦点を合わせながら、活動の幅と深度を拡大させていった。

国際連合軍が編成された後、小部隊活動における特徴は、小グループ活動を主に繰り広げながら、これに比較的に規模の大きい小部隊活動を組み合わせる原則を堅持したことにあった。この原則に従い軍事作戦においても、小グループの活動に主力を注ぎながらも、これに小部隊による襲撃戦と待ち伏せ戦術を適切に組み合わせた。

国際連合軍に組み入れられた朝鮮人民革命軍は、一方では現代戦に対処した政治戦闘訓練を強化しながら、対日作戦の準備を進めた。

このように国際連合軍の編成は、抗日武装闘争の発展において、新たな歴史的道標となったのである。

主席は、これについて次にように述べている。

「一九四〇年代に入り抗日武装闘争は、祖国解放偉業を遂行するうえで決定的な局面を切り開くことのできる新たな発展段階に入りました。この時期の闘争における重要な内容の一つは、我々が一九四二年の夏からソ連領内で、中国とソ連の戦友らとともに国際連合軍を編成し、日帝を最終的に撃滅するための政治軍事的な準備を強化していったことです。朝鮮人民革命軍がソ連、中国の武装力とともに国際連合軍を編成して、共同闘争を繰り広げたことは、朝鮮革命発展の新たな段階を意味する出来事であったと評価することができます」（回顧録『世紀とともに』第一部　抗日革命八巻二三二頁）

内容面から見るとき、朝鮮革命は元来が日帝を追い出して祖国解放をなし遂げることを当面の課題にしていた。国際連合軍が編成されたことにより朝鮮革命は、祖国を解放する偉業とともに、日本帝国主義それ自体を最終的に壊滅させるための、世界史的な課題を兼ねて遂行するようになった。

国際連合軍の編成により、抗日武装闘争は大きく変化していった。国際連合軍の編成を分岐点にして、朝鮮革命は中国革命勢力との共同闘争の段階から、朝鮮、中国、ソ連の三国武装力の連合を内容とする幅の広い共同闘争段階へ、世界の反帝反ファッショ闘争の巨大な流れに合流する、新たな共同戦線の段階へと移行することになったのである。

(二) 最後の決戦を前にして

一九四二年末から一九四三年初めに至り、第二次世界大戦の形勢は反ファッショ側に有利に傾き始めた。スターリングラードにおけるソ連軍の勝利は、ヒットラードイツの敗北の序曲となり、独ソ戦のみならず、第二次世界大戦の戦局を逆転させることになった。

待ちに待った祖国解放の日がせまっている時、金日成主席が心を砕いたのは、解放された祖国での新しい国づくりを、どのように行うのかという問題であった。その暁には、党と国家を創建し、軍隊を創設し、経済を建て直し、文化を新たに復興させなければならないのだが、革命の指揮官であり中核的な勢力である幹部の不足が一番の難問にならざるをえなかった。

主席はこの問題を解くためには、厳しい武装闘争の中で鍛えられ検閲された抗日闘士らを、軍事のみならず党活動と国家管理、経済と教育、文化のどの部分を受けもっても、そつなくこなせる万能の幹部に育成しなければならないと見て、国際連合軍での軍政学習と訓練を通じて、これらを解決しようと決心した。

そして主席は、軍事訓練に比べ政治学習の比率が低かった初期の軍政訓練課程を、政治学習の比率を一段と上げる方向で改編させた。

初期の学習で使われた教材は、哲学や政治経済学のような一般的な理論課目のほかに、外国の党歴史、マルクス・レーニン主義の古典に関する解説書などが多く利用されたが、主席はそれらに祖国光復会一〇大綱領と創立宣言文、自身の著書である『朝鮮共産主義者の任務』をはじめ、従来から遊撃隊の隊内教育用に使われてきた必読書を加え、また朝鮮の地理と歴史に大きな比重をおいて学習するようにした。そして自ら頻繁に政治問題の講義をした。また部隊に設置された課外教育施設と宣伝扇動器材（隊内放送、新聞など）を使って隊員を教育し、彼らの政治的な視野を培った。

極東基地における軍事理論学習と軍事実動訓練も猛烈に進められた。戦術訓練、射撃訓練、水泳訓練、スキー訓練、落下傘訓練、無線通信訓練をはじめ、現代戦に対処する各種訓練が行われた。

現代戦の訓練では、戦術訓練に重点をおいて攻撃と防御訓練が多く行われ、同時に兵器学、地形学、衛生学、工兵学に関する学習も行い、化学戦の知識も与えた。

遊撃戦の訓練では、襲撃戦と待ち伏せ戦術に重点をおいた。

指揮官に対する戦術訓練は、主席が直接指導した。

落下傘訓練は、降下訓練、航空陸戦隊訓練を組み合わせて行われた。この訓練は一九四四年以降により多く行われた。訓練は厳しく睡眠も不足がちであったが、彼らは解放された祖国の明日のために、すべての困難と試練を笑顔で乗り越えていった。

日本とドイツが落日の坂道を転がり落ちており、祖国解放の大事変が目前に迫っている時、主席は朝鮮革命の主体力量をより一層強化するために、祖国に関する学習により多くの力を注ぐようにした。朝鮮革命に対する正しい理論と戦略戦術、祖国の歴史と地理、経済と文化、道徳と風習に関する知識なくして、自力独立も、新しい祖国建設もありえず、革命に対する自主的な立場と独自的な見解も打ち出すことができない。

この頃主席は、朝鮮人民革命軍の政治幹部や政治教員らを前にして、「朝鮮の革命家は朝鮮を良く知らなければならない」という演説を行った。この日の演説の中で主席は、朝鮮の革命家は、朝鮮の歴史と地理を良く知らなければならないと強調して、祖国解放の大事変を主動的に迎えるためのいくつかの課題を提示した。この後、国際連合軍内にいるすべての朝鮮人隊員らは、「朝鮮の革命家は朝鮮を良く知らなければならない」というスローガンを掲げて、祖国に関する学習を強化していった。

極東基地における朝鮮人民革命軍の血のにじむ軍政訓練は、民族と祖国のために一身を捧げ、血湧き肉躍る熱情と闘志で万難を排し、一歩一歩を歴史に刻み込んだ意義深い日々であった。

（三）全民抗争の炎は全国に

金日成主席は、次のように指摘した。

「私は抗日革命を始めた最初の日から、終始一貫して全民抗争を主張しました。その時私が言った全民抗争とは、全民を革命化して抗日革命に総動員するという意味でした。言い換えれば、全国、全民族を網羅する民族挙げての、組織的で積極的な反日抗戦により、祖国解放を実現することを意味しました」（回顧録『世紀とともに』第一部　抗日革命八巻三四六頁）

全民抗争のための準備が本格的に推進されたのは、抗日遊撃隊が白頭山に居座り、武装闘争を鴨緑江沿岸と国内に拡大させていった時からであり、全民族の総動員で祖国解放をなし遂げることを訴えた祖国光復会一〇大綱領は、事実上の全民抗争宣言そのものであったと言える。

全民抗争方針が独自的な路線として提示され、それを実現するための実務的な措置が取られ始めたのは、日中戦争が始まった後からであった。九月アピールは全民抗争のアピールであったと言える。

主席は最後の決戦の日が近づくにつれて、全民抗争のための作戦準備に拍車をかけ始めた。

主席は国内における党組織づくりと大衆団体づくりに関する状況、そして秘密武装組織の活動状況を把握したうえで、祖国解放の三大路線を打ち出した。祖国解放の三大路線というのは、朝鮮人民革命軍の総攻撃と、それに連動する全民衆の蜂起および背後連合作戦により、祖国解放の歴史的な偉業をなし遂げる路線であった。

祖国解放の三大路線は、実現の可能性が充分な現実的な路線であった。それは当時の民心の帰趨から、そのような判断を下すことができる。

その当時の民心は、朝鮮人民革命軍側にあった。白頭山を仰ぐ人も多かったが、訪ねる人も多かった。遊撃隊を訪ねて行き、金日成の部下になるという人が一人や二人ではなかった。徴用、徴兵を忌避して山中に立て篭もり、鍛冶場を建てて武器をつくりながら、日本と最後の闘いをするという人もいた。日帝支配下ではこれ以上耐えることができない、金日成部隊が進攻して来る時には我々も立ち上がって日帝に鉄槌をくだそう、生死をかけても決着をつけようというのが当時の民心であった。

釜山と下関を行き来する関釜連絡船「興安丸」の三等船室の天井に、「朝鮮独立大将　金日成」という文字が書かれ、ソウルの南大門に「近日　金日成大将　祖国凱旋」という「不穏落書き」が発見され、日本の官憲が一騒ぎを起こしたのもまさにこの時期であった。

一九四〇年代前半期に至り各界各層の広範な民衆は、より一層朝鮮人民革命軍に民族の運命を預け、朝鮮人民革命軍が祖国を解放する日を指折り数えて待っていた。これがまさに民衆の志向と希望を反映した民心であった。祖国解放の三大路線は、このような民心の流れを汲んで打ち出された路線であった。

最後の決戦のための作戦計画の骨子は、朝鮮人民革命軍の主力部隊が迅速に国内に進出して全道を押え、そこで戦闘行動を繰り広げる一方、全国に檄文を出し、山中に隠れている労働者、農民、青年学生らを集結させて武装部隊を組織し、これに合わせて全民衆による武装蜂起を起こし、一挙に敵を撃滅して国を解放するというものであった。

ここで問題となるのは、決定的な時期に民衆を抗戦の場に呼び込むことだが、それは難しいことではなかった。三・一運動の時は、独立万歳を叫ぶために二〇〇余万の群集が立ち上がったが、最後の決戦をするとなれば、数え切れない群集が抗戦の場に駆けつけて来ることは、火を見るよりも明らかであった。

主席は全民抗争の準備を急ぎながら、次のようないくつかの問題に特別な注意を払った。

一つは、国内にある秘密根拠地を全民抗争のための軍事政治的な拠点として、一層強固につくりながら、新たな臨時秘密根拠地を設けることであり、他の一つは、国内により多くの小部隊と小グループ、政治工作員らを派遣し、新たな情勢に合わせて、全民抗争勢力を祖国解放作戦のために徹底的に準備させることであった。もう一つは、国内の全民抗争勢力に対する、統一的な指導を実現させることであった。

このため主席は、全民抗争に関連した路線を提示しながら、狼林山脈をはじめ大きな山脈に、朝鮮人民革命軍部隊の活動基地、作戦基地、後方基地、全民抗争勢力の武力的な支点になりうる秘密根拠地を築くのに一次的な注意を払った。白頭山稜を中心とする鴨緑江沿岸と狼林山脈、赴戦嶺山脈を中心とする北部内陸地方をはじめ、西部地域と中部地域など、全国至る所に秘密根拠地が築かれた。

のみならず最後の決戦が目前に迫った条件下で、そのような秘密根拠地以外にも、祖国解放作戦を遂行するうえで戦略戦術的に重要な意味を有する全国の主要な要衝地にも、いろいろな形態と規模の臨時秘密根拠地がつくられた。根拠地づくりが先行されるや、数多くの小部隊、小グループ、政治工作員らが国内に派遣され、豆満江と鴨緑江沿岸の国境地帯だけでなく、ソウルを含む中部一帯と釜山、鎮海をはじめとする南海一帯、遠くは日本本土にまで浸透して政治、軍事活動を活発に繰り広げ、広範な民衆を全民抗争へと準備させていった。

国内の抗争運動に対する、統一的な指導を実現させることにも大きな力が注がれた。

国内党工作委員会が結成された後、我が国では党小グループが組織され、大衆団体に対する指導が保障されてきたのだが、一九三〇年代末からいろいろな地域で分散的につくられた、党小グループと反日大衆団体に対する統一的な指導を実現する使命を帯びた地区党委員会がつくられ、地域の指導機関としての役割を遂行し始めた。金正淑女史が組織した延社地区党委員会は、その代表的な事例になる。

一九四〇年前半期には、平安南道一帯で共産主義先覚者を網羅した地区党委員会が組織され活動したが、その傘下に平壌、价川、南浦をはじめいろいろな地域に党小グループを組織しておき、これらの党小グループを通じて、道内各地の祖国光復会組織と全民抗争組織を指導した。

咸鏡北道に組織された清津地区党委員会は、日鉄を中心にした清津地区の工場に、数多くの党細胞をもっていた。

一九四〇年代前半期に国内では、全民抗争勢力が急激に成長していった。

一九四二年に日帝当局が探し出した、反日地下組織だけでも一八〇余件におよび、組織勢力は五〇万を越すという。彼らに知られていない組織まで合わせると、その数がはるかに多いということは誰の目にも明らかである。

その当時、国の内外で活動していた反日団体の活動で、普遍的な現象として見られたことは、大部分の組織が、政治的な性格とともに軍事的な性格を帯びた組織として発展していたということと、全民蜂起と武力抗争を重要な闘争目的・闘争課題にしていたという点である。

その当時、多くの闘争団体は自分らの闘争目的が全民抗争、一斉蜂起、武装暴動、朝鮮人民革命軍の最後の攻撃作戦に合流することにあることを公にし、組織の名称自体を「金日成隊」とか「白頭山会」など、主席の名前と直接、間接的に結び付けて呼んだ。ソウルで組織され、済州島の慕瑟浦と国内各地そして日本にまで勢力を拡大した「金日成隊」は、目的からしても活動方式から見ても、抗日武装闘争の最後の時期に活躍した注目すべき組織であった。

「金日成隊」という抗争組織の存在が明らかになったのは、一九四五年六月頃であった。その時、新潟県警察府が、日本に徴用で連行された朝鮮人の間で、「金日成隊」という組織が活動している事実を探り出し、それを抹殺しようと血眼になった。

この組織は広範な反日群衆を結束し、抗争態勢をしっかりとととのえておいて、我が革命軍が国内進攻作戦を開始する時、それに合流して祖国を解放するための最後の聖戦に参加することを目的にして闘争した。組織は主に主要な軍需工場と企業所、港湾と軍事建設場をはじめとする労働現場に根を下ろした。

旧日本の秘密文書によると「金日成隊」は、大東亜戦争は直ちに日本の敗戦で終わり、日本の敗戦とともに我が国が独立するということ、独立後の我が国の政治体制は、貧乏人も金持ちもいない、みなが平等で幸福に暮らせる政治形態になるということ、そして独立後の朝鮮の最高指導者は「金日成」である、などと宣伝したという。

今日、ある研究者らは、一九四二年三月に済州島のある飛行場で起きた労働者の暴動を、「金日成隊」の背後操作によるものだとみなしている。この大規模な暴動に関する詳細な報道は、アメリカの新聞「ニューヨークタイムズ」一九四二年七月一八日付けに掲載された。

「白頭山会」は一九四二年の夏に、咸鏡北道城津（現金策市）で組織された。日本の警察が残した資料によれば、この組織は、早稲田大学に籍を置いていた人の指導の下で組織されたとされている。主席が白頭山を根拠地にして闘っているというところから、白頭山を組織の名に冠して活動中であったという。この資料には、同組織が朝鮮独立のための参軍闘争と、民族意識を高めるための活動を繰り広げたと記録されている。

平壌一帯には、祖国解放団の名称をもった抗争組織があった。主席の従兄弟である金元柱が指導した組織だ。

祖国解放団は、朝鮮人民革命軍の祖国解放作戦に合流し、武力暴動を主な目的としていた積極的な抗争組織であった。彼らは平壌をはじめ我が国の中西部の工場地帯と農村に入り、労働者、農民、青年学生をはじめとする各界各層の群衆の中に入り、組織を拡大させていった。組織網は、警察機関や敵の官公庁にまで入り込んだ。

国内の抗争組織の内、比較的に大きな組織としては、日鉄秘密結社と、京城帝国大学出身者らで組織された武装蜂起準備結社を挙げることができる。

日鉄秘密結社は、朝鮮人民革命軍のある小部隊が派遣した政治工作員の指導の下、日鉄の労働者らを中心にしてつくられた組織である。

一九四〇年代に入り日鉄内に組織された共産党再建組織は、工作員の指導を受けながら、朝鮮人民革命軍の国内進攻に合流して武装暴動を起こすことを基本目的にして準備作業を推し進めた。この結社は富潤地区に秘密根拠地を設け、武器や食糧、医薬品を貯蔵し、ビラやパンフレットを刷った。主だった工場には行動隊をつくり、暴動開始信号、日付、武器を奪取すべき対象とその順序、方法を定めた具体的な行動計画を作成しておいた。

朝鮮人民革命軍の影響の下で活動をした咸興地区の抗争組織は、日本が極秘の内に開発を進めてきた大量殺傷兵器の生産を破綻させるために決死的な闘争を繰り広げ、日本敗戦の日まで、その開発を妨害し成功させなかったのである。

全民抗争組織は日本軍の内部にもつくられた。一九四四年に鎮海海兵団に連行された青年らは、事前に金日成部隊に駆け込み、その下で朝鮮独立に寄与しようと集団で脱営を決行した。平壌に駐屯していた日本軍三〇師団でも、青年らが反日学徒兵武装隊を組織し、朝鮮人民革命軍に集団的に合流することを企てた。彼らは秋夕（旧暦八月一五日）を契機に一斉に脱営し、いったん陽徳郡北大峰に集結した後、警察署や憲兵隊などを襲撃する方法で武器、弾薬、食糧を補充しながら、稜線に沿って普天堡近郊の山まで行くことにした。その次に、そこに拠点をつくり、徴用、徴兵忌避者らで隊伍を補充して遊撃闘争を繰り広げながら、朝鮮人民革命軍主力部隊に合流して祖国解放作戦に参戦しようとした。

ソウルでも規模が大きく並み大抵でない組織がつくられたが、ソウル地区で組織された武装蜂起準備結社でもっとも注目されたのは、多数の知識人らが参加した京城大秘密結社であった。京城帝国大学武装蜂起結社も、朝鮮人民革命軍が派遣した工作員が指導した。

京城地区の武装蜂起準備結社は、秘密活動のための拠点を設け、武器の購入と出版物の印刷から軍事情報収集にいたる幅の広い活動を積極的に繰り広げ、メンバーには武器の使用法を教え軍事訓練を施した。

植民地統治の下役人を育成する大学で、武装蜂起準備結社が組織されたということは、実に驚くべき出来事であった。この組織の指導者の一人であった徐重錫は、解放後にも韓国で革命活動を繰り広げた。

ソウルのコングループも、工作員の指導を受けるようになってから、祖国光復会一〇大綱領を配布し、朝鮮人民革命軍の戦果を通報する一方、ソウル一帯のいろいろな工場、企業所に職種別の傘下組織をつくり、闘争を準備していった。金三龍はここで主な役割を果たした。

このほかにも、咸鏡北道にある茂山鉱山の青年労働者らでつくられた白衣社、平安北道鉄山郡の愛国団、平安南道順安鉄工所の武装隊、ソウルで組織された六・六同盟、智異山で李鉉相が組織した武装小部隊など、数多くの組織がこの当時に活動を行った。

一九四〇年代前半期に行われた抗日武装闘争は、以上のように祖国解放を目前にして、民衆をしっかりと準備させていった。

一九四五年八月に、日帝の統治体系がなぜ脆くも崩れ落ちたのか。それは全民抗争組織が全国至る所で立ち上がり、日帝が掌握していた統治機関を徹底的に粉砕してしまったからである。

この時、民族内部の力がすべて動員された。主席は民族力量の総動員が、勝利のためにいかほどに大きな意義を有するのかを、この当時の闘争が如実に物語っていると述べ、次のような歴史的教訓を語っている。

「民族内部の愛国的な勢力が最大限に団結して発動された、民族挙げての反日抗戦、これこそ一九四〇年代前半期における、我が革命発展の新しい姿であると同時に、著しい成果でもあるといえます。

共産主義と民族主義に分かれて対峙していた二つの勢力が、この時期に来て理念の差異を越えて、再度合作したと見ることができます。…………

主義主張と理念にしがみついていては、民族的な団結をなし遂げることができません。一九四〇年代前半期に祖国解放の大事変を迎えた時のように、自分らなりの主義には蓋をして共通性を求め、それを絶対化しなければなりません。抗日革命の経験と教訓が、それでなお重要なのです」（回顧録『世紀とともに』第一部　抗日革命八巻　二六五～二六六頁）

（四）民族の魂を守り通した知性の人々

一九四〇年代前半期に我が民族は、民族として存続しうるのか否か、蹂躙された民族性を復活させることができるのか否かという、運命の分かれ道におかれていた。

我が国の愛国的な民衆と知性人は、このような悲劇的な情況の下でも、金日成主席がいる白頭山を仰ぎ、民族の魂を守り通す闘いを力づよく繰り広げた。

その当時我が国の知識人の前には、日本帝国主義者の民族抹殺政策に抵抗するのか、さもなければ服従するのか、二つの道しかなかった。言うまでもなく多くの知性人は、抵抗の道を選んだ。

しかし一部の知識人らは、現実から逃避する方法で民族に顔をそむけた人もおり、屈服して一身の栄達を得る人も現れた。中には日帝の同化政策に、もろ手を挙げて支持し協力した人もいる。

主席は極東基地にいる時も、国内で出版される出版物に始終目を通して、誰が愛国者で誰が売国奴なのか、誰が栄達の道を選び、誰が獄門への道に進んだのか、誰が転向し、誰が死刑台の露と消えたのかについて把握していた。そしてその当時、名声が高かった知性の人々が選んだ道について、民族的な立場から具体的な評価をくだしている。

主席はまず、李光洙の親日的な素行に憤慨し断罪している。主席はその時「毎日申報」に掲載された彼の寄稿文を読んだ感想を次のように語っている。

李光洙は寄稿文の中で、自分は天皇の臣民である、私の子供も天皇の臣民として暮らすであろう、姓を香山と直したほうがより天皇の臣民らしいので、創氏改名を自分なりにしたという内容が書かれてあった。すなわち、日本の神武天皇が皇位についた地方の山の名前をとって、香山と姓を変えたという。

主席はその寄稿文を読んだ後、朝鮮人としての体面とか自尊心のかけらも見出すことができない、人が変わったにしてもあまりにも汚なすぎると述べた。「民族改造論」ではオーバーと上着を脱いだかと思うや、その寄稿文ではズボンと下着まで脱ぎ捨て、公然と親日を宣言するに至ったと烙印を押した。

解放後李光洙は、自らの親日を「民族保存」のためにした愛国的な素行であったかのごとく言ったが、志願兵制を称えた彼が「民族保存」について語るとはおこがましい、あまりにも無節操な弁明であった。

主席は李光洙とは対照的に、仏教徒であり詩人でもあった韓龍雲の愛国的な志操については高く評価している。

三・一運動時の独立宣言文署名者三三人中の一人でもあった彼は、我が国の独立は、請願の方法ではなく、民族自身の決死的な行動なくしては不可能であると主張した行動派であった。敵に逮捕された時も、彼は弁護士も、差し入れも、保釈もすべて拒否した。彼は大部分の民族代表らが、恐怖に陥り動揺する兆候を見せるや、監房にあった便器をたたきつけ、この汚らわしい者ども、お前らは民族と国のために生きている者どもなのか、と大声で叫んだという。

後日、日本人も彼を買収しようと、国有地をあげると言って歓心を買おうとしたが、彼はそれをも断固として拒絶した。同僚と親友らがお金を集めて、ソウルの城北洞に私邸を建ててあげようとした時も、総督府の石造りの建物が目ざわりだと言って、とうとうその反対側に家を建てるようにしたのである。

主席はここで、韓龍雲がソウルの街角で、李光洙と出遭った時のエピソードを紹介している。

韓龍雲と李光洙は親しい間柄であった。彼はある日、ソウルの鍾路交差点（日本でいえば銀座のような繁華街：訳者註）で李光洙と出遭った。李光洙が青年らに、学徒出兵を勧誘しながら走り回っている時であった。韓龍雲は、李光洙に目もくれず通り過ぎようとした。唖然とした李光洙は韓龍雲を掴まえて、私だ春園だ（李光洙の号：筆者註）、私を見忘れたのかと言った。すると韓龍雲は首を横に振りながら、私が知っている春園李光洙は既に死んで、この世にいないと答えたと言う。それは仏教僧が、民族の魂を売り払った李光洙にくだした死刑宣告であった。

主席は崔南善とか崔麟なども李光洙の亜流だと断罪し、「李光洙と崔南善は、知識の上では指折りの人でした。しかし信念のない知識や文才は、どこにも使い道がありません」と的を射た評価をくだしている。（回顧録『世紀とともに』第一部　抗日革命八巻　三九一頁）

主席は愛国的な学者や教育者、文人やジャーナリストをはじめとする知識人らは、民族反逆の輩に唾を吐き捨てながら、頑強に民族の志操を守り通したと評価した。そしてそのような人の一人として作家李箕永を挙げている。

李箕永は「カップ」（朝鮮プロレタリア芸術同盟：筆者註）事件で、二度にわたり刑務所暮らしをした人である。林和のような人は牢獄に繋がれるとすぐ変節したが、李箕永は出獄した後も、愛国的な文人としての志操を守り通した。

彼が出獄した後、失業者としてソウルの街角を彷徨していた時期は、日本が朝鮮思想犯保護観察令なるものを公布し、思想犯の烙印を押した愛国者や進歩的な人々を、思想犯保護観察所に片っ端から手当たり次第に収容していた時であった。そして親日思想にもとづく「報国」を強要した。「報国」とはすなわち転向を意味した。

李箕永は三日をあげずに警察機関に連行され、転向を強要された。彼らは李箕永に日本語で作品を書くことと、日本語で親日講演を行うことを要求した。

しかし竹のごとき節操の持ち主である彼には、どのような強圧も通じなかった。彼らが「国民文学」を強要する時には、むしろ朝鮮語で小説を書き、「皇民化」政策に答えた。「要視察人物」として登録された後、彼の生活は困窮を極めた。

いう。

お金に窮したあまり、次男が死んだ時にも葬式代がなく、次男の亡骸を横にして「お金」という題の短編小説を書いたと

李箕永は警察の執拗な嫌がらせを避け、妻子を連れて金剛山の麓の山奥に身を寄せた。しかし監視の目はこんな山奥にもおよび、彼の後ろをついて回った。親日分子らの投石により、彼の家の戸が何回も壊された。

しかし彼は愛国的な知識人としての節操を、固く守り通した。夜になると潜伏生活をしている徴兵、徴用忌避者らが、彼の助言を聞きに山から村に下りてきた。そのたびに李箕永は彼らに、牛馬のように草をむしって食べるようなことがあっても、絶対に山から下りず、日本に抵抗しつづけるようにと教えたという。

民族の魂を抜き取る日帝の同化政策に反対して、彼のように剛毅に闘った愛国的な知識人は、そのほかにも多数いた。一身を焦がしてまで民族の魂を守り通し、民族精神を目覚めさせようとする愛国志士と知識人らの不屈の抵抗精神。主席はその一人一人の魂を一つにまとめて、全民抗争勢力の重要な一翼を担うようにしなければならないと、より切実に感じるようになった。

金日成主席は、次のように指摘した。

「民族の魂を守る問題と、全民抗争の準備は不可分の関係におかれています。民族の魂を守る問題は、全民抗争のための準備の精神的な礎であるばかりでなく、その重要な一環であります。民族の魂を守り通す闘いなくして、全民抗争の隊伍に広範な愛国勢力を集結させることもできませんでした」（回顧録『世紀とともに』第一部　抗日革命八巻　三九四頁）

主席は、民族の歴史と文化と伝統を守らなければならない知識人らの使命を重要視し、内外の知識階層に工作員を派

遣するようにした。主席は国内に派遣する工作員らに、次のような思想を強調したと回顧している。

「……母があってはじめて子供がいるごとく、人は誰もが民族の懐に抱かれて生まれ、死してなお民族を離れることができない。我々は誰もが民族という一つ屋根の下で、一つの血筋によって繋がれている。したがって民族を守る闘いにおいては、主客の区別が別々にある訳ではない。革命も民族のためにするのであり、武装闘争も民族を守るためにするものだ。我々が取り戻そうとしているのは、祖国の大地だけではなく、我が歴史と文化、民族そのものである。したがって君らは、全民が手に武器を取ることと、全民が民族の魂を守り通す闘いを密接に結びつけ、全民抗争の準備をしっかりと行い、学者、教育者、ジャーナリスト、文化人など広範な知識階層の間で、祖国光復会の組織を拡大し、彼ら全員が民族の魂を守る闘いで、火花になり銃弾になるようにしなければならない。……」（回顧録『世紀とともに』第一部　抗日革命八巻　三九四〜三九五頁）

一九三八年末に「東亜日報」は、ソウル延禧専門学校に赤色研究会なる秘密結社があったとの嫌疑で、その連累者らが検挙されたとの記事を載せ、読者の注目を引いた。白南雲もその赤色研究会のメンバーであった。

屈すれば人間として扱われ、抗すれば犬畜生のように扱われた険悪なその当時、白南雲は知識人として、民族性を固守し堅持する抵抗の道を選んだのである。

彼は日本に行き苦学しながら商科大学を卒業し、延禧専門学校の教壇に立ったのである。『朝鮮社会経済史』は彼の代表作である。日帝が民族経済を圧殺し、民族を抹殺せんと血眼になっていた時、彼が我が国の社会経済史を書いたのは、非常に愛国的な行為であった。

ソウル延禧専門学校には経済研究会という合法団体があったが、この団体を革命的な色彩の濃い組織につくり変えるのを主導した人物が白南雲だったのである。すなわち、彼は同僚教授らとともに、単なる学術研究団体であった経済研究会を、共産主義を志向する赤色研究会なる、政治的な色彩が濃い組織につくり変えたのである。

朝鮮人民革命軍から派遣された政治工作員との連係が結ばれた時から、赤色研究会のすべての活動は祖国光復会一〇大綱領を実現させる方向で行われていった。休みの時には、この組織のメンバー全員が大衆の中に入って行き、啓蒙活動を繰り広げた。

朝鮮総督府警務局が発行した「最近における朝鮮治安情況」なる官憲資料によれば、赤色研究会は共産革命達成を目的にセミナーや講習会、読書会などを開いて、会員に共産主義思想の注入と宣伝を行うなど、積極的な活動を継続してきたと言う。

白南雲は日帝が敗北するまで、無職で隠居生活を送りながら『李朝実録』を翻訳した。彼が『朝鮮社会経済史』を著述したことや、経済研究会を赤色研究会につくり変えたこととか、『李朝実録』を翻訳しようと思い立ったことは、すべてが日帝の「皇民化」政策に対する挑戦であった。

普天堡戦闘に関する消息を耳にしたその年の冬から、暖炉に火を焚かず、寒々とした部屋で我慢し通したのが白南雲である。なぜ暖炉に火を焚かずに過ごしたのかと聞くと、金日成以下の遊撃隊員全員が春夏秋冬、四季を通じて、落ち葉を集めて地べたに寝て、地べたに座って食べているという話を聞いて、恐縮のあまりそのようにしたと言う。

世界的な遺伝学者であり育種学者である桂応祥も、愛国的な志操を守り通した知識人であった。

日本で苦学しながら大学院を終えた時、彼の才能が秀でていることを知った日本各地の大学は彼を招聘し、大学の指導教授も彼を欲しがった。

しかし桂応祥はこれらの要請をすべて拒絶した。日本軍の面（つら）を見なくてもすむ土地に行って、繭の研究をつづけるのが彼の望みであった。それで彼は中国関内に行った。日中戦争が起こり、日本軍が広東を占領したので、祖国に帰った。

八・一五解放後には米軍政のやり方に嫌気がさし、トランクに種繭を入れて平壌に行き、生産性が高く病気にも強い、立派な種繭をたくさん育成するのに成功した。

日帝末期に国内で民族の魂を守るため、熾烈な闘争を繰り広げた組織の中には、朝鮮語学会もあった。

我が国で民族語編纂事業が本格的に始まったのは、朝鮮語学会が組織された後であった。この事業は、民族を守り民族の魂を守り通すうえで重要な事業であった。

言語なくして文化の発展などありえない。文化の発展は、その基底におかれている言語と文字の、合理的な整理と統一なくしては不可能である。言語と文字を合理的に整理するうえでもっとも有力な手段になるのは、ほかでもない民族の言語資源を総合し集大成化した辞典なのである。

民族語辞典を編纂する事業は、無限に手のかかる、また多くの資金を必要とする仕事である。日本人の目を避け、路地裏でこっそりとやる仕事であったがために、民衆の支援を得るのもままならなかった。しかし朝鮮語学会のメンバーらは、自ら進んでこのような重責を担ったのである。言葉で言い尽くせぬ苦労を重ねた。彼らは万が一の場合を考えて、原稿も二部ずつつくり、別々に隠しておいた。

朝鮮語が日帝の極端な抑圧の下におかれていた時、民族語の語彙を宝石のように一つ一つ集め辞典に載せた。彼らほど立派で勁（つよ）い愛国者がほかにいるであろうか。

朝鮮語学会は、秘密裏に対外活動も積極的に繰り広げた。一九三五年にイギリスで開かれた国際音声学会と翌年にデンマークで開催された世界言語学会大会にも参加して、日帝が朝鮮語をどのように抹殺しようとしているのかを、全世界に告発した。

歴史的に見るならば、我が国で我が国の言葉を整理し研究した初めての機関は、世宗大王が設けた正音庁である。世宗が崔萬理をはじめとする事大主義学者らの執拗な反対を押し切り、訓民正音を勧奨したのはまったくもって良いことであった。世宗は「龍飛御天歌」も我が国の言葉でつくるようにし、公文書にも使い、儒教と仏教の経典も我が文字で出版するようにした。

正音庁が廃止され我が文字が疎外されはじめたのは、燕山君の時である。我が文字は数百年の間、雑草のごとく蔑まれてきたが、一八九四年の甲午更張に至り蘇生するようになった。

一九世紀末からようやく日の目を見るようになった我が言葉を、今度は日帝が「国語常用」を強いて踏みにじり始めた。これに反旗を掲げて立ち上がったのが、ほかでもない朝鮮語学会だったのである。

祖国の独立と我が言語の整理普及のために闘ってきたこの団体が、一九四二年秋から日帝の弾圧を受け始めた。この学会のメンバーである学者や関係者、数十名が日本の警察に逮捕されたのである。

小部隊工作に出た隊員らが国内から戻ってその消息を伝えるや、主席は憤りを禁じることができなかった。スターリングラードでソ連軍が、ドイツ軍を数十万も殺傷したとのニュースに、野営全体が沸きに沸き返っていた時であったが、我が学者らが数十名も捕まり拷問を受けているとの知らせに、食欲まで失ったと主席は回顧している。

逮捕された学者らは咸興監獄で言い尽くせぬ苦労をしたが、あまりにも酷い拷問のために、何人かは予審の過程に監獄内で殉国した。日本の警察は朝鮮語学会が反日独立団体であるとみなしていたが、その団体が朝鮮人民革命軍の影響下にある組織であるということは知るよしもなかった。収監された学者らが血を流しながらも、命を賭して秘密を守ったからである。

朝鮮語学会の内部には、朝鮮人民革命軍の組織線と直接結ばれていた李克魯をはじめとする先覚者を網羅した秘密地下組織がつくられていた。崔一泉がソウルで暮らしていた李克魯を訪ねて行ったのは、一九三六年秋と一九三七年夏であったが、そのとき朝鮮人民革命軍のある組織が彼に、国内の知識人の間で祖国光復会の組織をつくる任務を与えたのである。

崔一泉は長春にある「東亜日報」の支局長として、ソウルに行き来しながら、朝鮮人民革命軍からまかされた任務を立派に果たした。

李克魯は民族の魂を守り通した人物として知られており、また共産主義者からも民族主義者からも愛されていたので、主席は一九四八年四月の南北連席会議の時に彼を主席壇に座らせ、会議参加者の名で全朝鮮人民に訴える「全朝鮮同胞に告ぐ」というアピール文も彼に読ませた。

主席は朝鮮語学会が行った事業を大変高く評価しながら、次のように指摘している。

「朝鮮語学会事件は私に非常に大きな衝撃を与えました。銃剣も、絞首台も恐れることなく、血をもって民族の魂を守り通した知識人らの姿に、私は生きている祖国、生きて闘っている祖国を見出しました」（回顧録『世紀とともに』第一部　抗日革命八巻　四〇二頁）

主席は、民族の魂を守る知識人らの闘いは、このほかにもあったが、その内の一つの事例が、京城帝大生らの闘いであったと指摘している。

植民地支配末期に京城帝大生らも組織をつくり、民族の魂を守る闘いを積極的に繰り広げた。この組織のメンバーである愛国的な知識人らは、日帝の民族抹殺政策に反旗を掲げて立ち上がった。

彼らは親日的な文化人や御用学者らの、寝言のような主張に反撃を加える一方、合法的な演壇を通じて、我が民族の優秀性を広く宣伝した。宣伝の要諦は、我が民族は後れた民族ではなく、智恵も文明度も世界に誇れる秀でた民族であり、どのような代価を払おうとも、自己の民族性を死守していくであろうという点にあった。

しかし言論だけでは、暴力を振り回す輩には立ち向かうことができない、というのが知識人らの教訓であった。それで彼らは大きな山脈に根拠地をつくり、炭坑や鉱山の労働者や、山中に隠れ住んでいる徴兵・徴用忌避者で武装部隊をつくる準備に取りかかった。数多くの青年学生、学者、宗教家、教育者、文化人、ジャーナリストらが全民抗争組織に網羅され、日帝の民族抹殺政策に反対して闘うようになった。組織に入っていない知識人らも、信念をもって日本の同化政策に抵抗した。暴虐な抑圧と鉄鎖をもってしても、覚醒した知識人らの民族の魂を守る闘いを屈服させることはできなかった。

一九四〇年代前半期における、民族の魂を守り通そうとする知識人らの闘いを回顧しながら、主席はその闘いが示した歴史的な教訓を次のような金言で要約した。

「歴史に名を残し成功した知識人は、例外なく全員が自己の祖国と民族に忠実な、強い意志の持ち主でした」(回顧録『世紀とともに』第一部　抗日革命八巻　四〇四頁)

主席は常々知識人らに、祖国と民族を熱烈に愛し、どのような逆境の中でも不屈の意志と革命的な信念をもつようにと強調したのは、この不朽の真理を全ての知識人らが体得するようにするためのものであった。

(五) 反日愛国勢力との団結のために

全民族の団結と反日愛国勢力の総結集によって、祖国を解放しようとするのは、金日成主席が抗日革命の全期間、終始一貫して堅持してきた路線であり戦略的な方針であった。主席は抗日大戦を始めたその日から、国の内外で活動しているすべての反日愛国勢力との団結を模索することにすべての心血と労苦を傾けたが、それは一九四〇年代前半期にも変わりがなかった。

金日成主席は、一九四〇年代前半期の我が国の民族解放運動において、共産主義運動と民族主義運動との関係に表れた基本的な特徴について、次のように指摘している。

「一時期民族主義運動は、共産主義運動とともに我が国の民族解放運動において、二大構成部分の一翼を担っておりました。朝鮮民族の解放闘争は、民族主義運動から始まりました。一九四〇年代前半期にも民族主義は、依然として一つの思潮として残っており、民族主義運動勢力も微弱ではあったが、反日愛国勢力の一つとして存在しておりました」（回顧録『世紀とともに』第一部　抗日革命八巻　四〇五頁）

主席の指摘にもある通り、我が国の民族解放闘争史における一九二〇年代が、共産主義運動と民族主義運動の二大構成部分が存在した時期であったとするなら、一九三〇年代は民族主義運動上層部の変節転向により、民族主義運動が全般的に弱化した時期であり、一九四〇年代前半期まではその弱化にもかかわらず、民族主義は依然として一つの思潮として残っており、民族主義運動勢力は微弱ではあったが、一つの反日愛国勢力として存在していた時期であった。したがって改良主義勢力を除いた多数の運動家らは、依然として反日の旗を掲げ、国内と海外で日本帝国主義者に反対する抵抗運動をつづけており、民族主義勢力は国内の民衆と海外の同胞らに一定の影響力を有していた。

主席はこの時も、愛国的であり進歩的な民族主義者との団結を重要な路線として推し進め、その実現のために変わりない努力を傾けた。

一方反日民族運動家らも、朝鮮人民革命軍との連帯をなし遂げようと、いろいろと試みた。それまでは共産主義者をやみくもに排除し敬遠した人までが、徐々に態度を変えるようになった。

朝鮮人民革命軍との連合を実現しようとする反日独立運動家らの動きが普遍的な現象になり、一つのはっきりとした流れになったのは、一九三〇年代後半期からであった。一九三六年五月に祖国光復会が創建され、民族の総動員を呼びかけて統一戦線運動を力強く展開させていくや、民族主義者らもそれに積極的な姿勢で応じたのである。金活石の指揮下にあった独立軍の残存勢力が、崔允亀に率いられて朝鮮人民革命軍に進んで編入してきたのは、そのもっとも代表的な事例である。

しからば民族運動陣営が従前の排他的な立場から脱却して、どうして朝鮮人民革命軍との合作をそれほど重視するようになったのか?

主席はこれについて、次のように説明している。

「それは一言で言えば、朝鮮人民革命軍の権威が高まり、影響力が拡大したためであります。抗日武装闘争は、朝鮮民族の解放運動において、主軸になっておりました。朝鮮人民革命軍は、反日民族解放戦線の主力軍になっており、民族の独立意志と信念の代表者であり、抗日革命の組織者、指導者であったのです」(回顧録『世紀とともに』第一部　抗日革命八巻　四〇六頁)

民族解放運動には幾種類ものいろいろな反日勢力が存在していたが、その中で敵にもっとも甚大な打撃を与えていたのが、ほかでもない朝鮮人民革命軍だったのである。日本帝国主義者がもっとも恐れたのが朝鮮人民革命軍であり、民衆がもっとも大きな期待をかけて見つめたのも朝鮮人民革命軍だったのである。我が同胞は、日帝を祖国の大地から駆逐する実際の軍事力は、朝鮮人民革命軍のほかにないとみなすようになった。

金九を補佐していた人の話によると、彼は普天堡戦闘で日帝が打撃を被ったとのニュースに接して、歓声をあげ喜びを隠さなかったという。その当時南京にあった朝鮮民族革命党の機関紙も、「朝鮮革命武装運動の朗報」という題で、普天堡戦闘を詳細に紹介した。編集者らはその新聞資料を、咸興にある「朝鮮日報」支局にまで発送したことがある。それは主義主張を超越した、汎民族的な支持と激励、連帯の表れであった。

白凡（金九の号：筆者註）金九は、早くから武力抗争を模索した。一九二〇年代初めに彼が組織した労兵会なる団体も、武力抗争をめざした団体であった。彼は無抵抗主義的な実力培養だとか外交的な方法で、独立を達成しようとする人を好まなかった。彼の悔いは、軍隊を大規模に編成して、武装闘争をはなばなしく展開できなかったことにある。だから朝鮮人民革命軍の闘争について、相当大きな期待と関心をもっていた。

八・一五直後にロサンゼルスで発行されていた「朝鮮独立」という同胞新聞は、金九を非難する記事を載せたことがあった。その内容は、米国に住む同胞らが金九の呼びかけに応じて、金日成部隊と朝鮮義勇軍部隊のために巨額の軍資金を集めて送ったのだが、献金を呼びかけた金九自身は、戦乱を口実にそのお金を金日成部隊にも朝鮮義勇軍部隊にも送らず途中で全部使ってしまったというのだ。

金九が軍資金を送れなかったことには理解がいく。お金を送るには組織のルートを利用しなければならないのだが、朝鮮人民革命軍の組織ルートを探すことは、当時としては難しかったのである。

主席は、金九が朝鮮人民革命軍のために献金を呼びかけたという事実を通じて、彼が白頭山を中心にして繰り広げられていた武装闘争を支援するために、いろいろと努力したことを知るようになったと述べた。

海外の民族運動団体で、朝鮮人民革命軍に対する関心が急激に高まり、共産主義者との連帯の動きが前例になく活発になったのは、祖国光復会の旗が団結の牽引力として力づよく作用したこととも関連している。

その当時中国の関内にいた反日愛国勢力は、主義主張と闘争方式の違いから、互いに力を合わさず分裂していた。

彼らは大きく二派に分かれていたが、一つは民族派と呼ばれた金九派であり、他の一つは人民戦線派と呼ばれた金元鳳派だった。金元鳳派は共産主義系列に近い独立運動左派だった。

二つの派は各々、蔣介石の国民党と国民政府軍事委員会、中国共産党と独自の連係を結んでいた。

関内で活動している独立運動家との統一戦線のためには、二つの問題が解決されなければならなかった。まず関内の反日民族団体自体が、一つの勢力としてまとまらなければならなかった。言い換えるならば、主義主張と闘争方式が異なる団体が、お互いの差異点を超えて、抗日愛国の旗の下に、単一戦線を形成しなければならなかった。次に、その単一戦線に網羅されたすべての愛国勢力と朝鮮人民革命軍との合作が、新たな基礎の上に実現されなければならなかった。

主席は祖国光復会を創建した後、このような問題を解決するために、終始一貫して真摯な努力を傾けた。日中戦争が勃発した後は、関内運動との連帯のために、より積極的で主動的な活動を繰り広げた。

日中戦争が勃発した後、中国で第二次国共合作が実現したのを背景に、小党として分立していた金九系列と金元鳳系列が、一九四〇年九月に過去の対峙状態に終止符を打ち、単一戦線形成に成功して共同宣言を発表するまでに至った。その共同宣言には、祖国光復会創立宣言と一〇大綱領で提示された項目と同じような内容が多く含まれていた。臨時政府はその後、金元鳳系列を組み入れて左右合作がなし遂げられた。

主席は、民族運動内部で起きたこのような変化について注視した。主席は一九四〇年代前半期にも、国内と日本にいる反日愛国勢力の結束に努力する一方、満州と関内にいる反日愛国勢力を牽引する活動を、いろいろな経路を通じて展開した。

日帝の敗北が近づいていた当時の激変する情勢は、国内と海外で活動する全ての反日愛国勢力が一つに団結し、日帝との最後の決戦に備えることを求めていた。主席は、内外の広範な愛国勢力を一つにまとめ、強力な全民抗争勢力を準備することを、時代が付与した歴史的な使命として認識した。

主席が中国関内の抗日愛国勢力との連係を結ぶうえで注目した団体の一つが、上海臨時政府であった。日本軍が中国本土に侵攻した後、臨時政府は居所を頻繁に変えた。臨時政府は国民党政府について回り、所在地をしょっちゅう変えたので、実際には看板だけはなんとか維持するほどの、居候の立場におかれていた。一九四〇年代に入り臨時政府はようやく放浪生活を終え、蔣介石政府の所在地である重慶に定着するようになった。その時から彼らは比較的に安定した生活を送れるようになった。

臨時政府が光復軍を組織したのも、重慶にいた時の出来事である。臨時政府が自分の傘下に、光復軍のような武装力をもつようになったのは、彼らの活動において一つの前進であったといえる。そのとき光復軍の関係者らは、自分らが主管していたある出版物に、金日成と楊靖宇、趙尚志などの名を挙げて、朝鮮人民革命軍の闘争と東北抗日連軍の活動内容を紹介したこともある。

しかしその勢力は、履歴から見ても、構成とか武装装備からしても、まだ幼い部隊であった。臨時政府の関係者も、自分らの武装力の発展には限度があると見ていた。李青天が海外反日勢力の実態を分析しながら、臨時政府の主導権獲得は難しいと見たことや、臨時政府は何の準備もなく、祖国解放を迎えようとしていると率直に述懐したのは、そのような実情を反映したものであった。

しかし主席は、彼らとも提携を実現させようと努力した。金九系列との合作に成功すれば、祖国解放のための最後の作戦を展開する時、彼らの武装力も動員することができると見たからである。

金元鳳は義烈団なる団体をつくり、関内と東北地方は言うまでもなく、国内を舞台にして暗殺と破壊活動を繰り広げた。その後は朝鮮義勇隊なるものを組織した。

主席は、朝鮮義勇隊の規模と武装はたいしたことがないが、力で日帝を打ち負かそうとする彼らの志向を重視した。主席は華北にいた朝鮮独立同盟と朝鮮義勇軍についても、ある程度の関心を寄せた。

当時そこでは、武亭が少なからぬ影響力をもっていたが、彼は中国の紅軍建設と解放闘争にも寄与した人物として知られていた。主席は、武亭が祖国に帰国し、主席に初めてあった時、次のような要旨の話をしたと回顧している。

「……金将軍に関する消息をたくさん耳にした。聞くたびに勇気が湧いた。野蛮な日本軍を震えさす将軍が朝鮮にいるのかと思うと、嬉しくてたまらなかった。身は八路軍にあったが、自分の心はいつも白頭山に行っていた。朝鮮義勇軍が金将軍部隊と合流する方法はないのか、朝鮮義勇軍と朝鮮人民革命軍が共同で日帝を撃滅させることはできないのか、このようなことを考えながら金日成将軍と手を結ぼうといろいろと努力した」（回顧録『世紀とともに』第一部　抗日革命八巻　四一三〜四一四頁）

武亭だけではなかった。一九四〇年代に延安にいた許貞淑も、次のように語っている。延安で活動していた朝鮮人運動家の中には、名のある人も多かったが、彼らは全員が朝鮮人民革命軍を憧憬していた。自身も周恩来と朱徳に、満州に行かせて欲しいと幾度も請願したが、中国の同志から民族主義だとの批判を受けたと述懐している。関内で活動していた愛国者の中には、共産主義者も民族主義者もいたが、彼らはみなが主義主張に関わりなく、朝鮮人民革命軍との連帯、合作を志向した。

主席は、中国共産党の影響下にいようと、蒋介石の保護の下にいる人であろうと、そのようなことには関係なく、愛国を志向する人ならばすべてを合作の対象とみなした。中国関内との連係をもつには、いろいろなチャンネルを利用することができた。ソ連の軍事当局とかコミンテルンのルートを利用することもできたし、東北抗日連軍側が関内に派遣する連絡ルートを利用することもできたし、また朝鮮人民革命軍が連絡員を必要な地方に直接派遣することもできた。

朝鮮人民革命軍が中国東北地方で武装闘争を繰り広げている時、関内と連絡を取るために利用されたルートの中には饒河、東崗方面の東北抗日連軍第七軍の交通路があり、新彊省の伊梨と甘粛省の蘭州、延安に通じる国際通路があった。他の一つのルートは、満州の東辺道から満州と中国の国境線を結ぶ遊撃路があった。

極東の訓練基地には、その当時中国関内で紅軍の軍事要員として働き、ソ連に行って軍事教育を受けた後、延安には行かずに国際連合軍に来ていた人と、中国共産党の連絡員がいた。主席は彼らが関内に行くことになれば、延安と重慶で活動している朝鮮人に送る書簡を託すつもりだったが、日帝が敗北する日までその機会を得ることができなかった。

主席は、東北地方に行って小部隊工作を行うついでを利用して、関内との連絡を取ろうと試みもし、国内にある地下組織ルートを通じても、関内の人士らと連絡ルートをつくろうとした。

主席はまた、「トウ・ドウ」のメンバーだった康炳善が主管する新義州の地下組織に、関内との連絡をつけるよう指令を出した。その指令により新義州の地下組織は、天津にいるある工作員に、重慶と延安に通じる朝鮮人民革命軍との連絡通路を開拓する任務を与えた。この工作員は、朝鮮人民革命軍と重慶、延安との、合作のための中間連絡地点をつくろうと努めた。

朝鮮人民革命軍が関内の反日愛国勢力との連係を模索していた時、重慶にいた反日愛国勢力も、朝鮮人民革命軍との合作を実現させようと別途に活動した。金九の秘書だった安重根の甥である安偶生の回想によると、金九も朝鮮人民革命軍に連絡員を送ったという。遺憾ではあるが連絡員は、満州の土を踏む前に、途中で八・一五解放を迎えたという。

一九四二年一二月には、臨時政府派遣員の資格で金氏と名乗る人が、牡丹江にまで来たが、朝鮮人民革命軍を探すことができずに重慶に帰ったという。

日帝は、朝鮮人民革命軍と関内にいる中国共産党所属の朝鮮人が、中江鎮、臨江、恵山鎮、通化付近を中心線にして、お互いに連絡しているとの情報を握っていた。

主席は、国際連合軍時期に小部隊工作を行いながら、宗教勢力にも関心を寄せた。

一九四二年末に、寧安県東京城にあった大倧教本部の、三世教主尹世復をはじめ多くの宗徒らが、警察に検挙される事件が起きた。

大倧教の教徒らは、大倧教の使命が、日本と満州国のくびきから脱し、我が民族による倍達国の再建を祈祷することにあると主張し反日活動を展開した。大倧教のある幹部は、大東亜戦争における日本の敗北は不可避の運命であり、したがってこの機会に祖国解放の日を早めなければならないとして、ビルマ（ミャンマ）にバ・モーがいるごとく、我が国には金日成がいる、朝鮮民族の幸せは独立によって達成されると公に主張した。小部隊活動から戻った隊員から、牡丹江省警務庁が大倧教の教徒らを手当たり次第に逮捕しているとの話を聞いた主席は、寧安県に総本部を設立した愛国的な教徒らを保護する対策を講じるように命じた。

対日作戦を準備していた日々に、主席が注目した国内の反日民族団体は、呂運亨が組織した朝鮮建国同盟であった。

建国同盟は一九四四年につくられた反日地下組織だった。この同盟は、呂運亨の故郷である京畿道楊平郡一帯の農民を基本にしてつくられた農民同盟という傘下組織をもっていた。

一九四四年といえば、民族主義団体に対する弾圧が極度に達していた時である。このような時に、ソウル一帯で朝鮮建国同盟なる反日団体をつくったのは、さすがに太っ腹な呂運亨がなせる業であった。

建国同盟が秘密を徹底的に守ったので、ソウルにいた朝鮮人民革命軍の工作員も、一定期間、自分の目の前でそのような組織が活動しているのを知ることができなかった。主席は、一九四五年になって初めて、建国同盟の存在を知るようになった。

呂運亨は朝鮮建国同盟を組織した後、直ちに金日成主席にも人を送り、朝鮮独立同盟にも連絡員を派遣したが、惜しくも彼が派遣した連絡員は、朝鮮人民革命軍の行方を探せずに戻り、延安にいた朝鮮独立同盟の人士らとだけ会った。呂運亨の連絡員が主席に会えずに帰ったのは、主席が極東の訓練基地で活動していたからであった。

呂運亨が普天堡戦闘のニュースに接してから、主席に会おうと格別な努力を傾けたのと同様に、主席も呂運亨との合作に努力を傾けた。呂運亨との合作事業は、ソウルにいた政治工作員が受けもつようになっていた。政治工作員は、相手がまったく入り込む隙を与えず、彼とは一度も胸の内を開いて話ができなかったという。

呂運亨は建国同盟の中に軍事委員会をつくり、武装闘争で日帝の背後を撹乱させるための計画を立てていたのだが、これは朝鮮人民革命軍が志向した、全民抗争路線と合致するものであった。

中国関内のすべての反日愛国勢力との合作をめざした朝鮮人民革命軍の活動は、それ相応の結実を得ることができなかった。日本が、あまりにも早く降参してしまったからである。朝鮮人民革命軍の主力部隊と国内の抗争組織が、内外呼応して祖国解放のための最後の作戦を繰り広げていた時、関内の武装力はそこに直接参加することができなかったのである。

金九はこれをもっとも悔しがっていた。彼は日本の降伏が自分には嬉しいニュースであるよりは、天が崩れ落ちるような出来事であったと言いながら、数年間苦労に苦労を重ねてようやく参戦の準備をととのえたのに、全てが水泡に帰したと痛嘆し、自分らがこの度の戦争で何もしなかったので、発言権も弱くなるであろうと心配したという。

しかし合作のための双方の努力が、そのように水泡と帰すようなことはなかった。その当時には結実をみることがなかったが、いつの日にかは、必ず実を結ぶはずである。民族解放のために捧げた努力には、必ず歴史が報いるのである。反日愛国勢力との団結のために傾けた主席の労苦は歴史の元肥になり、解放された祖国で各界各層を網羅した統一戦線の結成として日の目を見るようになったのである。

歴史が示しているように、主席が早い時期から目をつけていた人たちは、解放後に全員が統一戦線の旗の下に駆けつけてきた。一九四八年四月の南北連席会議に金九、金奎植、趙素昂、崔東旿、厳恒燮、趙皖九、金月松……など名の知れた民族主義者が参加したのは、そのことを雄弁に語っている。振り返ってみると、結局金九側の臨時政府人士は、全員が主席の懐に抱かれた。

建国同盟の主人公である呂運亨も平壌を訪れて主席と会談して戻り、金元鳳も朝鮮独立同盟の同僚らとともに平壌に来て、国家の重要な職責を担うようになった。

主席は、対日作戦準備の日々に、民族の大団結をなし遂げようとする意志が練磨され強固なものになったので、解放後の混乱を極めた情勢の中でも、各界各層の反日勢力を統一戦線の旗の下に集結させることができたと回顧しながら、民族史的な教訓を次のような金言で整理した。


「外勢の脅威をつねに受けてきた我が民族の座右の銘は、何よりも民族の大団結でなくてはなりません。民族の興亡盛衰のいかんは、我が民族全員がこの座右の銘にどのくらい忠実なのかに全てがかかっていると思います。

思想と理念、政見と制度に先立ち、民族を優先視する終始一貫した公明正大な政策の深い歴史的な根と、大きな業績、高貴な経験があったがゆえに、我々は今日、祖国統一のための全民族大団結一〇大綱領を打ち出して、全民族を統一偉業に力強く奮い立たすことができるのです」（回顧録『世紀とともに』第一部　抗日革命八巻　四二一〜四二三頁）

（六）全民抗争準備のための組織は日本にも

祖国解放の大事変を主動的に迎える準備を急いでいた一九四〇年代前半期に、金日成主席は国内に強力な全民抗争勢力をととのえる一方、日本本土にある革命組織が全民抗争運動の一翼を担うことができるよう、特別な注意を払った。

日本における工作活動は、二つの方向で行われた。一つは、既に組織されている祖国光復会といろいろな形態の反日組織を、朝鮮人民革命軍が最終的な攻撃作戦を開始する時、これに合流することができるように組織を整備しつつ、新たな組織づくりをつづけることであり、他の一つは、朝鮮人民革命軍の特殊工作員が日帝の牙城深くに入り込み、敵の軍事情報を偵察することにより、対日軍事作戦の勝利を保障する準備を本格化させることであった。

主席は、全民抗争を準備しながら日本本土を特別な視線で注視するようになった理由を、在日同胞運動を歴史的に概括した基礎のうえに立って分析している。

日本には我が国から渡って行った人らがつくった組織が、早くから数多くあった。共産主義組織、民族主義組織、啓蒙組織、学生組織をはじめ多様な組織が存在していた。

日本で繰り広げられた反日運動においても、青年学生らが重要な役割を果たした。彼らは在東京留学生学友会なる看板をもった組織をつくり、三・一運動前夜には独立宣言書を作成したのだが、それが国内に知らされて、独立運動家らに大きな衝撃を与えたことがある。

日帝が我が国を併合した時は、それに対する抗議の印として、東京と京都にいた多くの留学生らが集団的に帰国したのだが、これは彼ら青年学生らの抵抗精神の一端を示唆したものであった。

民族運動の形態を帯びて繰り広げられた青年学生運動は、請願とデモ、実力養成という、消極的な闘争形態で敵と向き合っていたのだが、在日同胞に少なからぬ影響を与えた。

無政府主義者として有名な朴烈も日本留学生出身だ。彼は天皇の暗殺を謀議した罪で無期懲役刑を受けた人で、二〇余年間服役した後、八・一五を迎えてようやく出獄した。一九二五年初めに朝鮮共産党を創建した人の中に、日本留学生出身者が少なくなかった。日本にマルクス主義が伝わるや、彼らはいろいろな思想団体や組織をつくり、新しい思潮を研究し普及する活動を行った。一九三〇年代初めに日本にあった、我が国の人らがつくった共産主義団体は三〇を超え、そこに加入しているメンバーは数千人を数えたという。共産党組織は、日本共産党の一支部の形態で存在した。

新しい思潮の影響を受けて、在日同胞の労働運動も発展した。大阪には、東亜協同組合なる名称をもった民族企業団体もあった。宗教組織も少なからずつくられた。そして新幹会の支部もあった。

このように在日同胞らの中で、いろいろな形態の組織が稠密に存在していたが、それらは主義主張も異なり、活動方式も各々自分勝手であった。啓蒙、相互親睦、相互扶助の範囲に止まっている組織もあった。

しかし主席は、全民抗争の視点から見るとき、その一つ一つがみな貴重な勢力になるとみなした。これらの組織はみな、日帝の心臓部に突き刺さっている時限爆弾のようなもので、この爆弾に火をつける役目が朝鮮人民革命軍に与えられていると見ていた。

日本に工作員を派遣することは、反日僑胞運動と抗日武装闘争を一つの線で結び、日本各地で自然発生的に、散漫無秩序に行われている同胞らの大衆運動に対する統一的な指導を保障すると同時に、この運動を新たな情勢に合わせて質的に発展させるために、至急に解決が望まれていた問題であった。

日本に工作員を浸透させる通路としては、釜山—下関航路と清津—敦賀航路が利用された。長期的に深く浸透させる重要な政治工作員は、第三国の港を経由し遠回りして浸透させた。日本にもっとも簡単に行き来することができたのは留学生らであった。当時小金をもっている人が、トランクとか柳行李を担いで日本に留学に行くのが、一種の流行であった。それで金正淑女史は主席から、工作員として活動することができる、有望な留学生を物色する任務を授かった。

その後金正淑女史は、咸鏡南道豊山地方から日本に行って苦学している青年らが、東京で留学生の組織をつくっていることを探り出した。

主席はこの報告を受けた後、金正淑女史に祖国光復会一〇大綱領を与えながら、豊山出身の留学生らと手を握り、東京にあるという彼らの組織を、朝鮮人民革命軍の影響下にある傘下組織に転換させる方法を考えてみるようにと言った。

金正淑女史は、朱炳譜に司令部の意向を伝えた後、彼とともに東京の留学生組織を掌握する方法を相談した。朱炳譜が日本に派遣する責任者に選んだのが李仁模であった。

東京で豊山出身留学生らがつくった組織というのは、豊友苦学生親睦会を指した。豊友とは豊山から来た友という意味である。この親睦会は時たま集まっては時局談を交わし、身の上話もし、読後の感想も発表し、時には無職の会員のために職業も斡旋した。若干政治的な色彩があるとすれば、「内鮮一体」は偽物だ、「同祖同根」なんて真っ赤な嘘だ、「一視同仁」もデタラメだなどと、日本の悪口を叩くのが関の山であった。

李仁模は東京に着くや否や、この組織に白頭山の風を吹き込んだ。親睦会のメンバーらは、祖国光復会一〇大綱領と創立宣言を読んで大きな感激を覚えた。目標も、行くべき方向もなく、ただ鬱憤の中でもがいていた親睦会は反日愛国団体に改編されていった。

当時日本の大学で勉強をしていた我が国の留学生らは、白頭山で戦っている朝鮮人民革命軍を支持し、朝鮮人民革命軍と合流するためにいろいろと努力していた。反日地下組織は高等学校、専門学校、中学校にも少なからずつくられた。一九四四年上半期に、日本の警察に発見された金沢朝鮮人学生民族主義グループも、朝鮮人民革命軍主力部隊の工作員がつくった抗争組織であった。

清津で活動していた朝鮮人民革命軍の政治工作員は、金沢中学校に留学する学生の中に工作員を入り込ませた後、この学校には無名の組織がつくられた。組織に名前を付けなかったのは、いつあるとも知れない、敵の弾圧を避けるためであった。この組織の最終目的もやはり、決定的な時期に武装蜂起で、朝鮮人民革命軍の国内進出に呼応しようとするものであった。

日本の警察が明かした資料によると、この無名組織に網羅されたメンバーは、北朝鮮出身の独立運動家である金日成が、白頭山を根拠地にして遊撃隊を組織し、朝鮮独立のために戦っており、また優秀な朝鮮同胞らを訓練しているのだが、我々もその下に駆けつけ、独立運動に合流しようと訴えたという。

日本に多くの反日抗争組織があったが、このように直接白頭山の方から人が来て、朝鮮人民革命軍に合流することを公に自分らの闘争目標に掲げた組織はいくつもなかった。大部分の抗争組織は朝鮮人民革命軍の戦いのニュースから力を得て、朝鮮人民革命軍が最終作戦を展開する時、それに呼応する気勢で闘ったが、日本の警察の弾圧を考慮して、そのような闘争目標を公開的に露出させなかったのである。大阪には苦学生らでつくられた忠誠会なる組織があった。済州島出身の留学生らが、大阪で済州島から来た青年らを集めて同人夜学を開き、そこで育成した人からなる反日親睦団体をつくり、朝鮮人民革命軍から派遣された工作員から祖国光復会一〇大綱領を入手した後、反日親睦団体のメンバーと大学夜間部の学生らで、忠誠会という新たな組織をつくるようになった。

この会はその趣旨で、日ソが開戦すれば直ちに朝鮮に戻り、朝鮮同胞を指導して日本に抵抗する独立運動を繰り広げ、金日成が本格的に反旗を翻す時、これに呼応して果敢に立ち上がるであろうとした。

忠誠会が日帝の弾圧を受けるや、その関係者らはソウルに戻り、朝鮮人民革命軍が派遣した国内工作員と手を結んで革命活動をつづけた。

留学生らの反日地下組織は、日本の神学校にまで入っていった。その代表的なのが、神戸にある中央神学校の朝鮮人学生らによる民族主義グループであった。彼らの闘争で注目されるのは、白頭山で戦っている朝鮮人民革命軍を、将来が大いに期待できる独立運動家であると称え、民族意識と独立精神、愛国心を育んでいったことだ。

岡山の第六高等学校に組織された朝鮮人学生親睦会も、祖国光復会の傘下組織に改編された。

この改編を主導した人は、東京の大学に通いながら工作員の影響を受けた閔徳元であった。彼は祖国の解放は我が同胞に課せられた至上の課題だとして、祖国光復会は民族のすべての愛国勢力を、祖国解放の聖戦に結集させるよう呼びかけている、留学生らも日帝に連行されてきた不幸な我が同胞を啓蒙し意識化して反日組織に結集させ、日本内部に混乱が生じた折には一斉に立ち上がり、独立をなし遂げようと訴えた。

六高事件には興味深い点が多い。六高組織のメンバーらは、自分らの弟や弟の友人らが日本の宣伝に騙されて少年航空隊に入隊しようとした時、彼らに金日成部隊を訪ねて行けと勧めたが、それも興味を引く出来事の一つであった。その時、組織メンバーの説得に共感した幾人かの青少年は満州に行ったが、朝鮮人民革命軍を探し出すことができずに戻って来たという。

反日抗争組織は労働者の間にも多かった。日本の重要な工業地帯である京浜地区や阪神地区、そして北海道や新潟など、同胞がたくさんいる地方の労働者らで組織された抗争組織も少なくなかった。

京浜地区の組織の中で異彩を放ったのは、東京で組織された同盟会であった。同盟会は労働者を骨幹にして、そこに苦学生を網羅してつくられた反日組織だった。この組織は天皇の正統性を否認し、派閥を反対排撃する一方、我が国の愛国者の活動と朝鮮人民革命軍の闘争を称えた。

同盟会の戦略は、敵の志願兵制度を逆利用して一旦軍事訓練を受けておき、有事の時には日帝に銃口を向けるところにあった。同盟会は労働者と学生らの間で、金日成主席に対する宣伝をたくさんした。同盟会は我が国の独立が、共産主義運動を通じてのみ達成することができるとの論陣を張った。元々京浜地区は、一九二〇年代に在日本朝鮮労働総同盟が発足して活動した所である。この労総は大分前に解散したが、その残骸の中で労働運動が細々とうけつがれてきていた。ここに白頭山の風が入り込むや、既成の組織は革命組織に改編され、なかった組織が新たに生まれる新風が吹き荒れた。

工作員がたくさん送り込まれたのは北海道だった。北海道に派遣された工作員の中に、金太玄という仮名をもった人がいたが、彼は炭坑、鉱山、飛行場、水力発電所、建設場などに徴用されていった我が国の労働者らを反日組織に結集していった。彼は労働者らの間に祖国光復会一〇大綱領を深く浸透させ、綱領を支持する人々で組織をつくったのだが、彼らが苦役場でのストライキ闘争の先頭に立つ主人公になったのである。夕張炭坑労働者らの暴動は、正しくその工作員が起こしたのであった。

戦後、朝鮮人強制連行真相調査団が編纂した本に、北海道のある土木工事場に浸透した工作員が、同胞労働者らの間で朝鮮人民革命軍の活動を紹介、宣伝し、彼らを反日闘争に奮起させた事実が載っている。

北海道札幌に浸透した他の工作員は、軍事基地建設場に強制徴募された我が国の労働者らを地下組織に結集させ、その隊列を次第に拡大させながら、武装蜂起のための準備まで進捗させた。工作員らは北海道にある大学をはじめ、いろいろな学校でも活発な動きを見せた。

日本の重要な工業地帯である阪神地区は、朝鮮人民革命軍工作員らの影響が大きくおよんだ所である。この地区では、兵庫県尼崎で組織された協和訓練隊特別青年会をはじめ、多くの地下組織が活動した。協和訓練隊特別青年会の活動に関連した、旧日本の秘密文書「内鮮関係月報」昭和二〇年には、金日成指揮下の工作員によって訓練された組織メンバーが、「……一大組織を結成し、金日成派の朝鮮進攻に内鮮が呼応して、一斉に蜂起すべきであると訴えた……」、という記録がある。

京浜、阪神、北海道地区以外にも、全民抗争準備のための組織は、いろいろな地域に数多くつくられた。例えば新潟鉄工所に組織された金日成隊は、強力な反日勢力を形成して、主要な軍需品の生産を妨害することにより、日本の戦争遂行能力を低下させる一方、新たに連れてこられた数十名の徴用労働者らを集団的に逃走させるのに成功した。

京都の労働青年らは将来白頭山を根拠地にして、独立計画を実現させる目標を立て、いくつかの工場で反日組織をつくった。実に北は北海道から南は九州に至るまで、日本のどこにでも、そして大学生から神学校の生徒に至るまで、また労働者から徴用労務者に至るまで、我が同胞がいる所には朝鮮人民革命軍の組織が存在したのである。

日本は、全国に稠密につくられた我が同胞の抗争組織によって、あたかも噴出直前の火山の上におかれている様相を呈するようになった。国内、東北、関内、日本などに住んでいた我が同胞は、白頭山にすべての期待をかけ、全民抗争の日を待っていたのである。

金日成主席はこのような歴史発展の推移を概括しながら、そのようになった原因を次のように分析した。

「武装闘争のみが国と民族を救う唯一の方法である、と確信するようになった我が人民の一致した立場と観点は、朝鮮のすべての愛国勢力を、人民革命軍の周りに固く結集させる要因になったと見ることができます。我が民衆は、白頭山が朝鮮第一の高山だからといって仰ぎ見たのではありません。そこには革命軍がいたので、言葉の節々に白頭山、白頭山と唱えたのです。昔は、白頭山が祖宗の山として民族の愛を受けてきたが、朝鮮の共産主義者がそこで抗日大戦を繰り広げた後からは、革命の聖山として民族の愛を一身に受けています。

我々が武装闘争をいち早く発展させ、それを主軸にして主体的な革命勢力をしっかりととのえたことは、まさに大きな意義を有しています。抗日革命の全路程が示しているように、植民地民族解放闘争においては、武装闘争が基本の基本なのです」（回顧録『世紀とともに』第一部　抗日革命八巻　四四二頁）

抗日大戦の歴史は、武装闘争を高い水準に発展させて初めて人民もそれだけ早く覚醒し、各界各層の広範な大衆を、帝国主義侵略者に反対する闘いに、容易に動員することができるということを物語っている。

亡国の民として深い傷を負った我が民衆の民族的な自尊心、自負心は、金日成主席が白頭山で武装闘争を繰り広げた後からは百倍、千倍に増大した。それは過去の民族的な自尊心とは比べものにならない、より高い形態の自負心であった。したがって我が民衆の民族的な自尊心、自負心、祖国愛は、白頭山にその始原をおいていると言うべきである。

（七）白頭山の息子

一九四〇年代前半期の韓国近代史において、民族最大の慶事として刻まれたのは、抗日大戦の戦火のただ中で、白頭山の息子を迎えたことである。

金日成主席は、次のように指摘した。

「朝鮮革命は一九四〇年代に入り、新しい意味と内容をもって、より豊かな発展の道を切り拓いていきました。目前に迫った抗日革命の最後の勝利に向かって疾走していた一九四〇年代の我々に、新たな希望と喜びを与えてくれたのが、革命の二世らが生まれたことでした。

金正日は、一九四二年二月一六日の明け方に、白頭山密営で誕生しました。金正日の出生は、私の一家からすると何ものにも比べ難い大慶事でした。私と金正淑は、銃砲の爆音がとどろく苛烈な戦場で、朝鮮男児として生まれた金正日の将来を、温かく祝福してあげました」（回顧録『世紀とともに』第一部　抗日革命八巻　三〇一頁）

主席が金正日将軍の誕生を家門の大慶事だったと述べたのは、あまりにも謙虚な言葉であった。金正日将軍の誕生は、民族史の視角から見る時、それは重大な歴史的意味をもつ出来事であり、我が民族が授かった大幸運であり、何物にも比べ難い大慶事であった。

最後の決戦の日を目前にした時点にまで流れてきた、韓国近代史が示している歴史的な教訓の核心は、指導者の正しい指導を受けていない闘争は、一歩ごとに失敗と挫折の運命を免れないが、領導者によって偉大な思想、路線と方針、戦略戦術が定立され、かつ正しい指導が保障される時にのみ、闘争は抗日武装闘争のような雄大な闘争にと発展することができ、革命の運命、民族の運命が勝利のうちに開拓されていくということを物語っている。英明な領袖の指導こそ、祖国と民族の運命を決定する基本変数なのであった。

民族史的な視角からのこのような教訓を、血に染められた闘いの過程で骨の髄から感じ取った抗日の闘士らは、白頭山の息子の誕生を民族史的な出来事として、近代史上の最大の慶事として切に感じとったのである。彼らは言いしれない喜びと激情に溢れ、白頭山密営周辺の万古密林の樹皮を剥いで、そこにスローガンを書き込んだ。スローガンは白頭山の息子の誕生を、「白頭光明星の誕生」、「民族の大幸運」としている。それらのスローガンは、半世紀を超える歳月の風雪に打たれた今日までも、鮮明に伝えられているのである。

金日成主席は回顧録の中で、白頭光明星の誕生を革命の二世が生まれた慶事だと記しながら、金正日将軍の誕生と成長の日々を感慨深くに回顧している。

主席はなによりも、金正日が祖父母の慈しみを知らずに育ったことをもっとも惜しんでいる。これについて主席は、「私は金正日が生まれた時、私の父と母が生きておられたら、どれほど喜んだであろうかと考えました」（回顧録『世紀とともに』第一部　抗日革命八巻　三〇〇〜三〇一頁）と記しながら、次のように続けた。

子より孫の方がもっと可愛いと言うが、金正日には祖父と祖母がいなかった。金正日の曽祖父と曽祖母は故郷にいたので、曽孫の出生を知らせるすべもなかった。主席は幼い頃、家門の人々から大変に可愛がられたことを思い出し、一〇名を超える大家族の皆が一様に、家門の大黒柱になる曽孫だと言って真心をつくして私の世話をしてくれたが、金正日はそのような肉親の愛を受けられなかった。彼が幼年期の大部分を送った白頭山密営と極東の訓練基地には人気さえなく、彼は住所も番地もない丸太小屋や天幕、露天で幼年期を送らざるをえなかったと回想している。

抗日大戦の銃砲声を子守唄として聞きながら成長した金正日将軍は、軍人を慕い軍人の世界を憧憬するのが第二の天性となった。

白頭山密営とは異なり極東にいる時は、自宅と部隊が近かったので、訓練の余暇とか休みの日には主席の戦友らが訪ねて来て、幼い金正日将軍を抱き、あんよをさせたり肩車に乗せたり歌を教えたりした。

パルチザンの息子として生まれ、砲煙が染みた服を着て、軍人食を食べ、突撃の喊声とともに成長した金正日将軍の人生は、その第一歩からして人並みのものではなかった。

金日成主席は、次のように指摘した。

「金正日が幼い頃より筋がとおり、太っ腹な胆力をもった品格を有するようになったのは、先天的なものだとも言えるが、なによりも彼が、この世の中でもっとも正義感と信念の強い闘士らの懐の中で、闘争と生活の真理を学びながら、いじけることなく清らかに、そして活発に生きてきたことによります」（回顧録『世紀とともに』第一部　抗日革命八巻　三〇二頁）

金正日が幼い年に比べ精神的に早熟だったことも、パルチザンの水を飲んで育ったからであり、パルチザンらが身につけていた高潔な感情や情緒が、豊かな滋養分となって彼の魂の中にそのまま染み込んでいったからであり、また白頭山の山並みのような揺ぎない彼らの気質が、彼の男らしい性格に血肉となって加わったためだと主席は回顧している。

金日成主席は、次のように指摘している。

「金正日同志を白頭山の息子というのは、抗日革命の児だという意味であり、民族の息子であるという意味です。彼は抗日革命闘士らの懐の中で人生の第一歩を歩み、その懐の中で我が革命の嚮導星としてそびえ立った朝鮮の息子であります」（回顧録『世紀とともに』第一部　抗日革命八巻　三一七頁）

抗日戦の銃砲声を子守唄として聞きながら育ったというのは、単なる現象的な表現でもなく、ましてや抽象的な修飾語でもない。それは白頭山の息子だけが経験できた、人生行路の出発を示唆する深い意味を含んでいる。

金正日将軍を白頭山の息子だというのは、金正淑女史をはじめ抗日革命闘士らの懐の中で人生の第一歩を踏み出し、我が革命の嚮導星として輝く、抗日戦の児であることを意味する。白頭山を中心にした抗日武装闘争で鍛えられ洗練された抗日闘士こそ、幼い将軍の思想精神的な成長と感情、情緒の発展において、主動的かつ積極的な役割を果たした人々であった。将軍が身につけている領袖に対する限りない忠誠心、必勝の信念と鋼鉄の意志、革命的な楽観主義は、抗日戦争の過程で抗日闘士らに囲まれて育ちながら、豊富に体得し固まったものだと言える。

（八）最終決戦の作戦と抗日武装闘争の偉大な勝利、金日成主席の祖国凱旋

一九四五年二月に、米英ソ三国首脳によるヤルタ会談が行われた。一九四五年二月は、ソ連軍がハンガリーの首都ブタペストを解放した時であり、ベルリンに対する総攻撃の準備が進められている頃であった。ドイツの敗北はもはや時間の問題になっていた。

ヤルタ会談で議論された中心議題の一つが、ドイツ敗北後のソ連軍の対日参戦問題であった。会談でソ連は、ドイツ敗北後の二〜三ケ月以内に、対日作戦に参加することにした。会談でソ連の対日参戦問題が確定したとのニュースは、日帝の支配下にあったアジアの被圧迫民族と革命家らを大きく鼓舞した。このような状況の下で始まった、対日参戦のための作戦計画作成過程について、主席は具体的に説明している。

「ソ連はドイツが壊滅した後の、対日作戦計画を最終的に検討する段階に入りました。我々は我々なりに、朝鮮人民革命軍の作戦方向と具体的な活動計画を立て始めました。それはもちろん、ソ連軍との連合を前提にしたものでした」（回顧録『世紀とともに』第一部　抗日革命八巻　四四六頁）

対独戦の勝利を祝う集会が行われた後、連合軍に網羅されていた朝鮮人指揮官らはひと所に集まって、祖国解放に関連した作戦を巡って長い時間議論を交わした。論議で焦点となったのは、自力独立と全民抗争の問題であった。この時主席は、誰もが自らの力で祖国を解放するという確固たる主体的な立場をしっかりと堅持し、自力で祖国を解放するためには、朝鮮人民革命軍の政治軍事的な威力をあらゆる面から強化し、国内の抗争組織をしてしっかりと準備させ、朝鮮人民革命軍が祖国解放作戦を繰り広げる時、これに合流して全民抗争を起こし、さらに進んでソ連、中国の武装力との軍事的な連係を強化して、ソ連の全般的な対日作戦との深い連係の下で、共同作戦の準備をしっかりと行わなければならないと強調した。

論議された要点にもとづいて作成された作戦計画は、一九四五年五月に間白山密営において朝鮮人民革命軍指揮官らに伝達され、朝鮮人民革命軍隊員らはその計画に従って、猛烈に政治軍事訓練を加速し強化していった。

主席は、ソ連の全般的な作戦準備と我々の作戦計画を一致させるために、多くの時間を費やした。一九四五年の夏に至りソ連は、ワシレフスキーを総司令官とする極東ソ連軍総司令部を設け、そこに三つの大きな前線軍を配属した。ザバイカル前線軍はマリノフスキーが受けもち、第一極東前線軍はベレツコフが担当し、第二極東前線軍はプルカエフが指揮をとった。第一極東前線軍の基本的な作戦地域は、ハルピン以南の中国東部と韓国であり、第二極東前線軍の作戦地域は、ハバロフスク西側の東北地方だった。元来、国際連合軍は第二極東前線軍に配属され軍事作戦を行うことになっていたが、主席は開戦とともに韓国地域に進攻することになっている、第一極東前線軍との連係を密にするようにした。この頃になると、国際連合軍の連合作戦のための会議が頻繁に開かれたが、対日作戦を控えたある日、モスクワのソ連軍総参謀部では、国際連合軍との共同作戦を行うために最後の会議を開いた。

会議にはワシレフスキー総司令官とその指揮下の各前線軍司令官、国際連合軍指揮官らがともに参加した。会議では、空挺隊戦術にもとづいた我々の祖国解放作戦計画が、素晴らしい軍事戦略であると一致した支持が表明された。（回顧録

（『世紀とともに』第一部　抗日革命八巻　四五一頁）

対日作戦に関連した会議が終わった後、金日成主席はソ連共産党のナンバー2であった、党中央委員会政治局委員であり書記のア・ア・ジュダノフと会見した。会談でジュダノフは、スターリンの委任により、金日成主席の業績と活動について高く評価し褒め称えた。会談では主に、連合作戦と解放後の新しい祖国建設問題が重点的に話し合われた。

この場で主席は、北朝鮮ではソ連式ではなく、朝鮮式に社会主義を建設すると述べたのだが、この主張が相手側に大きな感銘を与えた。

モスクワから戻った主席は、朝鮮人民革命軍指揮官らを集めて、その間の活動状況について通報した。

一九四五年八月九日、ソ連が対日宣戦布告を行い日本と交戦状態に入るのと同時に、主席は朝鮮人民革命軍部隊に祖国解放のための総攻撃の開始を命令した。

最終攻撃作戦に先だって主席は、朝鮮人民革命軍部隊に命じて、雄基郡土里と琿春県南別里、東興鎮をはじめとする、敵の国境要所地域にある軍事要衝地を不意に襲撃し、敵の防御体系を混乱に陥れ、要塞区域内に配置された敵軍と火器に打撃を加えるようにした。土里は、祖国解放の最後の決戦で最初に解放された村である。これは対日戦争を電撃的に終わらせようとする、国際連合軍の作戦的意図を貫徹するうえで、決定的な役割を担う作戦であった。開戦とともに、最終攻撃作戦の出発基地として間白山密営に駐屯していた朝鮮人民革命軍部隊は、隊伍を拡大しながら作戦計画の予定通りに進撃し、豆満江沿岸に集結していた部隊は、一斉に敵の国境要塞を突破して慶源、慶興一帯を解放し、雄基方面に戦果を拡大しながら国内の広い地域を解放した。そして海岸上陸部隊の先遣隊として活動していた一部の部隊は、地上部隊との緊密な共同作戦の下で雄基に上陸し、戦果を拡大しながら清津一帯に進撃して行った。他の部隊らは金廠、東寧、牡丹江を解放し、敵を撃滅する追撃戦を展開しながら、関東軍に致命的な打撃を与え豆満江一帯に進出した。

既に国内に派遣されて活動していた、朝鮮人民革命軍の小部隊と政治工作員らは、人民武装隊や武装蜂起組織、広範な民衆を武装闘争へと組織動員した。

羅津を解放したのは、羅津人民武装隊であった。解放戦闘を受けもったソ連太平洋艦隊は、そこが強固な要塞地帯だったので激しい戦いが行われるであろうと予想していた。

艦隊が出現するや日本軍は、それが張鼓峰事件と同じような衝突事件に終わるであろうと打算し、自分らの武力を誇示していた。このような時に人民武装隊のある小部隊が、夜中に市内に隠密に突入し、要塞司令部と憲兵隊、警察署に銃撃を加え、軍需倉庫に火を放った。その間に待機していた人民武装隊の基本部隊が市内に攻め入り、敵を前後から打撃した。

人民武装隊は、全国至る所でいろいろな名称をもって、日帝を撃滅する戦闘に参加した。各道のほとんどすべての地域で、人民武装隊が活躍した。

平安南道と平壌地区では、祖国解放団を中心に組織された規模の大きな抗争隊伍が、兵器庫を襲撃して道庁と府庁を占拠し、敵の敗残勢力を制圧した。黄海道の抗争組織も、日帝が降伏する前に数個所の敵を襲撃制圧した。

主席は、「最後の決戦の時を思い出すたびに惜しく思うのは、ソ連の訓練基地で数年間もの間、祖国解放作戦の準備をしてきた朝鮮人民革命軍主力部隊が、本来の計画通りに戦闘作戦を展開することができなかったこと」(回顧録『世紀とともに』第一部　抗日革命八巻　四六二頁)だと回顧しながら、およそ次のように述べている。

朝鮮人民革命軍部隊が北部国境地帯で日本軍と交戦状態に入るや、主席は前線部隊の作戦を指揮する一方、空挺隊を引率して朝鮮に出撃する準備を最終的に終えていた。

主力部隊の空挺隊は自動車に乗って飛行場にまで行ったが、そのまま戻らざるをえなかった。事がそうなったのは、日本が予想外に早く降伏したからである。

日本帝国主義はついに敗れ去り、抗日武装闘争は偉大な歴史的勝利をなし遂げたのである。日本の敗北による祖国の解放は、連合軍による他力解放によってなし遂げられたものではなく、抗日武装闘争の歴史的な勝利による自力解放の実現であった。

ここで一つ明確にしておくことは、日帝の急速な敗北が、朝鮮人民革命軍の最終攻撃作戦と全民抗争が組み合わさってなされた結果である、ということである。これに関して、金日成主席は次のように指摘している。

「このようにして我が国の解放は、一五星霜もの間、日本軍国主義者に強力な軍事的打撃を与えそれを根こそぎに揺るがした朝鮮人民革命軍と、各界各層を網羅した全民抗争組織の総動員によってなし遂げられました。我が軍と人民の長期にわたる抗戦が先行したために、ソ連の対日作戦はあのような短い期間に決着をつけることができたのです。

朝鮮の解放は、ソ連軍が日本の関東軍を撃滅した有利な環境の中で、我が人民と朝鮮人民革命軍によってなし遂げられた偉大な結実でした。一九三〇年代と一九四〇年代前半期に我々が組織した国内の抗争組織と武装隊が、朝鮮人民革命軍の最終攻撃作戦計画に従って、国内の至る所に駐屯していた日帝の侵略武力と植民地統治機構を制圧掃討し、国を解放しました」（回顧録『世紀とともに』第一部　抗日革命八巻　四六六頁）

我が国に対するおよそ半世紀におよぶ日帝の植民地支配が、対日作戦とともにあれほどの短い期間に崩れ落ちたのは、ソ連軍の対日参戦という有利な環境の中で、朝鮮人民革命軍の総攻撃と全民抗争による打撃があったからこそ可能だったのである。これは我が祖国の解放が、自力解放の過程で達成されたということを物語っている。これはまた、連合国による解放という他力解放の原理にもとづいて問題を考察する韓国近代史学会の視点が改められなければならないということを示している。

祖国解放の過程で明らかになったもう一つの問題点は、日帝を撃滅するための全民抗争過程で表出した民族大団結の力が、どれほど偉大なものであったかということである。

金日成主席は、次のように指摘している。

「祖国解放のための最後の決戦を準備する時、我が民族内部の力がすべて発動されました。民族内部の愛国勢力が最大限に団結し発動した、全民族挙げての反日抗戦、これこそ一九四〇年代前半期における我が革命発展の新たな姿であると同時に、著しい成果だとも言えます。共産主義と民族主義に分かれて対峙していた二つの勢力が、この時期に来て理念の差異を超えて、再度合作したとも言えます」（回顧録『世紀とともに』第一部　抗日革命八巻　三六二頁）

祖国解放のための全民抗争の準備とその進行過程は、従来の民族解放運動線上における、共産主義と民族主義との分立状態を止揚し、民族内部の愛国勢力が最大限に団結し発動していった時期になるのだが、これは金日成主席が提示した全民抗争戦略の正当性を立証するものであり、民族共同の目的を前面に押し出すならば、理念の差異を超越し、民族の愛国勢力を最大限に動員することによって、民族共同の志向を充分に実現できる偉大な力に、民族大団結を達成する偉大な力になるということを実証した。全民抗争のための民族大団結は、一九四〇年代前半期における近代史の特色でもある。

金日成主席は回顧録『世紀とともに』第一部をしめくくりながら、抗日武装闘争の勝利は、一世紀にわたる抗日闘争の決算になると指摘した。

「我が人民は数百年間におよぶ反日闘争の歴史を歩んできました。一六世紀末に我が国は既に、数十万の日本侵略軍を相手に七年もの間、壬辰祖国戦争を戦いました。

近代から数えても朝鮮民族の反日闘争の歴史は、七〇年を超していると言えます。一八七五年に雲揚号事件が起きた時も、我が人民は武力をもって日本侵略軍に対抗して立ち上がりました。統治者は日本軍の威勢に圧倒されぶるぶると震えたが、軍人と人民は断固として戦いました。

その後は、衛正斥邪運動と義兵運動、啓蒙運動、独立軍運動をはじめとする、暴力と非暴力、合法と非合法などいろいろな方法で、外国勢力を追い出すために数十年もの間、根気強く闘ってきました。

白頭山が祖宗の山として朝鮮のすべての山をあまねく統率しているがごとく、白頭密林で開拓され発展してきた我が国の抗日武装闘争は、民族的な解放と社会的な進歩をめざした我が人民の闘争において主流をなしています。

朝鮮の解放は、二〇星霜にわたる抗日革命闘争の総括であると同時に、内外の広範な愛国勢力が数十年もの間、血と汗を惜しみなく捧げ、犠牲をも恐れずに民族を挙げて繰り広げてきた、英雄的な抗戦の決算であるとも言えます」（回顧録『世紀とともに』第一部　抗日革命八巻　四六七〜四六八頁）

白頭山が祖宗の山として朝鮮のすべての山をあまねく統率しているがごとく、抗日武装闘争は一九世紀六〇年代以降、すべての抗日闘争の発展において主流をなして、血と汗で血路を切り拓いていった。国の内外で繰り広げられてきたいろいろな形態の独立闘争が、祖国解放へと結び付くようになったのは、それが抗日武装闘争を主流にして発展の道を歩んできたからである。

韓国民族解放運動史を総括した主席のこの指摘は、ここ南の地においても韓国近代史を再定立させるうえで、そのまま基本的な方向になるべきであると確信する次第である。

抗日武装闘争の偉大な勝利をなし遂げた主席は、第一極東軍司令部の所在地であったハバロフスクに留まりながら、作戦の総括を終えると同時に、新たな民族史的な課題である新しい祖国建設に着手する準備を進めた。主席は九月にウラジオストックを経由して船便でソ連を出発し、一九四五年九月一九日に元山港に上陸、九月二二日午前に平壌に凱旋した。

主席の平壌凱旋後、建党、建国、建軍の新革命路線は急速に進められ、民族史の新たな章である韓国現代史が幕を開けることになるのである。

著者紹介

1926年生　本籍　朝鮮全羅北道淳昌郡柳等面昌申里
1954年　明治大学政治経済学部経済学科卒業
1957年　明治大学大学院政治経済学研究科修士課程修了
1985年　在日本朝鮮人科学技術協会　中央常任理事会副会長
1989年　在日本朝鮮人医学協会　中央常任理事会副会長
1992年　在日本朝鮮人医学協会　中央常任理事会副会長　定年退職
1995年　「光明社」出版部長
2001年　「光明社」社長

著　書『金日成主席と韓国近代史』(朝鮮語版，2002年)

金日成主席《キムイルソンしゅせき》と韓国近代史《かんこくきんだいし》

2003年2月5日発行

著　者　朴《パク》　鳳《ボン》　瑄《ソン》
発行者　村　上　佳　儀

発行所　株式会社 雄山閣
〒102　東京都千代田区富士見2-6-9
電話　03-3262-3231
振替　00130-5-1685

印　刷　株式会社 秀巧堂
製　本　協栄製本株式会社

ISBN4-639-01788-X C1022